ŒUVRES

DE

HENRI D'ANDELI

TROUVÈRE NORMAND DU XIIIe SIÈCLE

PUBLIÉES AVEC

INTRODUCTION, VARIANTES, NOTES ET GLOSSAIRE

PAR

A. HÉRON

PARIS

A. CLAUDIN, LIBRAIRE-ÉDITEUR

3, rue Guénégaud, 3

—

1881

SOCIÉTÉ ROUENNAISE
DE
BIBLIOPHILES

TIRÉ

pour le commerce

A QUARANTE EXEMPLAIRES

seulement

TOUS NUMÉROTÉS

ŒUVRES

DE

HENRI D'ANDELI

TROUVÈRE NORMAND DU XIIIe SIÈCLE

PUBLIÉES AVEC

INTRODUCTION, VARIANTES, NOTES ET GLOSSAIRE

PAR

A. HÉRON

PARIS

A. CLAUDIN, LIBRAIRE-ÉDITEUR
3, rue Guénégaud, 3.

M.DCCC.LXXXI

INTRODUCTION

I

HENRI D'ANDELI

Le charmant récit dans lequel Henri d'Andeli nous montre le grave Aristote cédant docilement à la fantaisie de la belle Indienne dont il avait voulu détacher Alexandre, resta longtemps populaire, — nous en avons pour preuve les représentations qui en ont été faites sur divers monuments par les artistes du moyen âge jusqu'au début même de la Renaissance, — mais le nom de l'auteur paraît être tombé de bonne heure dans l'oubli. Le président Fauchet ne le cite point parmi les cent vingt-sept poètes français vivant avant l'an 1300, dont il a recueilli les noms; il parle bien de Roger d'Andeli (1), auteur d'une ou de deux chansons, et qu'il appelle, on ne sait pourquoi, Rogerin, mais il est muet sur Henri d'Andeli. Au XVIIIe siècle, le comte de

(1) *Recveil de l'origine de la langve et poesie françoise, ryme et romans*, etc. Paris, 1581, liv. II, p. 156.

Caylus (1) analyse le Lai d'Aristote, sans en désigner l'auteur; Legrand d'Aussy (2) cite son nom, mais ne cherche pas à fixer sa personnalité. L'abbé de La Rue est, à ma connaissance, le premier qui ait tenté de pénétrer le mystère qui le recouvre. Dans ses *Essais historiques sur la ville de Caen* (3), il décrit le chapiteau de l'église Saint-Pierre, où se trouve représentée la scène principale du Lai d'Aristote ; mais il se borne à rappeler le fabliau dont l'artiste s'est inspiré, ainsi que le nom de l'auteur ; c'est dans ses *Essais historiques sur les bardes, les jongleurs et les trouvères normands et anglo-normands*, publiés en 1834, qu'il l'identifie pour la première fois avec un chanoine de Rouen, nommé Henri d'Andeli, dont il crut retrouver le nom dans un Cartulaire de Bayeux.

« Ce trouvère, dit-il, était chanoine de Rouen. Le pape le délégua en 1216, avec Guillaume de Marleiz, chanoine de la même église, pour juger le procès existant entre Raoul, archidiacre de Bayeux, et Pierre, curé de Percy, chapelain de la chapelle castrale de

---

(1) *Mémoire sur les fabliaux*, juillet 1746, publié dans les *Mémoires de Littérature tirés des Registres de l'Académie des Inscriptions et Belles-Lettres de Paris*, 1753, t. XX, p. 362-364.

(2) *Fabliaux ou contes... du XIIe et du XIIIe siècle*, éd. Renouard, 1829, t. I, p. 273 et suiv.; t. III, p. 35 et suiv. — *Not. et Ext. des mss. de la Bibl. nat.*, etc., t. V, p. 496 et suiv.

(3) T. I, p. 97.

Thury (Harcourt), qui réclamait des droits préjudiciables à ceux de l'archidiacre (1). »

M. P. Meyer (2) a précisé cette indication en faisant connaître que l'acte mentionné par l'abbé de La Rue se trouve dans le Livre noir de l'église de Bayeux (manuscrit appartenant actuellement au chapitre de Bayeux), au fol. 56 v°, sous le n° 212, et que les juges délégués par le pape y sont ainsi désignés : « H. de Andeleio et G. de Marleiz, canonici Rothomagenses. »

Outre que l'identification, affirmée sans réserve par l'abbé de La Rue, ne repose que sur une similitude de nom, le document cité par lui ne suffirait pas à établir l'existence d'un chanoine du nom de Henri d'Andeli, si d'autres documents ne la prouvaient pas d'une manière péremptoire. Il y a, en effet, des chances pour que les deux chanoines désignés par le Cartulaire de Bayeux ne soient ni Henri d'Andeli ni Guillaume de Marleiz. Il y avait bien, à cette époque, dans le chapitre de Rouen, un chanoine nommé Henri d'Andeli qui remplissait, comme on le verra plus loin, les fonctions de chantre ; mais on trouve aussi, au même temps et dans le même chapitre, un autre chanoine du nom de Hébert ou

---

(1) *Essais historiques sur les bardes*, etc., t. III, p. 33.

(2) *Henri d'Andeli et le chancelier Philippe*, dans la *Romania*, n° 2, avril 1872, p. 190.

Herbert d'Andeli (1). Il est donc possible que le chanoine délégué par le pape ait été Hébert ou Herbert et non Henri d'Andeli, d'autant plus que le titre de chantre que portait ce dernier n'est pas mentionné. J'ajouterai, pour le cas où une circonstance inattendue appellerait l'attention de quelque érudit sur le nom du second chanoine désigné dans le Livre noir de Bayeux, que ce nom pourrait bien n'être pas Guillaume, mais Gilbert de Marleiz (2).

(1) L'existence de ce chanoine est attestée par les pièces suivantes : 1º Charte du commencement du XIIIᵉ siècle, ... *magistro Herberto de Andeli, canonico Rothom.* (Archives de la Seine-Inférieure, fonds de Jumièges ; pièce comm. par M. de Beaurepaire.) — 2º Vidimus d'une charte datée du 14 des calendes d'octobre 1208..... *Datum per manus Heberti de Andel'. canonici Rothomagensis apud Focardimontem.* (Cart. du chapitre de Rouen, nº 214, f. 120 vº, Biblioth. de Rouen.) — 3º Charte de 1209 (nº 43 du Cart. du prieuré de Bourg-Achard, ms. de la Bibl. nat., nº 177) citée par M. Louis Passy (*Bibl. de l'École des chartes*, 5ᵉ série, t. II, p. 364)..... *Datum per manum Heberti de Andelico, canonici Rothomagensis...* anno gratiæ 1209. — 4º Le chirographe dont il sera parlé plus loin. — Enfin l'Obituaire de l'église de Rouen, publié par M. L. Delisle, place au 24 mars la mort de ce chanoine : « 24 mars..... *Magister Hebertus de Andely, sacerdos et canonicus.* (*Recueil des historiens des Gaules et de la France*, t. XXIII, p. 361.)

(2) Il y eut en effet à cette époque, dans le chapitre de Rouen, deux chanoines appelés Guillaume de Marleiz et Gilbert (Gislebertus ou Gillebertus) de Marleiz. Le nom de Guillaume de Marleiz se trouve (p. 370) dans le *Chronicum Rotomag.* publié par

L'abbé de La Rue aurait pu trouver dans Dom Pommeraye des renseignements plus sûrs et plus précis. Dans le chapitre, où, après avoir parlé de la dignité et des prérogatives du chantre de l'église de Rouen, il donne la nomenclature de ceux qui remplirent cette fonction, l'historien de la cathédrale dit en effet (1): « Henry d'Andely, au mesme endroit (Cartulaire du chapitre), p. 118, environ 1212, du temps de Robert, prieur du Mont-aux-Malades, et dans une charte de Gautier, archevêque de Rouen, de l'an 1207. Il est nommé avec Roger Doyen, Guillaume, Philippe et Raoul Archidiacres (2). » L'historien de Rouen, Farin,

le P. Labbé dans sa *Nova Bibliotheca manuscriptorum* (t. I) et reproduit dans le t. XVIII des *Historiens des Gaules et de la France* (p. 359 B), — le nom est orthographié *de Marliz*, — dans la *Normanniæ nova Chronica* (p. 16, 1re col.), publiée par M. Chéruel d'après le ms. de la Bibl. de Rouen, dans les *Mémoires de la Société des Antiquaires de Normandie*, t. XVIII, 1850. — A cet endroit, une note de M. L. Delisle fait connaître quelques actes où l'autre chanoine, Gilbert de Marleiz, est mentionné. A ces indications, je puis ajouter les suivantes : Gilbert de Marleiz est cité dans le Cartulaire du chapitre, sous le n° 263, f. 140 r°, et dans le Cartulaire de Louviers, publié par M. Bonnin, t. I, p. 183. Enfin, cette simple désignation, G. de Marleiz, se trouve dans le Cartulaire du chapitre, sous les n°s 223, f. 125 v°, et 224, f. 126 r°, et dans le Cartulaire de Louviers, p. 143 et 164.

(1) *Histoire de l'église cathédrale de Rouen*, etc., 1686, liv. III, ch. VII, p. 337.

(2) Ce passage renferme une inexactitude. Le f. 118 de l'ancienne pagination, 120 de la nouvelle, du Cartulaire du chapitre,

dans la liste qu'il donne des grands chantres de la cathédrale, mentionne aussi « Henry d'Andely » sous la date de 1207 (1).

Avant d'examiner s'il y a lieu d'admettre ou de rejeter l'identification proposée par l'abbé de La Rue, il est indispensable de donner ici les quelques renseignements que j'ai pu trouver sur le chanoine Henri d'Andeli ; ils permettront de fixer, d'une manière plus

donne le Vidimus de l'archevêque Robert dont j'ai déjà parlé. Il n'y est pas question de Robert, prieur du Mont-aux-Malades, et au lieu du nom de Henri d'Andeli, on lit au v° : « Datum per manus *Heberti de Andel'*..... » Quant à la charte de 1207, copiée sous le n° 217, f. 121, on y lit seulement : «..... *Henrico cantore*..... »; mais, comme nous le verrons, c'est bien de Henri d'Andeli qu'il s'agit.

A ce propos, il est curieux de voir comment les erreurs se forment ou s'aggravent en passant d'un ouvrage à l'autre. L'historien des stalles de la cathédrale de Rouen, E.-H. Langlois, a manifestement emprunté à D. Pommeraye ce passage, où il dit (p. 174) : « Dans le Cartulaire du chapitre de Notre-Dame de Rouen, on trouvait, sous la date de 1212, et dans une charte de l'archevêque Robert Poulain, sous celle de 1207, un Henry d'Andely désigné comme chantre de la cathédrale. » Ce qui était chez D. Pommeraye *environ 1212*, devient chez E.-H. Langlois, *sous la date de 1212* ; de plus, Robert Poulain est substitué à Gautier, bien qu'il n'ait été nommé archevêque de Rouen que le 23 août 1208, en remplacement de Gautier de Coutances, mort le 16 novembre 1207.

(1) *Histoire de la ville de Rouen*, 3e édition, 1738, t. III, . 300.

précise qu'on ne l'a fait jusqu'à présent, l'époque à laquelle il vécut, et, si je ne me trompe, éclaireront d'un jour tout nouveau cette question délicate.

La première mention que l'on trouve du chanoine Henri d'Andeli appartient aux dernières années du XII⁰ siècle. « Dès 1198, dit M. A. Deville dans une note de l'ouvrage de E.-H. Langlois sur les stalles de la cathédrale de Rouen (1), apparaît le nom de Henry d'Andely sur une charte que possède la Bibliothèque publique de Neufchâtel (2) en Normandie : « Testibus... *Henrico de Andeli,* canonicis rothomagensibus... anno M⁰ C⁰ XC⁰ VIII⁰. » Henri d'Andeli *(Henrico de Andeleio)* figure comme témoin dans une charte non datée, mais du temps de Raoul de Kaili (Cailli), maire de Rouen (3) (Archives de la Seine-Inf., F. du Mont-aux-Malades). En 1201, une charte de l'archevêque Gautier le mentionne ainsi : *Henr. de Andel.*, avec son titre de chanoine de Rouen (Archives de la Seine-Inf., F. de Jumiéges). Son nom se trouve encore dans une charte datée des calendes de mai 1205 (Archives de la Seine-Inf., Cart., de St-Ouen, n⁰ 28 B, p. 295). Plus tard, le 21 septembre 1207, dans une charte par laquelle

---

(1) P. 174, n. 2.

(2) Cette charte ne se trouve plus dans la bibl. de Neufchâtel; j'ignore ce qu'elle est devenue.

(3) D'après Farin, Raoul de Cailly fut maire de Rouen en 1198.

Gautier de Coutances, archevêque de Rouen, donne à son chapitre l'église de Saxetot (1), on lit : « Testibus, Rogero cantore, magistro Simone cancellario, *Henrico de Andeleio* et magistro Columbo de Mascone, canonicis Rothomagensibus (2) ; ..... ». La même année 1207, Gautier rend au chapitre « quasdam procurationes et subsidia panis et vini temporalia » qu'ils possédaient du temps de Rotrou, son prédécesseur ; parmi les témoins de cette charte, Henri est nommé comme chantre, *Henrico cantore*, à côté de Roger, doyen, et de Guillaume, Raoul et Philippe, archidiacres (3). Il est appelé ici simplement Henri ; mais un des documents suivants nous montrera que c'est bien de Henri d'Andeli qu'il s'agit. Roger étant encore chantre le 21 septembre 1207, et l'archevêque Gautier étant mort le 16 novembre de la même année, il en résulte que ce fut entre ces deux dates que Henri d'Andeli fut investi de cette importante fonction.

(1) Sassetot-le-Malgardé, Seine-Inf., arr. de Dieppe, cant. de Bacqueville.

(2) Cette charte, publiée par M. Bonnin (Cartulaire de Louviers, t. I, p. 153), se trouve dans le Cartulaire du chapitre de Rouen, sous le n° 269, f. 141 v° à 142 r°. Une copie existe aux Archives de la Seine-Inf., F. du chapitre de Rouen, liasse relative à Sassetot-le-Malgardé.

(3) C'est bien, comme on le voit, la charte indiquée par D. Pommeraye. — Cart. du chapitre, n° 217, f. 121, et Archives de la Seine-Inf., F. du chapitre.

En 1208, Henri, chantre de l'église de Rouen, et Robert, prieur du Mont-aux-Lépreux (1), « *H., cantor Rothomagensis* et *R., prior de Monte Leprosorum* », juges arbitres désignés par le saint-siège, rendent leur sentence sur la contestation existant entre l'abbé et les religieux de Saint-Taurin et les frères Robert et Thomas, clercs de Louviers, à l'occasion du droit de présentation à l'église de Louviers (2).

Henri est encore mentionné comme arbitre dans la lettre écrite, en 1210, par l'archevêque de Rouen, Robert Poulain, et le châtelain d'Arques, Guillaume de la Chapelle, au roi Philippe-Auguste, qui les avait chargés de procéder à une enquête sur le privilège de Saint-Romain : « Noverit excellentia vestra quod, juxta tenorem litterarum vestrarum quas nobis transmisistis, convocavimus, coram nobis, apud sanctum Audoenum, in festo apostolorum Petri et Pauli proxime præterito, *Henricum cantorem*.....(3) »

(1) Aujourd'hui le Mont-aux-Malades, commune du Mont-Saint-Aignan, près Rouen.

(2) Bonnin, *Cartulaire de Louviers,* sous le n° cxxi. Cet acte est extrait du grand Cartulaire de Saint-Taurin, f. 221 r°, aux Archives de l'Eure.

(3) Cette lettre a été publiée par M. Floquet dans son *Histoire du privilège de Saint-Romain*, t. II, p. 601, aux pièces justificatives, d'après un ms. de la Bibl. nat., qui la déclare contenue dans le Cartulaire du chapitre de Rouen; elle s'y trouve en effet, sous le n° 225, f. 126 r°. Le Cartulaire ne donne pas la date;

Henricus cantor est encore mentionné dans une charte datée du 3 des nones de septembre 1215 (Archives de la Seine-Inf., F. de Saint-Amand).

En 1218, le 7 des calendes de juin (26 mai), le doyen et le chapitre de l'église de Rouen donnent, par un chirographe, à Henri d'Andeli, chantre et chanoine, *H. de Andel. cantori et canonico nostro*, six livres de revenu annuel sur l'église de Brachy, « in ecclesia nostra de Braci »; ces six livres seront reçues, tant que ledit chanoine vivra, par les mains de deux chanoines, à savoir : par maître Herbert d'Andeli et par Guillaume de Saint-Paul, « per magistrum Herbertum de Andel. et per Guilielmum de S. Paulo (1) ». Herbert étant, dans cette pièce, désigné en toutes lettres, il n'est pas douteux que l'initiale H. représente Henri d'Andeli.

D'après D. Pommeraye, Henri n'était plus chantre en 1220. « Robert de Saint-Nicholas, dit-il, se trouve avoir exercé cette charge en divers endroits depuis l'an 1220 jusqu'à 1225, au mois de juillet (2). »

celle de 1210 se lit dans le ms. cité par M. Floquet. La pièce conservée aux Archives de la Seine-Inf. (F. du chapitre, pièces relatives au privilège de Saint-Romain) porte la date de 1209.

(1) Archives de la Seine-Inf. : communiqué par M. Ch. de Beaurepaire. Je dois en outre à l'inépuisable obligeance du savant archiviste de la Seine-Inférieure toutes les mentions tirées des pièces contenues dans le dépôt dont il a la garde.

(2) *Hist. de la cath. de Rouen*, l. cit.

Le Cartulaire de Louviers, déjà cité, contient en effet (t. I, p. 182) une charte par laquelle nous voyons que Robert était chantre en novembre 1223, et ce même Robert est désigné comme chantre en 1225, dans le Cartulaire du chapitre de Rouen, sous le n° 327, f. 164 r°.

Il résulte donc des renseignements que j'ai pu recueillir que cet Henri d'Andeli fut chanoine au plus tard en 1198, qu'il obtint la dignité de chantre en 1207 et qu'il ne remplissait plus cette fonction en 1220 ou tout au moins en 1223.

Avant d'en rien conclure sur l'identification proposée entre le chanoine et le trouvère, examinons d'abord les raisons qu'on a données à l'appui.

L'abbé de La Rue, qui l'a mise en avant, se borne à l'affirmer en se fondant seulement sur la similitude de nom, et cette assimilation est admise par tous ceux qui se sont occupés, après lui, de notre trouvère. E.-H. Langlois accepte l'opinion de son devancier, sans le nommer et en laissant croire qu'il est arrivé à cette identification par ses recherches personnelles (1). Il la soutient par deux raisons : « D'abord, dit-il, je considère l'identité de temps, de nom et de surnom, et le peu d'importance de la patrie du chantre et du

---

(1) Un passage de la notice de M. F. Vautier sur l'abbé de La Rue, dans les *Nouveaux Essais historiques sur la ville de Caen*, etc., t. I, p. xlvij., fait comprendre pourquoi Langlois a jugé à propos de ne rien dire.

rimeur, dont la faible population, surtout à une époque encore demi-barbare, ne pouvait que par un bien singulier hasard produire deux contemporains homonymes, l'un et l'autre d'un mérite remarquable (1). » Il est permis de dire que cet argument est plus spécieux que concluant. « Mais, continue-t-il, j'établis mon opinion sur une base plus solide encore : c'est la chasteté d'expression qui règne dans les écrits de notre poète, réserve sur laquelle il a soin d'appeler lui-même l'attention du lecteur (2). » Cette chasteté d'expression a frappé en effet tous ceux qui, jusqu'à présent, se sont occupés de notre trouvère. M. P. Meyer remarque que ses œuvres, « sans avoir toute la gravité des écrits d'un autre chanoine normand plus célèbre, Wace, ne présentent cependant rien qui n'ait pu être pensé et dit par une personne engagée dans les ordres (3). » Et cependant, bien qu'il constate que, dans le Dit du chancelier Philippe, Henri d'Andeli prend la qualification de clerc (v. 251), ce qui semble venir à l'appui de l'identification, la sûreté de son esprit critique le garde d'une affirmation absolue; il se borne à juger très probable que le chanoine et le poète sont un seul et même personnage. Et, en effet, si la

(1) *Stalles de la cathédrale de Rouen*, p. 175.

(2) Deux mots, tout au plus, dans les ouvrages de notre trouvère, pourraient choquer la délicatesse moderne, mais ils pouvaient n'avoir rien de malséant à l'époque où il écrivait.

(3) *Romania*, n° 2, avril 1872, p. 191.

décence qu'on remarque dans le style des pièces en question, autorise à admettre qu'un chanoine ait *pu* les écrire, elle ne donne pas le droit de conclure qu'il ait *dû* les écrire. Si, dans certains fabliaux, nous voyons la licence portée, dans le choix du sujet et dans l'expression, jusqu'à ses dernières limites, quelques autres, en revanche, composés par des trouvères laïques, gardent la plus stricte convenance, et n'offrent jamais rien qui puisse blesser la délicatesse la plus scrupuleuse.

On peut établir par un argument décisif que le trouvère et le chanoine ont été deux personnages différents. Le Dit du chancelier Philippe a été composé au plus tôt en 1237, puisque ce personnage est mort le 26 décembre 1236 ; Henri d'Andeli prend soin de fixer lui-même cette date :

> Qui de sa mort veut savoir terme
> M. et CC. et XXXVI
> Joigne ensemble, et tot issis
> De sa mort saura vérité,
> L'andemain de Nativité. (V. 246-250.)

J'ai prouvé plus haut que le chanoine de même nom, nommé chantre en 1207, ne l'était plus, soit en 1220, comme l'affirme D. Pommeraye, soit en 1223, ainsi que l'atteste le Cartulaire de Louviers. Or, la dignité de chantre, qui était une des plus considérables du chapitre, ne cessait qu'avec la vie, ou n'était quittée que pour revêtir une dignité plus haute. Puisqu'il n'était plus chantre en 1220, puisque aucun acte postérieur à cette époque ne fait mention de lui, que devons-nous conclure, sinon qu'il était mort (1) ? Chanoine dès 1198 au plus tard, il devait être en 1220 assez avancé en âge, et c'était sans doute par considération pour ses longs services, pour ses infirmités peut-être, que le chapitre de la cathédrale lui avait constitué une rente annuelle de six livres.

Si le système soutenu par l'abbé de La Rue et par E.-H. Langlois doit être désormais rejeté, si le trouvère et le chanoine ne sont évidemment pas un même personnage, il est une autre identification que l'on peut proposer, au moins comme très probable. Dans le *Regestrum Visitationum* de l'archevêque de Rouen Eude Rigaud, ouvrage d'un si haut intérêt pour l'histoire de la Normandie et la connaissance des mœurs ecclésiastiques à cette époque du moyen âge, on lit, p. 334 de l'édition donnée par M. Bonnin, le passage suivant, sous la date du 13 des calendes d'avril (20 mars) $\frac{1258}{1259}$:

« Ipsa die, confessus fuit magister Hugo, qui se gere-

---

(1) Si l'on ne connaît point l'année précise de sa mort, on peut en fixer le jour et le mois, car c'est bien à lui que paraît s'appliquer ce passage d'un obituaire de l'église de Rouen, écrit en 1329 (Bibl. nat. ms. l. 5196, anc. 4229 1, Baluze 136) : 10 Nov..... *Henricus, cantor Rothomagensis.* — Publié par M. L. Delisle, dans le t. XXIII des *Historiens des Gaules et de la France*, p. 369.

bat pro rectore ecclesie de Barvilla, se ratam habere resignationem quam fecerat nobis, apud Gisetium, de ecclesia supradicta, secundum quod in littera super hoc confecta, sigilloque suo sigillata, continetur. Presentibus : fratre Adam Rigaudi, magistro Johanne Noyntello, canonico Rothomagensi, Evrardo, canonico Noviomensi, magistro Gervasio et *Henrico de Andeliaco*, clericis nostris ».

Il y avait donc, en 1259, un clerc du nom de Henri d'Andeli (1) attaché à la personne d'Eude Rigaud, et la date, ainsi que la qualification, s'accorde avec ce que nous savons de notre trouvère. Le Dit du chancelier Philippe a, en effet, été composé au plus tôt en 1237, et le poète lui-même nous fait connaître dans cette pièce (v. 251) qu'il était clerc :

Et icil clers qui ce trova .....

Toutefois, en l'absence d'autres preuves, je ne donnerai pas cette identification comme certaine. Une

(1) Un Henri, sans autre désignation, qu'Eude Rigaud appelle *notre clerc*, figure dans le même ouvrage, p. 14, au 7 des ides de décembre (7 décembre) 1248, et p. 439 au 15 des calendes de septembre (18 août) 1262. Peut-être est-ce le même? Je trouve encore p. 568, au 5 des ides de février (9 février) $\frac{1266}{1267}$, un *Henricus elemosinarius noster*, faisant partie des six chanoines du chapitre d'Andeli, mais sans résider. Le clerc d'Eude Rigaud pourrait bien être devenu son aumônier, et avoir été pourvu par lui d'un canonicat dans sa ville natale; mais ce ne sont là, bien entendu, que des conjectures.

considération m'arrête : l'étude attentive des œuvres du trouvère me semble montrer qu'il dut passer à Paris une bonne partie de sa vie. M. P. Meyer (1) a remarqué le premier qu'il ne laisse paraître aucune trace du dialecte de son pays et que sa langue est du pur français. La vivacité et la sincérité des regrets que lui inspire la mort du chancelier Philippe, semble attester une liaison intime et longue, une fréquentation assidue. La précision de certains détails qu'on lit dans la *Bataille des VII Ars*, ne peut s'expliquer, à mon sens, que par un long séjour dans le grand centre des études, dans cette université de Paris, alors si florissante. Peut-être, en sa qualité de clerc, fut-il attaché à la personne du chancelier (2) ; peut-être enseigna-t-il

(1) *Romania*, n° 2, avril 1872, p. 204.

(2) Ceci ne pourrait-il pas être induit particulièrement des vers 239-242 du *Dit du Chancelier*. Après avoir rappelé, détail bien précis, que ce fut le chancelier qui, les jours qui précédèrent Noël, commença les grandes antiennes,

> Et bien et bel commença l'o,
> *Loquens o o, clavis David.*

Henri d'Audeli ajoute :

> & au quint jor *nos* fu ravid.

Il me semble qu'il ne faut pas ici prendre ce *nos* au sens général et banal, mais qu'il désigne les personnes qui étaient de l'intimité du chancelier. Je ne suis pas éloigné de croire que c'est à lui-même que le poète fait allusion dans les vers 25-26 :

> Un suen privé clerc apela,
> Son pensé pas ne li cela.

dans ces écoles du chapitre, placées sous la surveillance de Philippe, et qui n'avaient pas subi l'invasion de la dialectique autant que les écoles indépendantes de l'évêque de Paris, l'autorité ecclésiastique n'ayant accepté qu'à la longue et après bien des résistances des méthodes et des doctrines qui lui semblaient suspectes. Ceci expliquerait la préférence de Henri d'Andeli pour les études de grammaire. S'il en était ainsi, on pourrait supposer qu'Eude Rigaud, qui, n'étant encore que franciscain, s'était acquis à Paris une haute réputation par ses leçons et ses prédications, aurait connu dans cette ville Henri d'Andeli, et que, lorsqu'il prit possession de l'archevêché de Rouen, il l'aurait attaché à sa personne en raison de son mérite et de sa qualité de clerc normand.

Mais laissons de côté ces conjectures et cherchons à établir ce qui peut être légitimement affirmé de notre trouvère. Il est normand; son nom le prouve suffisamment. Mais le titre d'Andeli désigne-t-il simplement le lieu où il est né et ne sert-il qu'à le distinguer de ses contemporains, qui comme lui s'appelaient Henri, ou bien devons-nous en conclure qu'il appartenait à cette famille dont un membre prit part, avec Guillaume le Bâtard, à la conquête de l'Angleterre, et dont un autre, possesseur de fiefs dans le pays de Caux à Hermanville et à Calleville, fut nommé vers la fin du xiie siècle châtelain de Lavardin par le roi d'Angleterre, Jean sans Terre, à cette famille enfin qui nous a donné un autre poète dans la personne de Roger d'Andeli (1)? Lechaudé d'Anisy (2), qui adopte comme tant d'autres le système de l'abbé de La Rue, penche pour cette dernière hypothèse ; il va même jusqu'à dire que Henri et Roger d'Andeli étaient probablement frères ou parents. Avouons tout simplement que nous n'en savons rien. Henri d'Andeli est clerc, nous l'apprenons de lui-même ; on eût pu le conjecturer d'ailleurs à la réserve tout ecclésiastique avec laquelle, lui, le partisan déclaré des anciens, il apprécie leurs ouvrages :

>   Lor chastiaus fust bien deffensables,
>   S'il ne fust si garnis de fables
>   Qu'il ajoingnent lor vanitez
>   Par lor biaus mos en veritez. (3)

Pareille réserve ne serait guère venue à l'esprit d'un trouvère laïque. Il est très instruit ; sa *Bataille des VII Ars* abonde en détails curieux et précis sur les écoles du temps, sur les maîtres qui y professaient, sur les auteurs qu'on y étudiait ; il se montre partisan convaincu des études littéraires et poursuit de ses

(1) Je ferai connaître, en publiant les chansons de Roger d'Andeli, ce que j'ai pu trouver sur cette famille.

(2) *Recherches sur le Domesday ou Liber censualis d'Angleterre*, etc., par MM. Lechaudé d'Anisy et de Sainte-Marie, 1842, p. 150-151.

(3) *Bataille des VII Ars*, v. 254-257.

railleries les logiciens et leurs vaines subtilités. Il n'aime pas davantage les sciences et les arts nouveaux, la médecine, la chirurgie, le droit, dont la vogue venait mettre en grand péril ses chères écoles de grammaire et l'étude de la *bone ancienetez*. Les médecins et les chirurgiens sont pour lui des charlatans qui ne cherchent qu'à tromper le public pour s'enrichir et bâtir à Paris de *granz mesons* avec l'argent qu'ils retirent de leurs *poisons*. Peut-être ce sévère jugement, que Molière n'eût pas désavoué, lui est-il, après tout, inspiré par un sentiment de rancune personnelle; ils n'ont pas su guérir une maladie d'yeux dont il est affecté :

> Je les tenisse por moult preus
> S'il m'eüssent gari des iex.... (1).

Maladie qui pourrait bien provenir d'un usage un peu trop fréquent du bon vin de Saint-Jean-d'Angély, qui

> dist a Henri d'Andeli
> Qu'il li avoit crevé les iex
> Par sa force, tant estoit prex (2).

Il n'épargne pas plus que les médecins et les chirurgiens, ces rhéteurs lombards,

> Que Rectorique ot amenez.
> Dars ont de langues empanez

(1) *Bataille des VII Ars*, v. 124-125.
(2) *Bataille des Vins*, v. 125-126.

> Por percier les cuers des gens nices
> Qui vienent jouster a lor lices (1).

et ces *avocatiaus*,

> Qui de lor langues font batiaus
> Por avoir l'avoir aus vilains
> Que tout li païs en est plains (2).

Enfin, ce qui fait l'éloge de son esprit et de son cœur, il est l'ennemi de toute *vilonie* (3); il a des larmes sincères pour les amis qu'il a perdus (4).

Voilà à quoi se réduit ce que nous savons sur Henri d'Andeli. C'est peu sans doute; mais faut-il bien s'étonner qu'on n'ait sur lui d'autres renseignements que quelques inductions tirées de ses ouvrages? N'est-ce pas le sort commun à tous les trouvères? Que saurait-on de ses contemporains, de Rutebeuf, d'Adam de la Halle et de tant d'autres, si le penchant heureux pour notre curiosité, que les poètes ont à parler d'eux-mêmes, ne les eût amenés à donner quelques détails sur leur vie. Les chroniqueurs, tout occupés à raconter les gestes des rois et des seigneurs, les tournois et les batailles, avaient en vérité bien le temps de songer à ces trouvères perdus dans la foule des vilains et bons

---

(1) *Bataille des VII Ars*, v. 69-72.

(2) *Ibid.*, v. 369-371.

(3) *Li Lais d'Aristote*, v. 1-59.

(4) *Le Dit du chancelier Philippe*.

seulement à amuser les grands. Leur nom, voilà d'ordinaire ce que l'on connaît d'eux ; heureux encore, quand ils ont songé à le donner dans leurs ouvrages ; car ces premiers âges de notre poésie fourmillent de poèmes anonymes, qu'on ne sait à qui attribuer. Il en est peut-être parmi eux qui appartiennent à notre trouvère, qui aurait négligé de s'y nommer ; mais qui le saura jamais ? Quoi qu'il en soit, le Lai d'Aristote, la Bataille des Vins, le Dit du chancelier Philippe, la Bataille des VII Arts, suffisent bien à la gloire de l'humble clerc, de l'aimable poète qui oubliait sans doute les ennuis et les fatigues d'une vie consacrée à de plus austères travaux par la composition de ces pièces gracieuses et légères.

II

LE LAI D'ARISTOTE

De tous les fabliaux que nous devons au xiiie siècle, il n'en est peut-être pas un qui soit plus connu et mieux apprécié que le Lai d'Aristote ; il est donc superflu d'en présenter l'analyse, déjà faite bien des fois et qui ne saurait rendre d'ailleurs la grâce délicate et légère de ce petit poème si habilement composé.

Il ne porte pas le même titre dans les quatre manuscrits qui nous l'ont conservé et qui tous appartiennent à la Bibliothèque nationale, où ils sont classés dans le fonds français sous les n°s 837, 1593, 19152 et 1104 (nouv. acq. fr.). Le manuscrit 837 l'intitule *Li Lais d'Aristote ;* ce titre est, il est vrai, écrit, comme celui de tous les fabliaux que ce manuscrit renferme, par une autre main que celle du copiste ; mais, à la fin du poème, on lit, et cette fois de la main du copiste : *Explicit li Lais d'Aristote.* Le ms. 1593 l'intitule *Aristote* et lui donne pour souscription : *Explicit d'Aristotes.* Le ms. 19152 l'intitule *d'Alixandre et d'Aristote,* et le termine par cette souscription : *Explicit d'Aristote et d'Alixandre.* Enfin, le ms. 1104 des Nouvelles acquisitions du Fonds français porte en tête du poème :

C'est le Lay d'Aristote, et en rappel au bas du folio : *Li Lays d'Aristote.* Il n'y a pas d'*explicit.*

Le poème dont il s'agit ici n'est pas un *lai* au sens exact du mot. Dans la notice qui précède le *Lai de l'Epervier,* M. Gaston Paris fait la remarque suivante : « Tous les véritables *Lais* (je parle ici des lais narratifs en rimes plates) étaient pour ainsi dire le livret d'une mélodie bretonne connue. Les jongleurs bretons parcouraient la France au XIIe siècle, exécutant sur la harpe ou la rote des compositions musicales qui avaient le plus grand succès, bien qu'on ne comprît pas le sens des paroles dont ils les accompagnaient. Des poètes français et surtout normands, qui, comme Marie de France, savaient le breton, eurent l'idée de raconter, dans la forme habituelle des narrations rimées, le sujet des lais les plus célèbres. Il se forma ainsi un genre de poésie particulier, qui fit donner le nom de *lai* à des compositions analogues où les Bretons n'étaient pour rien, comme le lai d'*Aristote* et le lai de l'*Oiselet* (1) ». Ce n'est pas seulement dans les poèmes que contient le ms. 1104 (nouv. acq. fr.) sous le titre général de *Lays de Bretagne,* que le terme de *lai* est appliqué au récit d'aventures dont les héros ne sont pas Bretons ; on lit dans le joli fabliau du *Vair Palefroi* dont la scène est en Champagne :

---

(1) *Le lai de l'Epervier.* — *Romania,* n° 25, janvier 1878, p. 1-2.

> En ce lay du Vair Palefroi
> Orrez le sens Huon Leroy
> Auques regnablement descendre (1),

ce qui prouve que l'acception du mot *lai* était plus étendue au XIIIe siècle qu'au XIIe et autorise suffisamment à conserver au fabliau de Henri d'Andeli le titre de *lai*, que lui donnent d'ailleurs deux manuscrits.

Il serait intéressant de retrouver l'origine et le thème primitif de cette aventure, dans laquelle le trouvère nous montre Aristote cédant à la puissance de l'amour et se soumettant, tout grave et tout vieux qu'il est, à l'épreuve plaisante que lui impose la maîtresse d'Alexandre.

Dans les notes qu'il a placées à la suite de son imitation du Lai d'Aristote, Legrand d'Aussy nous dit : « Ce conte est vraisemblablement un de ceux que les fabliers avoient pris des Arabes. On le trouve dans les *Mélanges de littérature orientale*, t. I, p. 16, sous le titre du *Visir sellé et bridé*. Toute la différence, c'est qu'ici les personnages sont un sultan, son ministre et une odalisque (2). »

Voici le fond de l'anecdote racontée dans ce recueil par de Cardonne, d'après l'auteur arabe Adjaebel Measer:

---

(1) M. A. de Montaiglon : *Recueil général et complet des fabliaux des XIIIe et XIVe siècles*, 1872, t. I, p. 25.

(2) *Fabliaux ou contes... du XIIe et du XIIIe siècle*, éd. Renouard, 1829, t. I, p. 279.

Un jeune sultan oubliait le soin de ses Etats au milieu des délices de son sérail où il avait rassemblé les plus belles esclaves de l'Asie ; mais cédant aux reproches de son visir, il ne leur faisait plus que de rares visites. Un jour, touché de leurs larmes, il leur avoue qu'il ne s'est éloigné d'elles que par les conseils de son ministre. Une esclave, plus hardie que les autres, se vante de triompher bientôt du visir. « Envoyez-moi à ce triste censeur, dit-elle ; je veux devenir son esclave, et j'assure que cette esclave sera bientôt sa maîtresse. » Le sultan y consent, et l'odalisque, déployant auprès du visir toutes les ruses de la coquetterie, ne tarde pas à le subjuguer ; mais elle ne veut céder à son amour qu'à la condition que lui-même obéira pour un jour à ses caprices. Elle fait cacher le sultan dans son appartement et ordonne d'apporter une bride et une selle : « Il faut, dit-elle au visir, que vous fassiez usage de cette selle et que vous souffriez que je monte sur votre dos. » Le vieillard se soumet à l'épreuve, et le sultan sort tout à coup de l'endroit où il s'était caché. « Ah ! ah ! grave censeur, s'écrie-t-il, vous êtes bien fol pour un moraliste si austère. — Prince, répond le ministre sans se déconcerter, c'est parce que je connaissais tous les caprices de ce sexe dangereux que j'exhortais votre majesté à ne pas s'y livrer ; mes leçons doivent faire plus d'impression sur votre esprit depuis que j'ai joint l'exemple au précepte; cette métamorphose bizarre vous apprend combien l'amour est à fuir. »

On le voit, la ressemblance entre les deux récits est frappante ; mais si tout autorise à croire que cette anecdote est parvenue à Henri d'Andeli par l'intermédiaire des Arabes, il ne faudrait pas se hâter de conclure que ceux-ci en sont les inventeurs.

M. Gaston Paris (1) a établi qu'on a eu tort d'attribuer pendant longtemps aux Turcs, aux Arabes et aux Persans, la création de ce qu'ils ont simplement transmis. La plupart des contes orientaux qui se sont répandus dans les littératures occidentales viennent de livres bouddhiques ; mais leurs auteurs indiens les ont souvent empruntés à la Grèce, à l'Assyrie, à l'Egypte, à l'Asie Mineure. « Au delà même de ces relations déjà si antiques, nous ne pouvons oublier, ajoute-t-il, que les Indiens et les peuples dominants de l'Europe font partie d'une même race, ont été originairement une seule nation ; pendant des siècles, ils ont parlé la même langue, mené la même vie, adoré les mêmes dieux, et peut-être déjà chanté les mêmes chants et répété les mêmes contes. De ce patrimoine commun, quelques restes ne se sont-ils pas conservés dans la littérature de l'Inde, pour revenir de là, bien des siècles après, dans celle de peuples qui les avaient complètement laissé perdre (2) ? »

(1) *Les contes orientaux dans la littérature française du moyen âge.* — Revue littéraire, 4ᵉ année, nº 43, 24 avril 1875, p. 1011, col. 2.

(2) *Ibid.*, p. 1013, col. 1.

Il se peut que le sujet qui nous occupe remonte à une très ancienne origine ; il touche à des faiblesses aussi vieilles que le monde, et l'on a dû de bonne heure consacrer maint récit à une passion qui triomphe sans peine des plus rebelles. L'anecdote transmise d'âge en âge aura conservé sa trame, tout en changeant de personnages. Il est à croire que Henri d'Andeli aura choisi lui-même pour héros de cette aventure Alexandre et Aristote, en raison de la haute estime où l'un d'eux était dans les romans de chevalerie et l'autre dans les écoles ; car, si les anciens la leur avaient attribuée, les auteurs qui nous ont transmis tant de fables sur Alexandre n'auraient certes pas oublié un des meilleurs récits auxquels il aurait donné lieu.

Mais laissons de côté cette question d'origine et recherchons les diverses imitations qui ont été faites du Lai d'Aristote.

La plus ancienne peut-être est celle que nous voyons figurée sur une des faces d'un dyptique en ivoire qu'on attribue au XIIIe siècle et dont le P. Montfaucon a donné le dessin dans son *Antiquité expliquée* (1). Cette face est partagée dans sa hauteur en deux compartiments ; dans la partie inférieure, la jeune Indienne, *en pure sa chemise,* cueille des fleurs et tourne coquettement la tête du côté du philosophe qui, coiffé d'un bonnet de docteur, la regarde avec admiration par la

---

(1) T. III, 2e partie, p. 356, pl. 194.

fenêtre ouverte de son cabinet d'étude. Dans la partie supérieure, la jeune fille est représentée dans le même costume, *chevauchant* Aristote ; de la main droite, elle tient un fouet, et, de la gauche, la bride dont le mors est passé dans la bouche de son étrange monture. Alexandre, ayant derrière lui Ephestion sans doute, contemple la scène du haut d'une tour carrée. Aristote tourne la tête, soit pour admirer la jeune Indienne, soit parce qu'il a entendu la voix d'Alexandre. Ses bras se terminent par des pattes armées de griffes, et son corps par une large queue, simple fantaisie de l'artiste, à moins qu'on n'y veuille voir l'intention de montrer que la passion *bestialise* l'homme et l'abaisse au niveau de la brute (1). On ne rencontre que sur ce dyptique deux scènes empruntées au Lai d'Aristote ; partout ailleurs, c'est la seconde qui seule est figurée.

Nous la trouvons reproduite, dans l'église Saint-Pierre de Caen, sur le chapiteau d'un des derniers piliers du côté gauche de la nef, avec d'autres sujets empruntés également aux fabliaux et aux romans de chevalerie. L'abbé de La Rue en a donné le dessin dans ses *Essais historiques sur la ville de Caen* (2). La tête du philosophe est fruste ; la jeune fille, dont le corsage échancré laisse la gorge et les épaules large-

---

(1) E.-H. Langlois : *Stalles de la cathédrale de Rouen*, 1838, p. 172.

(2) T. I, p. 97.

ment découvertes, tient la bride de la main gauche ; l'avant-bras et la main droite qui tenait le fouet ont disparu, mais le fouet composé de trois lanières est encore visible. Aristote est revêtu d'une longue robe flottante (1). Cette sculpture appartient à la fin du XIIIe siècle ou au commencement du XIVe.

La façade de l'église Saint-Jean de Lyon nous offre encore le même sujet que M. de Guilhermy a décrit et reproduit dans son article sur les *Fabliaux représentés dans les églises* (2). « De tous les bas-reliefs, dit-il, qui reproduisent le Lai d'Aristote, le plus gracieux sans contredit est celui qui se trouve à Lyon, au-dessous d'une riche console, sur cette admirable façade de l'église primatiale Saint-Jean, dont l'ornementation présente un des plus singuliers assemblages de scènes sacrées et de sujets profanes. Ce relief date du XIVe siècle, mais il appartient à une époque plus avan-

(1) La figure insérée dans l'ouvrage de l'abbé de La Rue représente la jeune fille nue jusqu'à la ceinture, ce qui est inexact. M. de Caumont a donné aussi, mais avec quelques différences, le dessin de ce chapiteau dans son *Abécédaire ou Rudiment d'archéologie*, 2e édit., 1851, t. II, *Architecture religieuse*, p. 307. La pose de la jeune fille et du philosophe sont les mêmes ; les parties qui manquent dans la figure donnée par l'abbé de La Rue sont ici visibles. La jeune fille a le pied droit passé dans l'étrier ; elle porte un corsage largement échancré ; un collier orne son cou.

(2) *Revue générale de l'architecture et des travaux publics*, sous la direction de César Daly, 1840, col. 383-396.

cée que le chapiteau de l'église Saint-Pierre de Caen. L'artiste s'est inspiré avec une spirituelle finesse du dénoûment de notre fabliau ; il a produit une petite merveille d'élégance et de naïveté. Sur un fonds de feuillages, qui reporte la scène au milieu du verger, Aristote, le corps vêtu d'une simple robe philosophale, le menton garni de la barbe épaisse, attribut obligé des maîtres de sapience, la tête coiffée d'un bonnet de docteur garni de sa houppe, se traîne péniblement sur les pieds et les mains. Un mors lui comprime la bouche, une selle lui couvre le dos ; la jeune damoiselle, séduisante de beauté, vêtue de pure chemise, est montée sur son palefroi ; un simple bandeau rattache ses longs cheveux. D'une main elle tient la bride et de l'autre un fouet à plusieurs cordes réunies, dont elle se sert avec malice pour hâter la marche embarrassée de sa grave monture. Dans les angles de l'encadrement, de petites figures semblent représenter Alexandre auprès de sa maîtresse (1). »

La même scène est également figurée sur la miséricorde d'une des stalles que la munificence du cardinal Guillaume d'Estouteville fit établir dans le chœur de la cathédrale de Rouen, de 1457 à 1469. E.-H. Langlois en a donné le dessin (pl. 1, n° 9) et la description dans son curieux ouvrage sur les stalles de la cathédrale de Rouen. « Cette stalle, dit-il, est la neuvième

---

(1) *Revue générale de l'architecture*, etc., col. 393-394.

des hautes formes du côté du midi. Elle offre un sujet bizarre et peu connu.... Cette sculpture représente un homme vieux et barbu se traînant presque à plat ventre, et portant sur son dos une jeune femme assise. Celle-ci, coiffée du *hennin,* espèce de bonnet à deux cornes assez commun du temps de Charles VI, vêtue d'une robe longue et serrée, mais la gorge fort découverte, selon l'usage des courtisanes de la même époque, paraît, dans cet équipage, chevaucher le vieillard et le conduire au moyen d'une bride dont le mors est fixé dans la bouche de cette vénérable monture (1). » L'auteur, après avoir ajouté « qu'on a souvent cru voir, dans ce sujet reproduit dans quelques autres lieux, une allégorie de la patience ou plutôt de l'excessive bonhomie avec laquelle Socrate endurait les mauvais traitements de sa femme, l'acariâtre Xantippe », y reconnaît l'inspiration du Lai d'Aristote et donne de ce fabliau une des meilleures analyses qu'on en ait encore faites (2).

La miséricorde du chœur de la cathédrale de Rouen n'est pas le seul endroit de ce monument où nous voyions le grave pédagogue servant de palefroi à la maîtresse d'Alexandre. Un bas-relief du portail de la Calende, appartenant à peu près à la même époque, nous présente aussi cette curieuse scène. Notre confrère M. J. Adeline l'a reproduit dans ses *Sculptures gro-*

---

(1) E.-H. Langlois, *op. cit.*, p. 161-163.
(2) *Ibid.*, p. 164-171.

tesques et symboliques (1), avec le dessin de la miséricorde déjà donné par Langlois. « Ce bas-relief, dit-il, d'une très belle exécution,.... est placé à la base d'une statue ; sa composition est bien plus conforme au récit du poète, car sur les stalles, la selle et le mors ne sont pas caractérisés comme sur celui que nous reproduisons. »

Enfin, sous le règne de Louis XII, l'artiste qui sculpta les pilastres de la chapelle épiscopale du château de Gaillon, élevé par le cardinal Georges d'Amboise, représenta l'aventure d'Aristote dans un médaillon d'un des pilastres qui ornent aujourd'hui une des cours du palais des Beaux-Arts, à Paris. « Le travail de ces sculptures, dit M. de Guilhermy, a beaucoup de finesse ; mais les formes en sont un peu sèches et incorrectes. Les dessins que nous publions de cette œuvre et de la console de Lyon permettent d'établir entre les deux reliefs une facile comparaison, dont le résultat est à l'avantage de l'artiste lyonnais. Le médaillon tiré du château de Georges d'Amboise n'en est pas moins précieux comme témoignage de la vogue acquise encore après tant de siècles au lai du poète normand. Le sculpteur de Gaillon a fidèlement suivi le texte de son compatriote. La damoiselle, vêtue d'une simple chemise, laisse flotter sur ses épaules des longs cheveux que nul lien ne comprime. Elle vient d'en-

(1) Pl. 39, et p. 73-78 et 206-210.

fourcher, en vrai cavalier, le dos du philosophe; d'une main elle tient la bride, de l'autre elle fait à sa monture un geste impératif. Aristote, dont les traits sont dépourvus d'expression, porte pour vêtement la longue robe fourrée des docteurs de l'Université (1). »

Ce n'est pas seulement sur les monuments publics que la fantaisie des artistes du moyen âge se plut à reproduire la scène piquante du Lai d'Aristote; des objets destinés à la vie privée, de simples ustensiles viennent encore nous attester combien fut grande la vogue dont jouit autrefois l'œuvre de Henri d'Andeli. A la dernière exposition (Paris, 1880) des beaux-arts appliqués à l'industrie, exposition consacrée spécialement au métal, figuraient deux *aquamaniles* (2) en cuivre jaune, fabriqués au XIVe siècle, et représentant la jeune Indienne chevauchant Aristote. L'un d'eux, offrant dans sa facture une certaine raideur, montre le philosophe se traînant *a quatre piez, a chatonant*, selon l'expression du poète, un mors dans la bouche, la tête entourée d'un cercle qui retient ses longs cheveux plats, le visage sans barbe comme celui d'un simple clerc. La tête de la jeune fille est surmontée d'un bonnet assez semblable à un chapeau chinois, qui servait de couvercle et que l'on retirait pour intro-

(1) *Revue générale de l'architecture*, etc., col. 395-396.

(2) Sur cet objet, voir Viollet-le-Duc, *Dict. du mobilier français*, t. II; *Ustensiles*, au mot *Aiguière*.

duire l'eau. L'autre a plus de mouvement et d'expression : Aristote, représenté dans la même posture, est vêtu avec une certaine élégance; ses pieds sont chaussés de longs souliers à la poulaine, ses cheveux sont disposés en gros frisons séparés, ainsi que sa barbe qui tombe en pointes; pas de mors dans sa bouche. La courtisane, vêtue d'une robe à longues manches frangées, et dont le corsage échancré laisse voir sa gorge et ses épaules, tient le vieil Aristote par une boucle de ses cheveux et le conduit ainsi comme avec une bride (1).

Telles sont les imitations que les *imaigiers* du moyen âge ont faites de l'aimable fantaisie de notre vieux trouvère. Pas plus que celle du rimeur, leur hardiesse, et elle se permet en vérité de bien autres licences, n'a été arrêtée par le prestige du grave Aristote. Mais que le docte philosophe ne s'en offense pas; Virgile, le doux poète, est aussi irrévérencieusement traité et ne subit pas une moins étrange métamorphose. Il devient un enchanteur qui, lui aussi, se laisse subjuguer par une femme; sa science ne peut le préserver des piéges qu'elle lui tend; s'il en était autrement, nos naïfs et peu scrupuleux ancêtres

---

(1) De ces deux *aquamaniles* exposés au palais de l'Industrie dans une des salles du premier étage, le premier, numéro 121, appartient à M. Spitzer; le second, sous le numéro 103, à M. Chabrière - Arlès. Ils m'ont été signalés par notre collègue, M. F. Vallois.

auraient-ils pu imaginer la singulière punition qu'il inflige à celle qui avait osé se jouer de lui (1).

Il est surprenant de voir les sculpteurs du moyen âge et du début de la Renaissance s'inspirer plus d'une fois de la piquante aventure si finement racontée par Henri d'Andeli, et de n'en trouver presque aucune mention chez les écrivains de la même époque. En dehors du huitain que je reproduirai plus loin, le seul poète qui, à ma connaissance, y ait fait allusion, est

(1) Il est à remarquer que l'aventure attribuée à Virgile et, avant lui, mise au compte du grave Hippocrate, est souvent figurée à côté de celle tirée du Lai d'Aristote. Elle se trouve sur l'autre face du dyptique reproduit par Montfaucon, et sur le chapiteau de l'église Saint-Pierre de Caen. Elle était représentée également, dit E.-H. Langlois, sur la miséricorde d'une des deux stalles supprimées du temps du cardinal Cambacérès « pour placer la lourde chaire archiépiscopale qui se voit aujourd'hui. »
A propos de Virgile et d'Aristote, on trouve dans un article de M. A. Duchalais : *le Rat employé comme symbole dans la sculpture du moyen âge (Bibl. de l'Ecole des chartes,* 2e série, t. IV, p. 232), le passage suivant : « Deux ivoires conservés à la Bibliothèque royale (cabinet des médailles et antiques) montrent que le Lai de Virgile et celui d'Aristote ne sont rien autre chose qu'un emprunt fait à l'histoire, ou plutôt à la fable de l'antiquité, pour prouver que de la femme viennent tous nos maux. En effet, ces deux plaques d'ivoire proviennent d'un même coffret, et l'une ornée d'une des deux légendes que je viens d'indiquer, n'est que la paraphrase de l'autre, qui représente la tentation du démon dans le paradis terrestre et Adam mangeant la pomme qu'Ève lui a présentée. » M. A. Duchalais ne dit pas si la légende représentée est celle de Virgile ou celle d'Aristote.

Jean Le Fèvre, de Ressons-sur-Matz, qui, dans la seconde moitié du xive siècle, traduisit en vers français sous ce titre : *le Livre de Mathéolus,* le poème latin aujourd'hui perdu, dans lequel, une cinquantaine d'années auparavant, Mathéolus ou maistre Mathieu, comme l'appelle Le Fèvre, s'était peu galamment vengé sur tout le sexe féminin des ennuis et des tourments dont l'accablait la seconde femme qu'il avait épousée. Dans ce poème curieux, quoique un peu monotone, où le malheureux *bigame* se répand en plaintes intarissables sur la malignité des femmes, l'aventure d'Aristote est rappelée en ces termes (1) :

> Femmes sçavent plus d'une note.
> Que prouffita à Aristote
> Peri ermenias, elenches,
> Devisées en plusieurs branches,
> Priores, posteres et logique
> Ne science mathematique ?
> Car la femme tout surmonta
> Adonc que par dessus monta
> Et vainquit des maistres le maistre :
> Au chief luy mist frain et chevestre ;
> Mené il fut à silogisme,
> A barbarisme et à risisme ;
> Son cheval en fist la moynesse
> Et le poingnoit com une asnesse.

(1) *Le livre de Mathéolus,* poème français du xive siècle, par Jean Lefèvre ; Bruxelles, 1846. Livre 1er, v. 1101-1114.

Un ms. du xvᵉ siècle, appartenant à la Bibliothèque d'Épinal (1), contient (f. 162 r°) le huitain suivant, dont l'auteur inconnu cite Aristote parmi les sept sages que leur prudence ne put mettre à l'abri des ruses de la femme :

> Per femme fut Adam dessus,
> Et Virgille mosquez en fut,
> Ypocrasse en fut enerbez,
> Ssansson le fort deshonorez,
> Davit an fit fault jugemant,
> Et Sallemon fault testamant,
> Femme chevalchat Aristote :
> Il n'est rien que femme n'aisotte !

On lit ensuite : « Et s'est la manierre commant lé . vii . saige furent dessus per femme. »

Dans le xvᵉ siècle, vers l'époque même où les *huchiers* et *imaigiers* de la cathédrale de Rouen sculptaient sur une miséricorde du chœur et sur le portail de la Calende le sujet tiré du Lai d'Aristote, un grave personnage, qui depuis fut pape sous le nom de Pie II, Æneas Silvius Piccolomini, alors secrétaire de l'empereur Frédéric III, rappelait l'aventure d'Aristote et celle de Virgile, dans son roman d'Euryale et de Lucrèce, qui fait l'objet de sa 114ᵉ lettre datée de Vienne,

---

(1) M. F. Bonnardot, *Notice du manuscrit 189 de la Bibliothèque d'Épinal*, etc., dans le *Bulletin de la Société des anciens textes français*, 1876, nᵒˢ 2 à 4, p. 64-132.

le 5 des nones de juillet 1444 (1). Euryale, dévoré par l'amour qu'il ressent pour Lucrèce, essaie d'abord d'y résister; il succombe enfin et s'écrie : « Incassum, miser, amori repugno. Num me licebit quod Julium licuit, quod Alexandrum, quod Annibalem? Sed quid viros armatos refero? Aspice poetas, Virgilius per funem tractus ad mediam turrim pependit, dum se mulierculæ sperat usurum amplexibus : excuset quis poetam ut laxioris vitæ cultorem. Quid de philosophis dicemus, disciplinarum magistris et artis bene vivendi præceptoribus? *Aristotelem tanquam equum mulier ascendit, freno coercuit et calcaribus pupugit....* (2) » Æneas Silvius trouva-t-il à Vienne le souvenir de cette légende ou l'apporta-t-il d'Italie? Je ne saurais le dire. Mais ce qu'il y a de certain, c'est qu'on ne l'oublia pas à Vienne, comme le témoigne le passage suivant de Legrand d'Aussy :

(1) *Æneæ Sylvii Piccolomini... opera*, Basileæ, 1551, in-f. — *Historia de Eurialo et Lucretia se amantibus*, epist. CXIIII, p. 623.

(2) *Ibid.*, p. 627. — Le roman d'Æneas Silvius eut un grand succès; il a été imprimé plusieurs fois au XVe siècle. Une traduction en vers français, imprimée par Vérard avant 1500 et dédiée à Charles VIII, est attribuée à Octavien de Saint-Gelais; une seconde eut pour auteur *maistre Anthitus, chapellain de la sainte chapelle aux ducs de Bourgogne*, qui la fit *à la prière et requeste des dames;* on cite encore d'autres versions françaises. Cet ouvrage a été traduit également en italien, en espagnol, en anglais et en allemand.

« Spranger, peintre de l'empereur Rodolphe II, en a fait, au commencement du xviie siècle, un tableau que Sadeler a gravé. Le vieil amoureux est représenté marchant à quatre pattes, avec le mors en bouche, et portant sur son dos la dame qui, d'une main, tient la bride, et de l'autre un fouet. Mais elle est entièrement nue, façon fort singulière de se promener.

« On a fait différentes copies de l'estampe de Sadeler. Les marchands lui ont donné le nom du philosophe. Celui chez qui j'ai été les voir m'a dit savamment que c'était l'histoire de Socrate et de Xantippe, sa femme.

« Un amateur m'a assuré avoir vu à Paris, il y a plusieurs années, un groupe en marbre représentant le même sujet. Il appartenait alors à M. le marquis de Vence. Dans l'œuvre de Fr. Van Bossuit, mort en 1692, on trouve aussi ce sujet imité. C'est une Vénus toute nue, montée sur le dieu Pan que l'Amour tire par un licou (1). »

Si le souvenir de la mésaventure d'Aristote s'était ainsi perpétué d'âge en âge, le fabliau du trouvère normand avait fini par être oublié, jusqu'au moment où le comte de Caylus le retrouva dans le ms. S. G. 1830 (maint. 19152). Dans son *Mémoire sur les Fa-*

---

(1) Legrand d'Aussy : *Fabliaux ou contes... du XIIe et du XIIIe siècle*, éd. Renouard, 1829, t. I, p. 280-281.

bliaux (1), daté de 1746, où ce critique porte un jugement général sur ces productions légères de notre vieille littérature, en fait ressortir les caractères et en apprécie les mérites, il donne une place distinguée à l'œuvre de Henri d'Andeli qu'il ne nomme pourtant pas. Il trouve que ce fabliau, dont il présente l'analyse, renferme plus de critique, d'images et de philosophie que la plupart des autres, indépendamment du choix des acteurs qui sont plus intéressants ; il loue l'auteur de s'être gardé de l'obscénité trop fréquente à son époque; il vante l'élégante description de la parure de la jeune fille ; « le maintien coquet, dit-il, et les discours de la belle sont aussi bien décrits que ceux du philosophe » ; il loue un autre passage pour son « heureuse simplicité (2) » ; il ajoute que ce fabliau est « un exemple

---

(1) *Mémoire sur les fabliaux*, par M. le comte de Caylus, juillet 1746, dans les *Mémoires de littérature tirés des Registres de l'Académie des Inscriptions et Belles-Lettres*, 1753, t. XX, p. 362 à 364.

(2) *Ibid.*, p. 371. — C'est dans cette analyse, exacte d'ailleurs, et qui sent l'homme de goût, que Caylus a commis la singulière méprise si souvent citée. A propos de ces deux vers :

> Or soiez demain en abé
> Aus fenestres de cele tor,

il s'est imaginé que la jeune fille conseillait à Alexandre de se déguiser en abbé et il ajoute : « Le choix de ce déguisement est bizarre, j'en vois peu la raison. » Legrand d'Aussy cite ce passage du comte de Caylus et s'étonne à son tour. « Cette mascarade assez plaisant par le fond et par les images dont les détails ne déplairoient point dans l'original ».

On fut bientôt à même de juger de la valeur de cette appréciation ; trois ans après la publication du mémoire du comte de Caylus, en 1756, Barbazan donna le texte du Lai d'Aristote dans son recueil de fabliaux (1).

En 1779, Legrand d'Aussy (2) en fit, non une traduction, mais une imitation en prose, précédée d'un préambule dont j'ai cité quelques passages. Il faut lui savoir gré d'avoir popularisé les œuvres de nos vieux poètes ; je lui reprocherai pourtant d'avoir parlé de ce

inutile ne se trouve, dit-il, ni dans l'édition qu'a donnée du fabliau Barbazan, d'après le manuscrit cité par M. de Caylus, ni dans deux autres versions un peu différentes de celle-ci que j'ai entre les mains. » Pourtant Legrand d'Aussy connaissait le ms. dont s'était servi de Caylus ; cependant il semble douter que le passage, cause de la méprise, s'y trouve. Quoi qu'il en soit, celui qui le premier a retrouvé au XVIIIe siècle et dignement apprécié nos vieux fabliaux, mérite bien qu'on l'excuse et qu'on dise avec M. V. Leclerc : « Les erreurs de ce genre sont trop faciles à commettre pour qu'il ne soit que juste et prudent de les excuser. » (*Histoire litt. de la France*, t. XXIII, p. 76.)

(1) *Fabliaux et contes français des XIIe, XIIIe, XIVe et XVe siècles;* Paris, 1756, 3 v. in-12. — Méon a reproduit cette édition dans celle qu'il a donnée en 1808, 4 v. in-8°.

(2) *Fabliaux ou contes des XIIe et XIIIe siècles;* Paris, 1779, 3 v. in-8°. — Une seconde édition de cet ouvrage a été donnée en 5 vol. petit in-12; Paris, 1781, et une troisième par A.-A. Renouard, en 5 vol. in-8°; Paris, 1829.

fabliau avec ce ton de légèreté dédaigneuse que le xviiie siècle appliquait à notre ancienne littérature. A propos de l'innocente et aimable bagatelle, il s'écrie avec une hauteur un peu trop philosophique : « Au reste, le fabliau qui va suivre fera voir que l'histoire et la critique qu'elle exige étoient pour nos poëtes des choses fort indifférentes et qu'ils ne cherchoient souvent qu'un nom célèbre auquel ils pussent coudre les extravagances de leur imagination (1). » L'histoire et la critique ont en vérité bien à faire ici, et, n'en déplaise à ce sévère censeur, je me permettrai de trouver que l'imitation, facilement écrite d'ailleurs, qu'il donne au lieu du texte sans prendre la peine de le bien lire, puisqu'il dit que la jeune fille délaissée par Alexandre alla trouver elle-même son amant, est loin de valoir l'original, dont elle supprime plus d'un trait fin et gracieux.

Je dirai de même qu'Imbert, qui a mis en vers modernes le petit poème de Henri d'Andeli, ne peut soutenir la comparaison avec le rimeur normand (2).

Quand le Lai d'Aristote eut été publié, les littérateurs ne manquèrent pas d'y puiser des inspirations comme l'avaient fait les sculpteurs du moyen âge. Le vendredi 11 août 1780, Barré et Piis firent jouer sur la scène de

(1) T. I, p. 280 de l'édition de 1829.

(2) *Choix de fabliaux mis en vers*, 1788, 2 vol. — Le *Lai d'Aristote* se trouve dans le t. I, p. 157-170.

la Comédie-Italienne un vaudeville intitulé *Aristote amoureux ou le Philosophe bridé*. Les exigences du théâtre avaient amené les auteurs à modifier la scène principale. Orphale, la maîtresse d'Alexandre, ne chevauchait pas le philosophe, mais se faisait traîner par lui dans un char. Bachaumont, dans ses *Mémoires secrets* (1), dit que « cette bagatelle a eu un succès décidé. » Mais quelque chose de véritablement amusant, c'est l'indignation ressentie par l'austère critique de la *Correspondance de Grimm et de Diderot*. Il s'étonne que la police ait souffert qu'on mît au théâtre « ce sujet scandaleux » qui nous montre « Aristote, le vénérable Aristote, à l'Opéra-Comique, et dans quel avilissement profond ! Il serait difficile, ajoute-t-il, de ne pas savoir mauvais gré aux auteurs d'avoir dégradé à ce point la philosophie et de nous avoir représenté en plein théâtre le mentor le plus respectable de l'antiquité, humilié, avili par une courtisane aux yeux de son disciple. Craint-on que la sagesse ait jamais trop de crédit ? (2) » Voilà ce qu'on peut appeler un coup de massue solidement asséné et il tient du prodige que le Lai d'Aristote se soit relevé d'un si terrible anathème.

La pièce intitulée *le Tribunal domestique*, dont

---

(1) Edit. de 1781, t. XV, p. 253-254.

(2) *Correspondance littéraire, philosophique et critique*..... par le baron de Grimm et Diderot, seconde édition (2ᵉ partie), t. V, p. 173-175.

parle Legrand d'Aussy (1), n'est qu'une imitation bien éloignée du fabliau de Henri d'Andeli. Il en est de même du *Philosophe soi-disant* de Marmontel (2) ; ce philosophe ne cède pas comme Aristote, sans le vouloir, à la toute-puissance de l'amour ; c'est un sophiste hypocrite et orgueilleux qui n'écoute que la vanité et l'intérêt, quand, oubliant l'aimable Clarice pour lui préférer la laide, mais riche présidente, il laisse cette dernière lui attacher au cou un ruban couleur de rose.

Il serait trop long de parler ici de tous ceux qui, en notre siècle, se sont occupés du Lai d'Aristote. Il n'est pas une histoire littéraire, à commencer par celle de la France (3), qui n'ait consacré au moins quelques lignes à cette œuvre du trouvère normand. E.-H. Langlois, dans ses *Stalles de la cathédrale de Rouen*, M. de Guilhermy, dans la *Revue générale de l'architecture*, 1840, M. N. Beaurain, dans les procès-verbaux de notre Société, l'ont exactement et finement analysée. M. Antony Méray ne l'a pas oubliée dans *la Vie au temps des Trouvères;* mais pourquoi fait-il de la belle Indienne « une blonde et railleuse fille de la Gaule ? (4) »

A ma connaissance, une seule imitation en a été faite en notre temps : c'est *le Char,* opéra-comique en un

(1) *Op. cit.*, t. I, p. 281.
(2) *Œuvres complètes*, in-8º, 1818, t. III, p. 228-255.
(3) *Hist. litt. de la France*, t. XXIII, p. 76.
(4) P. 203.

acte et en vers libres, par MM. Paul Arène et Alphonse Daudet, qui ont dédié leur œuvre *irrévérencieuse* au vieil auteur du Lai d'Aristote (1).

La belle esclave Briséis,

> . . . . . du pays Gaulois,
> Pays de brume et de grands bois
> Que parfois un rayon essuie,

a tourné les têtes du vieil Aristote et du jeune Alexandre qui en oublie sa table de Pythagore. Le disciple laissant son maître

> Planté dans un clos d'orangers,
> En train d'expliquer d'une voix sonore,
> Les lois du monde et les nombres de Pythagore
> A deux corneilles et trois geais,

accourt auprès de la jeune esclave et l'aide à étendre sa lessive en lui dérobant mille baisers. Arrivée soudaine du grave philosophe qui s'indigne à ce spectacle :

> . . . . . On voit ici des choses excessives :
> Le grand Aristote laissé
> Tout suant au bord d'un fossé,
> Et le fils d'un grand roi qui sèche des lessives !

Il va écrire ce qu'il a vu au roi Philippe et exiler Briséis en Scythie. Laissée seule avec Alexandre, la jeune

---

(1) La musique est de M. Paul Pessard. — *Le Char* a été donné pour la première fois, à l'Opéra-Comique, le 18 janvier 1878.

esclave promet de réduire Aristote à se taire. Elle connaît trop bien les philosophes :

> Amour sait dompter leur rudesse,
> Et la trame de leur sagesse
> S'effiloche bien vite entre deux jolis doigts.

Et, en effet, la coquette a bientôt mis à ses pieds l'austère moraliste. Pour prix d'un seul baiser, il consent à prendre un harnais et à traîner dans un char la jeune espiègle. Il sent bientôt que la charge est doublée et entend derrière lui deux voix rieuses : Alexandre est dans le char à côté de la jeune fille. Tout à coup, les tambours et les trompettes annoncent l'arrivée de Philippe, à la grande terreur du philosophe qui, craignant d'être surpris dans une posture si ridicule, demande en grâce qu'on le débarrasse du licou ; il ne l'obtient qu'à la condition de déchirer la lettre et de donner la liberté à la belle Briséis.

C'est ainsi que du XIIIe siècle jusqu'à nos jours, les artistes et les littérateurs ont perpétué le souvenir de ce conte charmant. Le petit poème du trouvère normand a joui d'une fortune que mainte œuvre plus sérieuse pourrait lui envier.

Le texte du Lai d'Aristote, publié d'abord par Barbazan, a été reproduit en 1808 par Méon, t. III, p. 96 et suiv. de la nouvelle édition des *Fabliaux et contes français des XIe, XIIe, XIIIe, XIVe et XVe siècles.*

III

LA BATAILLE DES VINS

Aujourd'hui que l'on recherche avec tant d'avidité les moindres détails relatifs à cette époque du moyen âge si curieuse à étudier, et, malgré tant de recherches, encore si peu connue, la *Bataille des Vins* nous intéresse moins par sa valeur littéraire, qui toutefois n'est pas à dédaigner, que par la nomenclature qu'elle renferme des principaux crus du temps. A cet égard, elle nous satisfait plus amplement que quelques autres poèmes consacrés également au vin et composés vers la même époque. La pièce des *Vins d'Ouan,* par Guiot de Vaucresson (1), est assez insignifiante ; le *Martyre de Saint Baccus* (2), écrit en 1313 par Geoffroy, tout en ne citant qu'un petit nombre de crus, donne quelques détails curieux sur la culture de la vigne et la fabrica-

---

(1) *Recueil général et complet des fabliaux des XIII*e *et XIV*e *siècles,* publié par MM. Anatole de Montaiglon et Gaston Raynaud, t. II, p. 140-144.

(2) *Nouveau recueil des contes, dits, fabliaux.... des XIII*e, *XIV*e *et XV*e *siècles...* mis au jour... par A. Jubinal, t. I, p. 250-265.

tion du vin ; mais la *Desputoison du Vin et de l'Iaue* (1) est une pièce vraiment intéressante par les jugements que l'auteur y porte sur les vins les plus estimés de son temps et qui s'accordent en général avec les appréciations de Henri d'Andeli. *La Bataille des Vins* a le mérite de nous faire connaître les noms de plus de soixante-dix régions, villes ou bourgades, célèbres alors par leurs vignobles. Quelques-uns de ces noms sont, il est vrai, difficiles à identifier, parce que nous les trouvons aujourd'hui portés par des localités différentes ; mais l'œuvre dont il s'agit n'en est pas moins une source de précieux renseignements pour quiconque voudrait étudier cette partie si intéressante de l'agriculture au moyen âge.

A ces œuvres de nos vieux poètes, il convient d'ajouter certains traités en prose qu'on ne consulterait pas sans profit. On a signalé depuis longtemps le traité dans lequel Geoffroy de Vinsauf (2) enseigne l'art de greffer

(1) *Nouveau recueil des contes*, etc., par A. Jubinal, t. I, p. 293-311. — Le même sujet a été traité plus tard, mais d'une manière moins intéressante, par un autre poète (V. A. de Montaiglon, *Recueil de poésies françaises des XVe et XVIe siècles*, IV, 183). Du reste, la querelle de l'Eau et du Vin a servi de thème à des chansons populaires que le peuple répète en divers points de la France. Voir à cet égard *Un débat chanté*, article de M. W. Smith, dans le n° 24 de la *Romania*, octobre 1877, p. 596-598.

(2) Tractatus magistri Galfridi, continens in se breviter omnem modum inserendi arbores aromaticas, fructus conservandi, vites, vina cognoscendi, vinaque universa deteriorata formandi, acetum-

les arbres aromatiques, de conserver les fruits, de connaître les vignes, les vins, etc. Jofroi de Waterford a traduit en français, au XIIIe siècle, sous ce titre *Le Segré des Segrez* ou de *Gouvernement de rois* (1), un traité latin, le *Secretum secretorum*, que beaucoup de manuscrits nous ont conservé et dans lequel on retrouve le traité de physiognomonie d'Aristote. Jofroi y a inséré plusieurs chapitres relatifs au vin ; je transcris ici, pour qu'on puisse comparer ses jugements à ceux de notre trouvère, le chapitre intitulé : *De la diversetez du vin solonc les terrages ou les vingnes croissent* (2) :

« Or vous ai contei de la diversitei du vin solonc sa nature et son effait ; des ore mais avient a dire la diversitez de vin solonc les terrages et la region ou les vignes croissent ; dont fait a entendre que les vins qui sunt comunement en haus tertres sunt plus fort et plus clers que les vins qui sunt de basse terre, et les vins qui croissent ax sommet des montaingnes sunt fors et clers et entestant, et les vins qui croisent ens es valées ont les condissions contraires ; mais les vins qui croisent az pen-

---

que mutandi, et conditiones cujuscumque vini et cæterorum pretiosorum liquorum vel pigmentorum faciendi, tam pro sanis quam infirmis. — V. *Hist. litt. de la France*, t. XVIII, p. 311.

(1) Bibl. nat., F. fr., ms. 1822 (anc. 7856[33]).

(2) *Ib.*, f. 113 v°, col. 1re à 114 r° col. 1re. — Une phrase de ce chapitre a été citée dans l'*Histoire littéraire de la France*, t. XXI, p. 220.

dans et sur la crupe de la montaingne plus valent, que plus sunt atemprez, por ce qu'il ne sunt trop pres ne trop loing du solel et por ce le seoul est plus atemprez. Le vin cum plus est meur, plus nourist, de quel terrage qu'il soit, entant cum plus est verdet, tant plus estanche soif; et touz vins de tant cum plus aprochent al orient, tant sunt plus fors et ensi entendez vers plogol, et tant cum plus aprochent ver occident et ver bise, tant resunt plus fiebles, et por ce acunes terres sont en l'occident et en bise que por defaute de chalor ne portent nul vin, car trop sont eslongies du solel, si cum est Sasoingne et Donemarche et Noreweghe et Yrlande, et por ce le vin Grek et le vin de Cypre sunt si forz et si haut de vin que mout sunt perrilhous a boire en grant quantitei, s'ils ne soient bien atemprez et bien soifrent la quarte ou la tierce partie d'eiwe. Tez vin, quant est pur, plus vaut a medecine que a boire. Le vin vernache est de milhor condition, car il est atempreement fort et flaire tres douchement ains qu'il viengne a la bouche, les narines salue et conforte la cervelle, bien prent al palais et point sans bleschier, al cuer donne joie et leesche, et, courtement a dire, de tout vins ce est le peruenke. Vins de Provence et de Gascoingne est aques fort, mais sec est et tres durement serré. Vin d'Achoire est fort et aques moistes et aques serré et mout est de male qualitez; car, s'il est mellei, poi vaut, se il est dessavorei, et, s'il ne soit mellei, trop grieve a la teste qui mout en prent. Vin de la Rochelle bastart est fort et sec et douc en savour, et tres durement grieve qui mout en boit a la teste et al cors, mais bonne delivrance de ventre fait, por quoi dient li fisecien que om le doit boire a l'aler dormir. Vin françois est fiebles et moistes et nient ne grieve a la teste se ne soit par trop grant forfait, bien fait oriner et bien estaint soif et maiement le vin blanc. Le vin rouge d'Orliens et le vin blanc de Saint Milion mout sont gentil, sueement font dormir sens grevanche de teste ou de cors. Le vin rinois est fort et moiste, et bien et sens violence lasque le ventre et les boiaus et flaire doucement comme violette, et celle odor apelle om bruscant, joie donne et leesce, et se uns hom en fuist toz ivres, ja ne soi sentiroit le pire apres dormir. »

Ces appréciations de Jofroi de Waterford sont curieuses à rapprocher de celles qui ont été formulées au XVIe siècle par le normand Julien le Paulmier dans son précieux et rare *Traité du Vin et du Sidre* (1).

Les vins ont été au moyen âge, comme ils le sont encore aujourd'hui, une des productions les plus importantes du sol de la France et une source abondante de

(1) P. 21 v° à 27 r° de l'édition française. — Julien le Paulmier avait publié son traité en latin sous ce titre : *Juliani Palmarii de vino et pomaceo* libri duo, Parisiis, G. Auvray, 1588. Jacques de Cahaignes est l'auteur de la traduction française : *Traité du Vin et du Sidre*, Caen, P. Le Chandelier, 1589. Il y a inséré un chapitre intitulé : *Apologie du Translateur contre l'usage du vin et du sidre sans eau.*

richesse pour le pays. Cultivés dans les régions qui leur sont encore affectées et même dans les provinces qui n'en produisent plus maintenant, en Normandie par exemple, ils étaient l'objet d'un trafic considérable. Nous voyons dans la pièce de Henri d'Andeli que les vins d'Alsace et de la Moselle s'importaient en Allemagne et ceux de la Rochelle dans tous les pays du Nord. Les belles recherches de M. E. de Fréville (1) et de M. Ch. de Beaurepaire (2) sur le commerce de Rouen au moyen âge, nous font connaître qu'ils furent pendant longtemps l'objet principal du trafic de cette ville, qui recevait par mer les vins de Guyenne et de Gascogne, et par la Seine ceux de France et d'Auxerre.

Une étude générale sur les vignobles qui existaient autrefois en France serait d'un haut intérêt. Legrand d'Aussy l'a tentée dans son *Histoire de la vie privée des François* (3); mais il s'est appuyé trop exclusivement sur les ouvrages des trouvères, qui n'ont pu lui fournir que des données insuffisantes. Tout en tenant grand

(1) *Mémoire sur le commerce maritime de Rouen depuis les temps les plus reculés jusqu'à la fin du XVIe siècle*, in-8, 1857, p. 108, 119-120.

(2) *De la Vicomté de l'Eau et de ses coutumes aux XIIIe et XIVe siècles*, in-8, 1858, p. 18.

(3) *Histoire de la vie privée des François depuis l'origine de la nation jusqu'à nos jours*, par Legrand d'Aussy, nouvelle édition avec des notes, corrections et additions, par J.-B.-B. de Roquefort, 1815, t. II, p. 377-426, et t. III, p. 1-62.

compte des jugements formulés par ces interprètes du goût populaire et des faits qu'on pourrait puiser dans divers ouvrages tels que ceux dont j'ai parlé plus haut, on trouverait dans les archives bien consultées des diverses provinces une source beaucoup plus abondante de détails nécessaires à ce travail. MM. L. Delisle et Ch. de Beaurepaire (1) en ont donné la preuve dans leurs recherches sur les vignobles normands ; tant que leur exemple ne sera pas suivi par les érudits des différentes régions de notre pays, cette étude générale demeurera impossible.

Une des choses qui nous surprennent le plus dans l'œuvre de Henri d'Andeli, c'est la place distinguée donnée aux vins français, c'est-à-dire à ceux que pro-

---

(1) M. L. Delisle : *Etudes sur la condition de la classe agricole et l'état de l'agriculture en Normandie au moyen âge*, p. 419-470, in-8; Evreux, 1851. — M. Ch. de Beaurepaire : *Notes et documents concernant l'état des campagnes de la haute Normandie dans les derniers temps du moyen âge*, p. 105-116, in-8; Evreux-Rouen, 1865. — Voir aussi M. Ch. de Beaurepaire : *Revue de Rouen*, 1852, p. 57-64. — M. l'abbé Cochet : *Culture de la vigne en Normandie* (*Revue de Rouen*, juin 1844, et *Bull. de la Soc. d'Emul. de Rouen*, 1844) ; *Les anciens vignobles de la Normandie* (*Revue de la Normandie*, 1866). — A. Canel : *Blason populaire de la Normandie*, 1859, t. I, p. 124-132. — De Bonnechose : *Recherches historiques sur les progrès de l'horticulture et de l'étude de la botanique dans le Bessin* (*Mém. de la Soc. d'Agric., des Sciences, Arts et Belles-Lettres de Bayeux*, 1844), p. 197-249.

duisait alors l'Ile-de-France (1). Les vignes de cette province ne donnent plus aujourd'hui que des produits très médiocres ; mais il n'en était pas ainsi autrefois, et tous les témoignages s'accordent à le constater ; on peut en voir un grand nombre dans l'*Histoire de la vie privée des François* où Legrand d'Aussy s'est plu à les réunir. On a attribué l'infériorité actuelle des vins de cette région à un changement de climat, ce qui est fort contestable ; on a dit encore que les perfectionnements apportés à la culture de la vigne et à la fabrication des vins dans les autres provinces en ont amélioré les produits, tandis que ceux de l'Ile-de-France restaient stationnaires ; cette raison pourrait faire comprendre pourquoi ils sont inférieurs aux autres, mais non pas pourquoi ils sont mauvais. M. Biot, dans un des articles (2) qu'il a consacrés à l'examen de l'ouvrage de M. L. Delisle, attribue à un changement de cépages la mauvaise qualité des vins que l'on récolte maintenant aux environs de Paris. D'après lui, la variété cultivée autrefois appartenait aux pineaux de Bourgogne qui présentent deux inconvénients : celui d'être peu productifs et celui de donner peu de raisin sur leurs bourgeons adventifs quand les premières pousses ont été

(1) Au moyen âge, le nom de France s'appliquait souvent d'une façon spéciale à l'Ile-de-France, domaine primitif des rois. Julien le Paulmier (*op. cit.*, p. 22 v.) emploie encore en 1589 les mots « vins françois » dans ce sens restreint.

(2) *Journal des Savants*, 1851, p. 672.

détruites par les gelées du printemps. Les vignerons des environs de Paris purent soutenir la concurrence avec ceux des autres provinces tant que les communications furent difficiles ; mais, « à mesure que les arrivages par terre, surtout par mer, ont baissé de prix, les vins communs de la basse Bourgogne leur faisaient une concurrence qu'ils ne pouvaient plus soutenir. C'est pourquoi ils ont arraché tous les anciens plants qui couvraient leurs coteaux, et les ont remplacés par d'autres variétés de cépages tels que le gamai, le meunier, qui, ne coûtant pas plus à cultiver, ont sur eux trois avantages : d'être beaucoup plus productifs, moins délicats, et de donner encore des bourgeons adventifs qui portent fruit quand les autres ont été détruits par les gelées. Les vins fournis aujourd'hui par ces nouveaux plants sont toujours âpres, grossiers, voisins du vinaigre; toutefois, leur abondance et leur bas prix satisfont les producteurs ainsi que les consommateurs qui vont les boire hors barrière. Voilà par quelle métamorphose les vignobles de Suresnes et d'Argenteuil ont cessé d'être dignes de leur ancienne réputation. »

Le texte de la Bataille des Vins a été publié pour la première fois par Barbazan, en 1756, dans ses *Fabliaux et contes des poètes français des XIe, XIIe, XIIIe, XIVe et XVe siècles;* Méon l'a reproduit dans son édition de 1808, t. I, p. 152. Legrand d'Aussy en a donné la traduction dans ses *Fabliaux ou Contes des XIIe et XIIIe siècles* édités par lui en 1779 et réimprimés en 1829 par Renouard (1). Il n'a pas toujours bien compris le texte qu'il traduisait, mais l'erreur la plus singulière qu'il ait commise est assurément celle qui lui a fait prendre le nom de l'auteur pour celui d'un cru qu'il place dans le Quercy ou dans la Saintonge (2).

(1) T. III de l'édit. de 1829, p. 35-38.
(2) *Ibid.*, p. 37, et note 8, p. 42.

IV

LE DIT DU CHANCELIER PHILIPPE

L'abbé de La Rue a révélé le premier l'existence de la pièce dans laquelle Henri d'Andeli a rendu un pieux hommage à la mémoire du chancelier de l'Eglise de Paris, Philippe de Grève (1), mort le 26 décembre 1236. Il l'avait trouvée, pendant le séjour qu'il fit en Angleterre de 1792 à 1797, dans le manuscrit 4333 (f. 98 r°, col. 2, à f. 100 r°, col. 1) de la Bibliothèque Harleïenne (British Museum). Après en avoir fait connaître brièvement le sujet dans la notice qu'il

(1) L'abbé de La Rue (*Essais historiques sur les bardes*, etc., t. III, p. 34), dit à propos de cette pièce : « Le Dictié du chancelier Philippe : c'est le récit des derniers moments de Philippe d'Antongny, chancelier de France... » Il a confondu Philippe d'Antongny qui fut, sinon chancelier de France, du moins garde du grand sceau, *custos magni sigilli* (Du Cange, v. *Cancellarius*), avec le chancelier de l'église de Paris, Philippe de Grève. A l'égard de ce dernier, je crois utile de reproduire cette note de M. P. Meyer (*Romania*, 1872, p. 192, n. 7) : « Je dis *Philippe de Grève* pour me conformer à l'usage de mes devanciers, à commencer par Fabricius, qui appelle notre chancelier *Philippus Grevius* ; mais j'avoue que je n'ai trouvé ce surnom dans aucun document ancien. »

a consacrée à Henri d'Andeli, il en a cité 38 vers, notamment ceux qui contiennent les dernières paroles du chancelier, qu'il appelle si justement la prière attendrissante d'un chrétien mourant.

M. P. Meyer a publié dans la *Romania* (1) le texte de cette pièce, qui comprend 266 vers, en le faisant précéder d'une étude (2) sur Henri d'Andeli et sur le chancelier Philippe, où, après avoir examiné ce que cette publication apporte d'éléments nouveaux à la connaissance qu'on avait jusqu'alors de l'auteur et du chancelier, il présente quelques considérations sur la langue et la versification de Henri d'Andeli, et termine par la description du manuscrit Harleïen 4333.

C'est dans cette pièce, composée après le 26 décembre 1236, que Henri d'Andeli nous fait connaître, comme je l'ai déjà dit, sa qualité de clerc (v. 251). Il dit encore (v. 224-257) qu'il n'a point appelé son œuvre un *flablel,*

Por ce qu'il est de verité,

c'est-à-dire parce qu'il est, non une fable, mais un récit véridique, et que voulant « qu'il soit bien recitez, » il ne l'a pas écrit en *tablel*, mais sur parchemin, ce qui prouve qu'on avait encore, à cette époque, l'usage d'écrire sur des tablettes de cire les ouvrages auxquels on attachait sans doute peu d'importance.

(1) No 2, avril 1872, p. 210-215.
(2) *Ibid.*, p. 190-209.

Philippe de Grève n'était guère connu, jusqu'aux dernières recherches de M. P. Meyer, que comme théologien et comme sermonnaire. Les historiens (1) qui s'étaient occupés de lui s'étaient surtout attachés à mettre en relief les luttes opiniâtres qu'il soutint, comme chancelier de l'église de Paris, contre l'Université récemment fondée, contre les chanoines réguliers de Sainte-Geneviève, et contre les Dominicains, pour défendre les privilèges de l'évêque de Paris en matière d'enseignement. M. P. Meyer, s'appuyant sur le Dit de Henri d'Andeli, sur la chronique de frère Salimbene de Parme et sur plusieurs pièces trouvées par lui dans le ms. Egerton, 274 (British Museum), a fait ressortir un côté peu connu de la vie de cet intéressant personnage : il a établi que Philippe de Grève peut être mis au nombre des poètes latins rythmiques et des meilleurs du XIIIe siècle.

Sur la foi de plusieurs manuscrits, on avait attribué à Philippe deux chansons françaises. M. Meyer établit qu'il est douteux que l'une d'elles lui appartienne, et que, s'il est probable qu'il a composé l'autre, on ne saurait pourtant l'affirmer. Mais ce qui demeure dé-

---

(1) V. Du Boulay, *Hist. Univers. Paris.*, t. III, p. 93-94, 123-126, 142-143, 147-149, 154-155, 166, 709. — Crevier, *Hist. de l'Université*, t. I, p. 287-291, 293, 345-349. — G. Dubois, *Hist. eccl. Paris.*, t. II, p. 345. — B. Hauréau, *Notices et Extraits des mss.*, t. XXI, 2e partie, p. 185. — *Hist. litt. de la France* (article de Daunou), t. XVIII, p. 184-191.

sormais bien acquis, c'est qu'il composa des poésies en langue romane; Henri d'Andeli le dit expressément dans ces vers :

> De toi mie ne se taisoit,
> Mais sovent biaus dis en faisoit
> Et en romans et en latin. (V. 143-145.)

Le Dit du chancelier Philippe est donc curieux à plus d'un titre, et M. P. Meyer, en le publiant pour la première fois, a bien mérité de ceux qui s'intéressent aux monuments de notre vieille littérature.

V

LA BATAILLE DES VII ARTS

La Bataille des VII Ars est la mise en action, sous forme héroï-comique, de la lutte qui s'engagea, au XIIIe siècle, entre les écoles de Paris et celles d'Orléans, à propos de l'enseignement de la logique et de la grammaire. Elle a été composée après l'année 1236, si toutefois le chancelier dont parle Henri d'Andeli et qui *était,* dit-il, le meilleur clerc de France,

> Quar c'*ert* li mieldres clers de France,

est bien, comme le suppose M. P. Meyer (1) avec beaucoup de vraisemblance, ce Philippe de Grève, qui, nommé chancelier de l'église de Paris en 1218, mourut le 26 décembre 1236, et dont notre trouvère a déploré la mort en termes si émus. Ce petit poème est rempli de détails curieux sur l'état des études au XIIIe siècle, et particulièrement sur les auteurs que les maîtres lisaient et commentaient à leurs élèves. Il me paraît nécessaire, pour qu'il soit bien compris, de présenter quelques considérations préliminaires sur la

---

(1) *Romania*, n° 2, août 1872, p. 194, n. 2.

marche et le développement des études jusqu'à l'époque où il fut composé.

Pendant la première partie du moyen âge, on paraît s'être attaché à suivre principalement les doctrines de Quintilien dans l'enseignement de la grammaire. On sait que le célèbre rhéteur romain attachait une grande importance à cette étude ; il la considérait comme le fondement sur lequel devait reposer l'éducation de l'orateur, comme l'unique et indispensable préparation à la rhétorique. Loin de regarder la grammaire, ainsi qu'il le reproche à certains critiques, comme une science vide et stérile, il pensait que c'était peut-être la seule qui eût plus de réalité que d'apparence. Quintilien ne renfermait pas d'ailleurs la grammaire dans les limites où on la restreint aujourd'hui. Il la divisait en deux parties : l'art de parler correctement *(recte loquendi scientia)* et l'explication des poètes *(poetarum enarratio)* (1). La première n'était autre chose que la grammaire proprement dite ; la seconde était un véritable cours de belles-lettres. Elle consistait en des prélections, ou lecture préalable et interprétation des auteurs ; le maître, en commentant les poètes, enseignait à ses disciples la propriété des termes, l'harmonie du style, l'art de la disposition, la convenance des idées, les diverses figures de mots et de pensée, les qualités diverses de l'élocution. Quelques

---

(1) *De Instit. orat.*, l. I, c. IV et suivants.

exercices de composition simples et faciles, l'étude de l'histoire dans ce qu'elle a d'essentiel et non dans ses particularités, de la musique qui enseigne le nombre oratoire, de la géométrie qui apprend à raisonner, complétaient la première instruction de l'enfant ; le rhéteur enseignait bientôt, par l'étude des grands maîtres de l'éloquence et d'une manière plus approfondie, ce que le grammairien avait pu seulement ébaucher.

La méthode de Quintilien fut appliquée dans les siècles qui suivirent, et l'étude de la grammaire, telle qu'il l'entendait, continua d'être la base de tout enseignement, tant dans les écoles de l'Italie que dans celles de la Gaule, qui se constituèrent sur leur modèle.

Au ve siècle, la grande invasion survient ; des flots de barbares inondent les provinces ; les écoles tombent dans une rapide décadence ; le clergé, auquel les lettres païennes étaient d'ailleurs suspectes, est gagné lui-même par la barbarie ; une nuit épaisse s'appesantit sur les intelligences, qui semblent frappées de stérilité.

Les lettres renaissent avec Charlemagne. En 787 ou 788, ce prince adresse aux évêques et aux abbés de son vaste empire la circulaire, tant de fois rappelée, par laquelle il les invitait à fonder des écoles. Lui-même lutte de toutes ses forces contre la barbarie : il appelle auprès de lui des savants étrangers, il réprimande et punit les clercs illettrés, il encourage et récompense ceux qui s'appliquent à l'étude, il fonde une école dans son propre palais, il assiste avec ses fils et ses filles aux leçons données par les maîtres qu'il y a réunis. Le succès répond à ses efforts ; quelques grandes écoles sont établies : en Germanie, celles de Corbie et de Fulda ; en Gaule, celles de Fontenelle (Saint-Wandrille), de Saint-Martin de Tours, de Lyon, d'Orléans. L'évêque Théodulfe, à qui l'on doit cette dernière, ordonne même, dans un capitulaire justement célèbre, de fonder jusque dans les moindres villages de son diocèse des écoles où les prêtres enseigneront les lettres aux jeunes enfants que les fidèles voudront leur confier.

Mais une pareille réforme ne s'accomplit pas en un jour. L'insouciance des successeurs de Charlemagne, les désordres qui troublèrent leur règne et qui eurent pour résultat le démembrement de l'empire et l'établissement de la féodalité, les invasions des Sarrasins et surtout des Normands, l'indifférence des laïques pour les choses de l'esprit, ralentirent l'impulsion que Charlemagne avait donnée. Toutefois, l'Église ne cessa de faire les plus louables efforts pour répandre l'instruction ; de nouvelles écoles s'ajoutèrent à celles qui avaient déjà été fondées, et nous voyons, au xe et au xie siècle, celles de Reims, de Liège, d'Angers, de Chartres et de Laon, rivaliser avec leurs devancières.

Et maintenant qu'enseignait-on dans ces écoles ?

Un grammairien latin, né en Afrique dans le ve siècle, Martianus Mineus Felix Capella, avait eu l'idée de réunir dans le cercle des sept Arts libéraux : grammaire, dialectique, rhétorique, géométrie, arithmétique, astronomie et musique, ce qui lui paraissait l'ensemble des connaissances humaines. Tel est l'objet de l'ouvrage intitulé *De Nuptiis Philologiæ et Mercurii seu de septem liberalibus Artibus*, livre mal écrit et mal composé, ce qui ne l'empêcha pas d'être lu et commenté avec ardeur pendant tout le moyen âge. Cette classification encyclopédique, adoptée par Cassiodore et par Isidore de Séville, servit de base à l'enseignement d'Alcuin. Les sept Arts furent distribués en deux groupes, qu'on appela le Trivium et le Quadrivium ; ils constituèrent deux cours d'études dont l'un représentait particulièrement les lettres et l'autre les sciences. Dans les écoles élémentaires qui furent plus répandues à cette époque du moyen âge qu'on ne le croit généralement (1), on se bornait à peu près « à enseigner le *Donest* et à *jecter* (compter avec des jetons), » c'est-à-dire à apprendre aux enfants la grammaire et le calcul. L'enseignement des sept Arts était réservé aux grandes écoles. On y commençait par le Trivium, c'est-à-dire par la grammaire, la dialectique et la rhétorique ; on passait ensuite aux quatre

---

(1) Voir, à cet égard, M. Ch. de Beaurepaire, *Recherches sur l'instruction publique dans le diocèse de Rouen avant 1789*, in-8º, 1872, t. I, *passim*, et M. Siméon Luce, *Histoire de Bertrand du Guesclin et de son époque*. — *La jeunesse de Bertrand*, in-8º, 1876, t. I, p. 15-17.

arts qui composaient le Quadrivium ; on étudiait ainsi les choses après avoir étudié les mots. Il ne faut cependant pas se faire d'illusion sur la valeur et la portée de ce dernier enseignement ; il était généralement sans étendue et sans profondeur ; il ne paraît même pas y avoir eu de maîtres spéciaux pour enseigner chacun des arts du Quadrivium. Ils perdent même en partie leur caractère ; l'arithmétique se réduit au comput ecclésiastique, l'astronomie dégénère en astrologie, la géométrie est presque oubliée, la musique seule est plus complétement étudiée, parce qu'elle est liée aux cérémonies du culte. On enseignait ces arts en lisant et en commentant soit les livres que Martianus Capella leur a consacrés, soit quelque ouvrage spécial sauvé du grand naufrage des lettres antiques.

La méthode herméneutique ou interprétative était en effet la seule qu'on appliquât à l'enseignement. « Aux écoliers de la classe de grammaire, on lisait Donat et Priscien, et l'on accompagnait cette lecture d'un commentaire : commentaire littéral ou digressif suivant l'étendue des connaissances acquises par le maître ou par ses élèves. Pour la rhétorique, on interprétait quelques traités de Cicéron ou de Boëce. Ptolémée servait aux leçons d'astronomie, et la philosophie proprement dite était enseignée d'après les livres d'Aristote..... Enseigner la grammaire, l'arithmétique, la philosophie, se disait alors lire en philosophie, *legere in philosophia*, lire en arithmétique et en grammaire ; on faisait même usage de cette locution plus singulière encore, lire en musique, *legere in musica* (1). »

La grammaire était le premier des sept Arts dans la classification adoptée à cette époque ; on la considérait comme le début nécessaire de l'enseignement, comme le fondement de toute doctrine. Jusqu'au XIIIe siècle, elle consista dans l'étude des notions élémentaires les plus communes et des règles les plus nécessaires (2) ; on suivait principalement Donat et Priscien, grammairiens du Ve et du VIe siècle, que l'on commentait en s'attachant minutieusement et servilement à la lettre ; comme le voulait Quintilien, on y joignait l'explication des poètes. C'est ce que nous apprend un auteur du Xe siècle, Raban Maur ; il ne s'oppose pas à ce qu'on lise les auteurs profanes, pourvu qu'on laisse de côté tout ce qui ne peut servir aux dogmes chrétiens et qu'on se garde bien surtout de scandaliser les faibles (3).

Cet enseignement, simple d'abord, se perfectionna successivement et porta d'excellents fruits, comme il est facile de le constater au XIIe et au XIIIe siècle. Quand même un juge aussi compétent que Jean de Salisbury

---

(1) M. B. Hauréau, *Philosophie scolastique* dans *le Dict. des sciences philosophiques* de Franck, 2e éd., p. 1575.

(2) M. Ch. Thurot : *Notices et Extraits de divers mss. latins pour servir à l'histoire des doctrines grammaticales au moyen âge.* — *Not. et Extr. des mss.*, t. XXII, 2e partie.

(3) *De Inst. cler.*, III, 18. Cité par M. Thurot, *op. cit.*, p. 69.

ne nous vanterait pas l'habileté des maîtres célèbres de l'époque, et principalement de Raoul et d'Anselme de Laon, de Thierry, de Richard l'Evêque, qui devint archidiacre de Coutances, de Guillaume de Conches et de Bernard de Chartres (1), dont il fait un magnifique éloge, les œuvres des humanistes qui sortirent de leurs écoles suffiraient à nous l'attester. Jamais, pendant tout le cours du moyen âge, les lettres latines ne brillèrent d'un plus vif éclat. Les prosateurs et les poètes de ce temps ont une connaissance étendue de l'antiquité ; les chefs-d'œuvre de la littérature latine leur sont familiers ; ils s'en inspirent habilement, ils les citent à propos, ils pensent avec justesse, ils écrivent avec goût. Pour les lettres latines, comme pour la littérature romane, le XIIIe siècle est le point culminant du moyen âge. Cette supériorité, il la doit au solide fondement sur lequel reposait jusqu'alors l'enseignement donné dans les écoles ; et Jean de Salisbury l'a compris à merveille, quand, dans son *Metalogicus* qu'il terminait en 1159, il prit la défense des études littéraires contre un novateur qu'il ne veut point nommer, dit-il, par charité chrétienne et qu'il se contente de désigner par le surnom de Cornificius (2). Il défend contre lui la grammaire et la rhétorique injustement

---

(1) *Metalogicus* (éd. Migne), lib. I, c. V et XXIV, col. 832 et 853-856.

(2) *Ibid.*, lib. I, c. II, col. 827.

attaquées ; il lui reproche de jeter, sans préparation suffisante, les esprits non encore formés au milieu de ces controverses où il suffit de crier plus fort que les autres pour arriver au premier rang, et de se préoccuper d'obtenir plutôt des succès rapides que de solides résultats, en bouleversant l'ordre suivi jusqu'alors dans les études. Il ne méconnaît point la puissance de la dialectique, mais il établit qu'elle ne peut servir que selon la mesure des connaissances que l'on possède. Elle est très utile, dit-il, à celui qui sait beaucoup ; elle ne sert à rien à celui qui ignore : c'est le glaive d'Hercule impuissant dans la main d'un Pygmée ou d'un nain, et qui renverse tout comme la foudre quand il est brandi par le bras d'un Hector ou d'un Achille (1). Il faut à l'esprit une nourriture plus substantielle, et c'est intervertir l'ordre naturel des choses que de commencer les études par ce qui doit les terminer. Sans la connaissance préalable de la grammaire, comme le voulait Quintilien, point d'études libérales possibles. On ne peut pas plus, dit Jean de Salisbury, se livrer sans elle à l'étude de la philosophie, que briller parmi les philosophes, si l'on est sourd et muet (2).

Jean de Salisbury constatait avec bonheur l'impuissance des efforts tentés par les Cornificiens ; il se félicitait de voir les meilleurs maîtres, contraints d'abord

(1) *Metalogicus* (éd. Migne), lib. II, c. IX, col. 866.
(2) *Ibid.*, lib. I, c. XIII, col. 840.

de céder au courant qui les entraînait, revenir aux saines traditions et aux bonnes méthodes. Qu'aurait-il dit s'il avait pu prévoir que, à quelques années de là, la dialectique régnerait sans partage, que sa forme s'imposerait à tous les arts et en dénaturerait le caractère ?

Pendant les premiers temps qui suivirent le réveil des études, la dialectique, confondue toujours à cette époque avec la logique, fut considérée seulement comme une science accessoire, que Martianus Capella plaçait après la grammaire et Cassiodore après la rhétorique. Il n'en fut plus de même quand, d'un passage de l'*Isagoge* de Porphyre, naquit le problème des universaux. Les querelles des nominalistes et des réalistes passionnèrent tous les esprits ; on se mit à étudier avec une ardeur sans pareille les seuls écrits d'Aristote que l'on connût alors par les traductions et les commentaires de Boëce, les *Prédicaments* (Κατηγορίαι), et le livre de l'*Interprétation* (περὶ Ἑρμηνείας) ; on prétendit s'élever par la dialectique seule à la connaissance de la métaphysique, et l'intérêt qu'inspiraient ces importants problèmes fit négliger les autres études : on les abandonna pour s'empresser autour des chaires des dialecticiens. Vainement la théologie se défendit contre l'invasion d'une doctrine dont les hérésies de Bérenger de Tours et de Roscelin de Compiègne lui montraient le danger ; elle fut impuissante, et bientôt la dialectique lui imposa sa forme comme à tout le reste.

Dès lors l'étude de la grammaire et des auteurs fut négligée comme indifférente. La dialectique absorba toute l'activité des intelligences : n'était-ce pas par elle qu'on abordait l'étude de la théologie aussi bien que celle du droit civil et du droit canon récemment importée d'Italie ? Les clercs, pauvres pour la plupart, qui accouraient de tous les pays de l'Europe dans cette grande Université de Paris que venait de fonder Philippe-Auguste, pouvaient-ils, pressés de parvenir, consacrer de longues années à des études qu'ils considéraient comme stériles, tandis que s'offrait à eux un moyen plus rapide d'arriver aux honneurs et aux dignités, récompense ordinaire de ceux qui se faisaient un renom de dialecticien dans les controverses théologiques ? L'élan fut plus grand encore quand, au commencement du XIIIe siècle, on connut des ouvrages d'Aristote jusqu'alors ignorés : la Physique, la Métaphysique, le traité de l'Ame, les Analytiques, l'Ethique, la Politique, que des Juifs espagnols venaient de traduire d'arabe en latin. Proscrit d'abord par l'Église, le philosophe grec finit par triompher de sa résistance, et l'on se jeta avec plus d'ardeur que jamais dans l'étude des problèmes nouveaux qui venaient s'ajouter aux anciens.

Au milieu de cet engouement pour la dialectique qui s'empara de tous les esprits, il est curieux de voir ce que devint la grammaire ; car, si elle ne conserve plus le rang qu'on lui assignait jadis, elle ne cesse cependant pas d'être étudiée, et c'est même à cette époque qu'Evrard de Béthune et Alexandre de Villedieu composent le *Grecismus* et le *Doctrinale puerorum*, sortes de manuels métriques qui remplacèrent dans les écoles les ouvrages de Donat et de Priscien (1).

L'enseignement de la grammaire change entièrement de caractère : l'explication des auteurs est abandonnée (2) ; si l'on trouve leurs noms cités dans les ouvrages didactiques, c'est seulement à l'occasion des exemples qu'on leur emprunte pour appuyer les règles. Les grammairiens antérieurs au XIIe siècle, Smaragdus, Rémi d'Auxerre, Baudry de Bourgueil, Pierre Hélie, Paul le Camaldule, s'étaient surtout attachés à l'étude des faits grammaticaux et ne s'étaient livrés que bien rarement à des considérations métaphysiques (3). Le contraire arrive désormais. La métaphysique et la dialectique envahissent la grammaire.

Sans doute, la grammaire tient par des liens étroits à la logique ; le langage est l'expression de la pensée, et ses lois générales ne sont pas autre chose que celles de l'esprit humain. Les grammairiens de l'époque le comprirent, et c'est un honneur pour eux de s'être

---

(1) M. Thurot, *op. cit.*, p. 101.

(2) Du moins dans les écoles plus élevées ; dans les écoles inférieures, on épargnait en général aux enfants, jusqu'à l'âge de 12 à 13 ans, l'attirail de la discussion scolastique.

(3) M. Thurot, *op. cit.*, p. 69.

élevés à la conception de la grammaire générale. Mais ils eurent le tort de ne pas distinguer ce qui est nécessaire de ce qui n'est qu'accidentel, et de traiter la grammaire tout entière comme une science spéculative. Les faits les plus simples et qui résultent d'un usage conventionnel et arbitraire, ils prétendirent les expliquer par une cause nécessaire. Si, par exemple, tel verbe régit l'accusatif, ce n'est pas un simple fait qu'il ne s'agit que de constater, il y a à cela une raison qu'ils appellent *vis transitionis* (1) et qu'il faut justifier ; il en est de même si une préposition régit tel cas plutôt que tel autre. De là ces *modi significandi* dont ils ont tant abusé au grand préjudice de la science véritable, et par lesquels ils prétendaient expliquer métaphysiquement tous les faits même les plus élémentaires.

Il est difficile de se faire une idée du degré d'absurdité auquel aboutirent les subtilités des grammairiens. Je puis en citer quelques exemples curieux tirés de gloses sur le Doctrinal, qui appartiennent au xiiie et au xive siècle (2).

Veut-on savoir pourquoi les verbes latins, à la première personne du présent de l'indicatif, se terminent en *o* plutôt qu'en toute autre lettre, en *a* par exemple,

(1) M. Thurot, *op cit.*, p. 244.

(2) J'emprunte ces exemples aux belles recherches de M. Ch. Thurot sur l'*Histoire des théories grammaticales au moyen âge*, ouvrage qu'on ne saurait trop recommander à ceux qui s'intéressent à ces questions.

qui est la plus digne de toutes les voyelles, puisqu'elle est la première ? En voici la raison : tout ce qui est rond est mobile, d'après Boëce, et toute action consiste dans le mouvement, d'après l'auteur des *Six Principes;* o, dont la forme est ronde, a plus de rapport avec le mouvement et par conséquent avec l'action, et voilà pourquoi il marque au lieu de *a* la forme de l'actif. Et le passif, pourquoi se termine-t-il en *r*, car il devrait se terminer en *p*, puisque cette lettre suit immédiatement l'*o*, comme la passion suit immédiatement l'action ? Ce qui est passif éprouve quelque chose de rude; or, *r* est la lettre qui, de toutes, a le son le plus rude, donc le passif devait se terminer par la lettre *r* (1).

Une autre glose se demande pourquoi le genre de *dies* est douteux, car ce mot est employé indifféremment au masculin et au féminin. Le glossateur part de ce principe que le masculin est le genre actif et le féminin le genre passif, et il raisonne ainsi : *Dies* est actif puisqu'il chasse la nuit ; il est également passif puisqu'il est ensuite chassé par elle. Jusque-là, tout marche à souhait et l'on serait bien difficile si l'on n'était pas convaincu par ce beau raisonnement. Mais voici une difficulté : comment se fait-il que *nox* ne soit que du féminin, car la nuit, elle aussi, est active en chassant le jour et passive en étant chassée par lui ? La

---

(1) M. Ch. Thurot, *op. cit.*, p. 201-202.

question est grave, mais le glossateur ne s'embarrasse pas pour si peu ; si ce n'est pas la dialectique, ce sera la Bible qui viendra à son aide. La nuit, répond-il, n'est pas le contraire, mais le quasi-contraire du jour ; elle est du féminin, c'est-à-dire du genre passif, parce que d'abord tout était ténèbres, comme le dit Moïse dans la Genèse. Ces ténèbres étaient passives par rapport au mouvement du firmament et des étoiles ; or, la nuit n'est pas autre chose que les ténèbres ; donc la nuit devait être du genre féminin (1).

Les noms des arbres et des plantes sont du féminin en latin, et pourtant *dumus* et *rubus* sont du masculin. Pourquoi ? Parce qu'ils font une action en déchirant les vêtements (2). Pourquoi a-t-on fait *fluvius* du masculin ? Parce qu'il accomplit une action en battant ses rives d'un mouvement continu.

Faut-il maintenant s'étonner des attaques dirigées par les savants de la Renaissance contre les grammairiens du moyen âge. Laurent Valla, Sintheim, Badius, Érasme, Despautère (3), n'ont-ils pas rendu à la raison ses droits méconnus, quand ils ont proscrit ces vaines recherches, ces *modi significandi*, par lesquels on prétendait rendre compte de toutes choses, sans réussir à

---

(1) M. Ch. Thurot, *op. cit.*, p. 202-203.

(2) *Ibid.*, p. 203.

(3) Voir les passages de ces auteurs cités par M. Ch. Thurot, *op. cit.*, p. 491-492 et 496-499.

rien qu'à jeter l'obscurité dans les questions les plus simples ? Que ne cherchait-on à constater les faits au lieu de vouloir les expliquer et les justifier ? L'intrusion de la dialectique et de la métaphysique dans un domaine qui leur est étranger ne pouvait aboutir, et n'aboutit, en effet, qu'à d'inutiles résultats sans aucun profit pour la science.

Pendant que la révolution qui vient d'être exposée s'opérait à Paris au profit de la dialectique, les écoles d'Orléans étaient restées fidèles à la méthode d'enseignement appliquée jusqu'alors à la grammaire, et surtout à l'étude et à l'explication des auteurs. L'opposition entre les deux villes est clairement marquée dans ce passage d'Hélinand, moine de Froidmont, cité par D. Brial (1) : « On va à Paris pour s'instruire dans les arts libéraux, à Orléans pour étudier les auteurs classiques, à Bologne pour apprendre la jurisprudence, à Salerne la médecine, à Tolède la magie, et nulle part on n'a ouvert des écoles pour former les mœurs. — Ecce quærunt clerici Parisiis artes liberales, Aurelianis auctores, Bononiæ codices, Salerni pyxides, Toleti dæmones, et nusquam mores. » — Un poète latin de la fin du XIIe siècle, l'Anglais Geoffroy de Vinsauf, s'exprime à peu près dans les mêmes termes *(Poetria nova)* :

---

(1) *Hist. litt. de la France*, t. XVIII, p. 95. — Hélinand mourut après 1229.

> In morbis sanat medici virtute Salernum
> Ægros. In causis Bononia legibus armat
> Nudos. Parisius dispensat in artibus illos
> Panes unde cibat robustos. Aurelianis
> Educat in cunis auctorum lacte tenellos.

Alexandre Neckam (mort en 1217) vante en ces termes (1) les écoles d'Orléans et les poètes qu'elles produisaient : « Le Parnasse ne saurait se comparer à toi, noble ville d'Orléans; devant toi s'humilie le double sommet du Parnasse. Je ne pense pas que nulle part ailleurs les vers des Piérides soient mieux expliqués (2). »

Jean de Garlande n'est pas moins explicite; voici comment il s'exprime dans l'invocation qui précède son poème intitulé *Ars lectoria Ecclesiœ*, qu'il composa à Paris, en 1234 : « Aidez-moi, illustres poètes que la renommée compare à l'or, vous que la ville d'Orléans attire à elle de tous les points de l'univers, vous dont se glorifie la fontaine d'Hippocrène. Dieu vous a choisis pour soutenir l'édifice de l'éloquence qui est ébranlé dans ses fondements, car la langue latine se vieillit; le verdoyant jardin des auteurs s'est desséché et le

---

(1) *De laudibus divinœ sapientiœ*, v. 607.

(2) J'emprunte les traductions de ce passage et du suivant à M. Léopold Delisle, *Les écoles d'Orléans au XIIe et au XIIIe siècle.* — *Annuaire-Bulletin de la Société de l'histoire de France*, 1869, p. 146.

souffle jaloux de Borée a brûlé la prairie émaillée de fleurs. »

L'éclat que jetait l'école d'Orléans depuis plusieurs siècles justifie ces éloges. Fondée par l'évêque Théodulfe, elle avait déjà produit avant 1200 un grand nombre d'hommes distingués (1). Les écoles des monastères de Saint-Benoît à Fleury-sur-Loire et de Mici n'étaient pas moins célèbres. A Orléans l'étude de la grammaire et des auteurs avait toujours été florissante ; elle s'y maintint, quand, à Paris, la passion pour la dialectique vint porter un coup si funeste aux études littéraires. M. Thurot semble en avoir trouvé la véritable cause. Il remarque que les écoles d'Orléans « paraissent avoir ressemblé beaucoup plus à celles de l'Italie qu'à celles du nord de la France » et qu' « elles tenaient plus de Bologne que de Paris (2). » Or, à cette époque, existaient déjà à Orléans des écoles de droit où l'enseignement était donné par des maîtres qui, souvent, allaient puiser en Italie les éléments de leur science. Ces écoles étaient organisées sur le type de l'Université de Bologne ; le même esprit devait y régner et répandre autour de lui son influence. « A Bologne,

(1) Du Boulay, *Hist. Univers. Paris.*, t. I, p. 521. — Voir aussi : M. L. Delisle, *Les écoles d'Orléans,* etc., p. 139-148, et Mlle A. de Foulques de Villaret, l'*Enseignement des lettres et des sciences dans l'Orléanais*, etc., 1875, *passim.*

(2) M. Ch. Thurot, *op. cit.*, p. 114, n. 2.

dit M. Ch. Thurot, tout était subordonné au droit. Or l'étude du droit était particulièrement liée avec la rhétorique, avec l'art de rédiger des actes et des lettres, qu'on appelait *Ars dictandi, Ars dictaminis*, et qui était enseigné par les grammairiens. Déjà, au xiie siècle, le camaldule Paul joignait à un traité de grammaire et de versification des préceptes sur la manière d'écrire des lettres *(Introductiones dictandi)*.... On n'étudiait la grammaire qu'au point de vue de parler et d'écrire correctement le latin, on s'inquiétait peu des théories grammaticales et de l'explication des faits (1). »

C'est aussi le caractère de l'enseignement donné à Orléans. Là aussi, la grammaire est la préparation à l'étude de la rhétorique ; là aussi, on s'exerce à la pratique du style épistolaire, comme l'attestent plusieurs *Ars dictandi, Ars dictaminis,* qui furent composés spécialement ou remaniés par leurs auteurs pour les écoles de cette ville (2). Un Florentin, qu'on croit avoir appartenu à l'école de Bologne, attribue même aux maîtres d'Orléans l'invention d'un nouveau nombre oratoire fondé sur la théorie des spondées et des dactyles accentués, et il l'appelle *stylus gallicus,* faisant ainsi des expressions style de France et style d'Orléans des termes à peu près synonymes (3).

(1) M. Thurot, *op. cit.*, p. 91-92.
(2) M. L. Delisle, *op. cit.*, p. 140-143.
(3) M. L. Delisle, *op. cit.*, p.143, et M. Thurot, *op. cit.*, p.483-485.

L'étude de la poésie latine n'était pas moins cultivée que l'art d'écrire en prose. Dans les écoles, on lisait et on expliquait les poètes les meilleurs de l'antiquité classique : Virgile, Ovide, Lucain, etc. ; un des professeurs d'Orléans, Arnoul le Roux, composait des gloses sur la Pharsale, sur l'Art d'aimer, les Remèdes d'amour, les Pontiques et les Fastes (1). Les humanistes s'inspiraient de ces grands maîtres dans leurs essais de versification latine. Mais si l'éclat de cet enseignement attirait un grand nombre d'étudiants et valait aux maîtres d'Orléans une réputation méritée, il excitait, en revanche, la jalousie des écoles rivales, qui ne ménageaient pas leurs attaques. Ce n'étaient pas seulement les dialecticiens qui déclaraient la guerre aux Orléanais pour une diversité de méthode ; les théologiens et les esprits chagrins leur reprochaient d'altérer la pureté de la foi chrétienne en infectant l'esprit de leurs disciples par les mensonges de l'antiquité païenne.

On n'était plus au temps où le pape Grégoire le Grand proscrivait entièrement l'étude de cette antiquité, où un archevêque de Rouen, saint Ouen, ne voyait dans les plus aimables fictions de la poésie que des sottises de poètes criminels, *sceleratorum neniæ poetarum* (2) ; mais les poètes anciens inspiraient en-

---

(1) M. L. Delisle, *op. cit.*, p. 144-145.

(2) *Vita S. Eligii*, lib. I, p. 77, dans le t. II du *Spicilegium* de Dachery.

core une certaine méfiance parfois justifiée, parce que les maîtres ne choisissaient pas toujours avec assez de réserve les passages qu'ils faisaient étudier à leurs disciples. C'est ce qui explique les violentes accusations que nous voyons dirigées contre l'orthodoxie des Orléanais.

Dans le prologue de son *Ecclesiale*, Alexandre de Villedieu, commentant ces paroles d'Ezéchiel : Nos pères ont mangé des raisins verts et les dents de leurs enfants se sont agacées, comparait à ces raisins verts l'éducation païenne qui apprenait à la jeunesse à connaître Phébus, Vénus, Jupiter et Bacchus, et s'appliquait à les glorifier en composant des livres en l'honneur des faux dieux. « La grâce céleste, ajoutait-il, a écrasé ces raisins verts, et la foi chrétienne a chassé bien loin ces vaines idoles..., mais il reste encore beaucoup trop de disciples de cette secte, et les maîtres n'ont pas renoncé à de telles erreurs. Orléans nous enseigne à sacrifier aux dieux, en nous faisant connaître les fêtes de Faune, de Jupiter et de Bacchus ; c'est, au témoignage de David, la chaire de pestilence, où jamais ne s'est assis l'homme saint, fuyant la doctrine pernicieuse qui se répand parmi nous comme une maladie contagieuse. » Puis, jouant sur le nom de Pierre Riga, auteur de l'*Aurora* ou *Bible versifiée*, il continuait ainsi : « Il a voulu purifier notre cœur et notre bouche ce Pierre Riga qui a arrosé *(rigavit)* le clergé d'une eau vivifiante, et nous a nourris d'un doux miel tiré de la pierre *(petra),* en dégageant des simples récits de la Bible le sens symbolique... A l'Orléaniste la route du paradis ne sera pas ouverte, s'il ne change pas de langage. Que ce changement vienne donc, pour que nous puissions nous désaltérer au triple fleuve et garder la foi du Dieu triple et un (1). »

Un professeur de l'école de Bologne, Boncompagnus, n'est pas moins sévère. Au début de son livre des *Douze Tables,* il dit que son but est de ramener aux usages des saints pères, de la cour romaine et de la cour impériale, les écrivains qui se laissent séduire par les fausses et superstitieuses doctrines des Orléanais (2).

Telle était la situation des écoles de Paris et de celles d'Orléans à l'époque où Henri d'Andeli composa sa *Bataille des VII Ars,* qui vient, d'une manière si vive et si pittoresque, confirmer et compléter les renseignements qui nous sont donnés par d'autres sources.

Je ne ferai pas l'analyse de cette pièce que Legrand d'Aussy a mise en prose moderne avec assez d'exactitude; le lecteur me saura gré de laisser à cette œuvre la saveur piquante du vieux langage. Je me bornerai ici à quelques réflexions et je réserverai pour les notes placées à la suite les explications les plus nécessaires.

L'empire que la Logique ou Dialectique (car on ne

---

(1) M. Ch. Thurot, *op. cit.*, p. 114-115.

(2) M. L. Delisle, *op. cit.*, p. 143.

les distinguait pas à cette époque) exerçait dans les écoles de Paris sur tous les arts et toutes les sciences est fortement accusé dans le poème de notre trouvère, ainsi que l'abandon dans lequel on laissait la grammaire. Logique a les clercs pour elle, et Grammaire est dédaignée *(est mise au mains);* elle n'a plus d'autres partisans que les grammairiens et les auteurs. Tous les arts sont enrôlés dans l'armée de Logique ; les sciences dont l'étude était nouvelle alors, droit civil, droit canon, médecine, chirurgie, bien qu'elles ne prennent pas une part directe au combat, suivent pourtant son étendard. La Théologie elle-même était sortie de Paris pour venir à la rencontre du parti de Grammaire ; elle y retourne bientôt pour ne point assister à ces luttes profanes, mais l'auteur lui reproche néanmoins d'avoir abandonné la *droite clergie* et *tourné à la philosophie;* il blâme les *arciens* d'avoir délaissé les auteurs pour ne plus lire que les livres de nature et de s'être faits les adversaires de la *bone ancienetez.* Quant à lui, il prend parti pour la grammaire telle qu'on l'enseignait au temps de sa naissance ; il regrette, il est vrai, que les auteurs aient mêlé tant de fables à leurs vérités, mais il pense que leur étude peut seule préparer les esprits à recevoir une instruction solide ; en toute science, dit-il, le maître qui n'entend pas bien ses *pars* (parties du discours) n'est qu'un apprenti. La Logique fait plutôt illusion par son appareil d'argumentation qu'elle ne possède de force réelle.

Lorsqu'il nous la montre, dans l'ardeur de la lutte, mettant en lambeaux sa robe dont les manches seules recouvrent alors ses bras, il la compare plaisamment à un couteau sans lame et ajoute :

> De ses bras nous fet aparence,
> Sor le cors n'a point de substance.

Et pourtant c'est de la Logique qu'on prétend nourrir les jeunes intelligences non encore formées ; elle est maintenant en vogue : on l'enseigne aux *garçons* qui n'ont pas encore quinze ans; Logique veut les faire voler avant même qu'ils puissent marcher, dit-il finement, en nous montrant la déconvenue de ce jeune messager qui, envoyé par elle à sa rivale pour traiter de la paix, s'en revint, *a grant meschief*, sans avoir pu entendre *la reson des presenz ne des preteriz, conjugacions anormales*, etc., pour avoir trop peu demeuré en la maison de dame Grammaire. En lisant ce joli passage, on songe aux critiques que Jean de Salisbury, près d'un siècle auparavant, adressait aux novateurs de son temps ; il les montrait ne gardant pas leurs disciples dans les écoles plus longtemps qu'il ne faut aux petits oiseaux pour se couvrir de plumes ; il raillait ces nouveaux maîtres s'envolant de leurs bancs aussi promptement que les oiseaux quittent leurs nids[1]. Henri d'Andeli

---

(1) Jean de Salisbury. *Metalogicus,* l. I, c. III, édit. Migne, col. 849.

pensait que cet engouement pour la Logique n'était que passager : *li siecles vait par vaines*, dit-il en terminant, et dans trente ans de nouvelles gens viendront qui recourront comme autrefois à la grammaire.

Ce qui nous rend encore la *Bataille des VII Ars* particulièrement intéressante, ce sont les renseignements que nous y trouvons sur les auteurs que l'on étudiait dans les écoles de Logique et surtout dans celles de Grammaire. Les philosophes et les auteurs anciens enrôlés dans l'armée de la Dialectique sont Aristote, dont les principaux ouvrages personnifiés figurent parmi les combattants, Platon, Socrate, Porphyre, Boëce et Macrobe ; ils sont tous Grecs, à l'exception des deux derniers ; mais il est bon de rappeler qu'on ne les étudiait pas alors dans leur langue ; on ne les connaissait que par des traductions latines faites sur les originaux comme celles de Boëce, ou sur des versions arabes. Socrate, on le sait, n'a laissé aucun ouvrage ; il n'est cité là que sur sa haute réputation, ou plutôt parce que son nom revenait sans cesse dans les exemples dont se servait l'argumentation scolastique (1). Un seul ouvrage appartenant au moyen âge figure à côté des œuvres des philosophes anciens, le *Sex Principia* de Gilbert de la Porrée, que l'on regardait comme le complément indispensable des *Prédicaments (Catégories)* d'Aristote. Le

---

(1) Voir plus loin, p. 163, la note sur le vers 264 de la *Bataille des VII Ars*.

v. 99 nous apprend encore que les œuvres des médecins grecs Hippocrate et Galien, connues aussi par l'intermédiaire des Arabes, servaient de base à l'enseignement de la médecine.

Dans l'armée de Grammaire, nous voyons d'abord les grammairiens anciens Priscien et Donat, dont le livre du *Barbarisme* a passé par trahison dans l'armée de Logique, allusion plaisante au style peu correct des logiciens, puis le *Grécisme* (*Agrecime*) d'Evrard de Béthune et le *Doctrinal* d'Alexandre de Villedieu, que l'auteur appelle les deux neveux de Priscien, parce que le fond de ces deux grammaires en vers latins techniques était emprunté à son traité; enfin, Martianus Capella, qui, dans son ouvrage *De Nuptiis Philologiæ et Mercurii*, avait établi la fameuse classification des sept Arts reproduite dans le Trivium et le Quadrivium.

Quant aux auteurs proprement dits, ce sont : 1º des poètes appartenant à l'antiquité païenne : Homère, Claudien, Perse, Juvénal, Horace, Virgile, Lucain, Stace, Térence, Ovide, Sénèque, Caton, Avienus; 2º des poètes chrétiens du vᵉ et du vɪᵉ siècle : Sedulius, saint Prosper, Prudence, Arator; 3º des poètes contemporains : Jean de Hautville (*Archithrenius*), Mathieu de Vendôme (*Tobiade*), Gautier de Châtillon (*Alexandréide*), Pierre Riga (*Aurora*), Alain de Lille (*Anti-Claudien*), Primat d'Orléans et Bernardin le Sauvage. L'auteur mentionne aussi un Pamphile, qui composa l'élégie amoureuse souvent citée au moyen âge et connue sous la titre de *Pamphilus de amore* ou de *Pamphili liber de amore inter Pamphilum et Galateam.*

Legrand d'Aussy a donc eu tort de dire que « parmi les héros de l'armée orléanaise, Henri ne compte que deux versificateurs latins de son temps, l'auteur du *Grecismus* et celui du *Doctrinale puerorum*, ce qui fait présumer qu'il n'y avait que ces deux ouvrages modernes employés dans les écoles d'Orléans. » Homère n'est pas non plus, comme il le croit, le poète grec, « mis là... sur sa renommée. » On désignait sous ce nom, au moyen âge, l'auteur inconnu de l'abrégé en vers latins de la Guerre de Troie. Il dit encore, et cette interprétation a été adoptée par Jubinal : « Parmi les poètes françois, il (l'auteur) n'en cite qu'un seul : c'est Sauvages, l'auteur du Doctrinal. » Je crois, pour ma part, que Bernardins li Sauvages ne représente point ici l'auteur du petit poème en vers français qui nous a été conservé sous le titre de *Doctrinal le Sauvage*, mais que son nom est la traduction de celui de Bernardus Silvestris qu'on identifie d'ordinaire avec Bernard de Chartres (1). Je renvoie, d'ailleurs, aux notes pour les renseignements que je donne sur ces auteurs, ainsi que sur les personnages contemporains cités par Henri d'Andeli, sur ceux du moins que j'ai pu arriver à connaître.

(1) Voir, p. 170, la note sur le vers 328.

Legrand d'Aussy a donné, en négligeant plus d'un détail, la traduction en prose de la *Bataille des VII Ars* précédée d'une introduction et accompagnée de notes qui renferment, avec quelques erreurs, des explications intéressantes (1).

Jubinal a publié le texte de cette pièce dans les deux éditions qu'il a données des œuvres de Rutebeuf, la première en 1839, t. II, additions, p. 415; la seconde, en 1874-1875, t. III, additions, p. 325-347. Le texte de cette seconde édition présente quelques améliorations, mais toutes les fautes de lecture n'y ont pas été corrigées. De plus, Jubinal n'a pas, comme il le prétend dans sa dernière note, donné toutes les variantes, et même, quand il s'est écarté, quelquefois à tort, du texte du ms. 837, qu'il a pris pour base, et emprunté des leçons au ms. 19152, il a négligé de faire connaître celles de l'autre manuscrit qu'il croyait devoir rejeter.

(1) *Not. et Extr. des mss.*, etc., An VII, t. V, p. 496 et suiv.

VI

LES MANUSCRITS. — LE TEXTE

Les œuvres de Henri d'Andeli nous ont été conservées :

1° Par les quatre mss. français de la Bibliothèque nationale : 837 (anc. 7218), 1593 (anc. 7165), 19152 (ancien S. G., 1830 et 1239) et 1104, nouv. acq. du fonds fr. ;

2° Par le ms. 4333 de la Bibliothèque Harléïenne *(British Museum)* ;

3° Par le ms. 113 de la Bibliothèque publique de Berne, dont une copie existe à la Bibliothèque nationale, ms. Moreau, 1727 (anc. 52 de la collection Mouchet).

Ces mss. ayant été décrits, je bornerai mon examen aux textes qu'ils donnent des œuvres de Henri d'Andeli.

Le Lai d'Aristote est contenu dans les quatre mss. de la Bibliothèque nationale désignés plus haut ; il y occupe les folios et les colonnes suivantes : 837, f. 80 *c* à 83 *a* ; 1593, f. 154 *a* à 156 *d* ; 19152, f. 171 *f* à 173 *f* ; 1104, nouv. acq. fr., f. 69 *c* à 72 *b*. Dans la discussion qui va suivre, je désignerai, pour abréger, les mss.

dans l'ordre où je viens de les indiquer, par les sigles A, B, C, D.

Ces quatre mss., dont aucun ne donne un texte complet, présentent à l'égard des leçons de notables différences. On sait que les copistes ne se faisaient aucun scrupule de modifier les idées et le style des auteurs dont ils transcrivaient les œuvres, et que, à moins de posséder le ms. original, ce qui n'arrive, on peut le dire, jamais, on ne saurait se flatter de retrouver le texte exact de l'auteur; on ne peut le reconstituer dans une certaine mesure que par des inductions tirées de la comparaison des divers mss. C'est ce que je vais tenter de faire pour le Lai d'Aristote.

Dans la *Vie de saint Alexis*, M. Gaston Paris, établissant les règles qui doivent présider à la critique des textes, a posé ce principe incontestable « que des scribes différents, copiant un même texte, ne font pas les mêmes fautes », et que « pour les œuvres du moyen âge qui ont subi des renouvellements, des renouveleurs différents, travaillant sur un même poème, ne font pas les mêmes modifications » (1). Il résulte de là que, si deux ou plusieurs mss. indépendants offrent des leçons identiques, ces leçons ne sont pas autre chose que celles d'un ms. antérieur dont ils procèdent directement ou par intermédiaires; de même, si comparés à un autre ms. dont ils sont indépendants, ils manquent de

(1) *Vie de saint Alexis*, p. 10.

certains passages et comblent certaines lacunes que l'on trouve dans ce ms., la ressemblance qu'ils présentent à cet égard leur vient d'un ms. plus ancien sur lequel ils ont été copiés. C'est sur ces considérations que je m'appuierai dans le cours de cette discussion.

Les quatre mss. dont il s'agit ici appartiennent à la dernière moitié du XIIIe siècle ; ils ont été copiés peu de temps après l'époque à laquelle Henri d'Andeli composait son œuvre. La question de savoir quel est le plus ancien a donc ici peu d'importance ; il peut d'ailleurs se faire qu'une copie très voisine du temps où écrivait l'auteur présente plus d'altérations qu'une autre qui procéderait de plusieurs intermédiaires. Je m'appuierai seulement pour classer les mss. sur l'étendue de leur texte et la diversité de leurs leçons.

Un examen, même superficiel, permet de reconnaître que nos quatre mss. doivent se diviser ainsi : d'un côté A B C qui forment, comme nous allons le voir, un groupe bien caractérisé ; de l'autre D. Relativement à l'étendue du texte, A B C, abstraction faite de leurs différences que j'indiquerai plus loin, ont cela de commun qu'ils manquent tous deux de certains passages que renferme D, et qu'ils comblent de la même manière les lacunes de D. On trouve seulement en D les vers 29-32 (1), 71-84,

(1) Ces chiffres, ainsi que tous ceux qui vont suivre, se rapportent au texte que je publie, et non aux divers mss., qui sont tous incomplets. Il faut donc chercher dans chaque ms. les vers qui correspondent à ceux que désignent mes chiffres.

121-136, 175-180, 191-214, 235-236, 251-252, 255-264, 269-270, 285-286, 299-300, 349-352, 422-423, 444-447, 458-461, 486-487; D n'a point les vers 145-146, 335-336, 394-397, 470-471, 497-511, 520, 524-525, 534-535, 546 à fin.

Ce ms. offre encore quelques différences dans le texte des chansons que l'auteur met dans la bouche de la jeune Indienne. Il donne six vers à la chanson *Or la voi* et la fait débuter par celui-ci que seul il renferme : *C'est la jus desoz l'olive.* Plus loin, entre les deux vers : *Ci me tienent amoretes, Bele trop vos aim,* il intercale ce vers qui n'est pas dans les autres mss. : *Dras igaoit meschinete,* et entre les deux vers : *Ainsi va qui amors mainent, Maistre musart me soutient,* le vers, *Bele doe ighee laine,* qu'on ne trouve ni dans B ni dans C et qui est remplacé dans A par celui-ci : *Pucele blanche que laine.*

Semblables entre eux par les passages qui leur manquent ou qu'ils renferment seuls, comparativement à D, les mss. du groupe A B C diffèrent par les points suivants :

A renferme seul les vers 472-473 : *Qui li donast trestout l'empire, Ne se tenist il pas de rire;* il n'a pas le vers 385 : *Dont clere est l'onde et blanche est la gravele,* non plus que les deux vers 462-463 que l'on trouve dans les trois autres mss., mais que D donne dans un autre ordre que B C. La chanson *Or la voi* a six vers dans le ms. A; les deux derniers sont ainsi présentés : *Or la voi, la voi la bele Blonde, or la voi;* il est évident qu'il faut les lire : *Or la voi, la voi [la voi] La bele blonde, or la voi.*

B présente seul, après le v. 308, ces deux vers : *Alixandres estoit levez, A la fenestre iert escoutez;* seul il transpose les deux vers 239-240 et les donne dans cet ordre : *Mès s'engins et sens ne me faut, Dit la dame, se Dex me saut;* il omet les vers 114, 374 et 383; il ne donne que cinq vers à la chanson *Or la voi;* il réduit la chanson *Ainsi va...* à ces trois vers : *Ainsi va qui amours mainne, Et ainsint qui la maintient, Meistres musars me sostient.*

C diffère des autres mss. du groupe principalement par la suppression d'une bonne partie de la fin du poème. Après ces deux vers : *Et la dame est venue a chief, De trestot quanques empris a,* il coupe brusquement le récit et ajoute six vers qu'on lira aux variantes et dont le premier ne rime même pas avec le dernier du texte conservé.

Le vers 50 a été omis par le copiste. De plus, le texte de C paraît avoir subi quelques modifications caractéristiques. Pas plus que A B, C ne présente les vers 269-270 qu'on lit seulement en D; mais il les remplace par ces deux vers : *Si en commença a noter Et ceste chançon a chanter;* à la suite, les paroles qu'Alexandre adresse à sa maîtresse, et qui sont à peu de chose près les mêmes dans les trois mss. A B D, sont converties dans C en une chanson de six vers dont le premier est,

Main se levoit bele Erembours et dont les quatre derniers sont en rimes croisées (1).

La chanson *Or la voi...* a huit vers dans le ms. C ; si dans le septième, *Or la voi, la voi, la voi,* on remplaçait le dernier *la voi* par *m'amie*, on retrouverait la forme bien connue du rondel en huit vers à rimes ainsi disposées *a b a a a b a b*, dans lequel le quatrième et le septième vers sont les mêmes que le premier, et le huitième le même que le second. Le ms. C est le seul qui présente cette disposition qui me semble due plutôt au copiste qu'à l'auteur ; je ne connais pas en effet d'exemple aussi ancien de rondel, et je rejette la leçon de C aux variantes.

Une différence très importante du ms. C, c'est que, seul de son groupe, il donne les vers 17-18, qu'on trouve aussi en D. J'en tirerai plus loin la conséquence.

Enfin, C a les vers 462-463 qui lui sont communs avec B et qui se lisent aussi en D, mais intervertis. Il manque ainsi que B des vers 472-473, qu'on ne trouve d'ailleurs que dans A.

Une première question se pose : Faut-il voir des interpolations dans les passages que l'on trouve seulement soit dans A B C, soit dans D? Sans doute, quel-

---

(1) Dans le ms. C, le texte des diverses chansons est toujours écrit à lignes pleines ; au-dessus de chacune de ces lignes est un espace resté blanc et qui était destiné à recevoir les portées musicales et les notes.

ques-uns ne sont pas tellement indispensables au sens que le texte ne puisse s'en passer, mais ce n'est pas une raison suffisante pour ne pas les admettre. Il en est d'autres dont la suppression ne peut être acceptée.

Les mss. A B C omettent les vers 29-32, et donnent ce même texte, sauf quelques variantes :

> Certes c'est crueus vilonie
> De blasmer les crueus felons
> C'on puet apeler guenelons...!

N'est-il pas évident que cette leçon est mauvaise, puisqu'elle est à la fois contraire au bon sens et à la suite bien claire des idées de l'auteur.

Les vers 71-84, donnés seulement par D, me paraissent compléter par une suite bien naturelle l'éloge, si cher aux trouvères, de la générosité et du désintéressement d'Alexandre.

Après le passage dans lequel Aristote reproche à son royal disciple sa faiblesse et l'oubli de ses devoirs, les mss. A B C suppriment, v. 175-180, la réponse d'Alexandre s'engageant à ne plus voir la jeune Indienne et disent tout de suite :

> Alexandres ainsi demeure.

Or les vers qu'ils omettent sont une transition nécessaire pour expliquer le changement de conduite du roi.

A B C ne donnent pas les vers 191-214 ; mais ce passage qui nous montre Alexandre se rappelant les charmes de sa maîtresse et délibérant en lui-même s'il doit obéir à son maître ou céder à sa passion, est incontestablement un des meilleurs endroits du petit poème. Qui donc, après l'avoir lu, voudrait en proposer la suppression ?

Après ce vers :

> Sire rois, or vous levez main,

A B C suppriment les vers 255-264 et disent immédiatement :

> Aus fenestres de cele tor,
> Et je porverrai mon ator,

n'y a-t-il pas évidemment une lacune ?

Les vers 269-270, 422-423, omis par ces trois mss., me paraissent aussi appartenir bien réellement au texte de l'auteur.

Je tiens pour établi que ces passages conservés par D ne sont pas des interpolations.

La même preuve peut être donnée pour plusieurs des passages qui nous sont fournis seulement par A B C.

D supprime les vers 145-146; mais il est évident que le copiste a maladroitement altéré le texte de tout cet endroit. La forme du dialogue entre Aristote et Alexandre est changée en un discours indirect du maître à son disciple; la réponse d'Alexandre devient une réflexion de l'auteur qui ajouterait plus loin : *Aristotes.... vint au roi,* comme s'il n'était pas déjà en sa présence. Le texte donné par A B C est évidemment le bon, et, dès lors, les vers 145-146 en font nécessairement partie.

Les vers 335-336 ne sont pas moins indispensables. Il en est de même des vers 470-471 ; il faut bien dire qu'Alexandre, dont il n'a pas été question depuis le vers 309, est présent, avant de mettre dans sa bouche les paroles ironiques qu'il adresse à son maître.

D omet encore les vers 497-511, et donne ce texte :

> Ce que j'appris et leü
> M'a amors deffait en [une] eure.
> Li rois fu liez en iceste eure.

La lacune est prouvée par la façon maladroite dont ce raccord est fait.

Les réflexions morales qui terminent le fabliau dans les mss. A B, du vers 546 à la fin, pourraient à la rigueur être supprimées; cette affabulation est d'ailleurs dans le ton du poème et je n'hésite pas à croire que le copiste de D, qui a mutilé en plusieurs endroits la dernière moitié du fabliau, pressé d'en finir, a coupé là brusquement le récit.

Les considérations que je viens de présenter m'autorisent suffisamment, je crois, à attribuer à l'auteur même les passages dont les divers mss. n'ont pas tenu compte. C'est d'ailleurs ce que Méon a cru devoir faire dans l'édition qu'il a donnée de ce fabliau, sans en indiquer toutefois les raisons, et je n'hésite pas à faire comme lui. Je rétablis même dans le texte quelques vers du ms. D, qu'il a omis.

Il résulte de cette discussion que, puisque les passages conservés par D ne sont pas des interpolations, ce ms. ne procède pas du groupe A B C qui ne les contient pas, et que, par une raison toute semblable, ce groupe ne peut avoir pour origine le ms. D.

L'examen des trois mss. qui composent le groupe A B C (1) permettra d'établir de même qu'ils ne procèdent pas les uns des autres. Je pourrais, en m'appuyant sur la diversité des leçons, multiplier les preuves ; je me bornerai, pour être bref, aux remarques les plus essentielles.

A ne vient pas de B, parce qu'il donne les vers 114, 374, 383 que le copiste de B a oubliés, et qu'il a des vers justes et de bonnes leçons là où B présente des vers faux et des leçons inintelligibles. B ne vient pas de A, parce qu'il a de plus que ce dernier le vers 385 appartenant à la chanson de *toile* ou d'aventure, vers également donné par C et D, ainsi que par le chansonnier français ms. 20050 (anc. S. G. 1989, Bibl. nat.) qui contient la chanson entière, et parce qu'il a les vers 463-464 absents de A et qui se lisent dans le ms. C, et aussi, mais intervertis, dans le ms. D.

A B ne proviennent pas de C, parce qu'ils ont le vers

---

(1) Je rappelle qu'en comparant ces mss. je n'ai égard qu'au Lai d'Aristote.

50 oublié par le copiste de C, ainsi que la conclusion du poème à partir du v. 507 que C a supprimée. C ne vient ni de A ni de B, parce qu'il donne les vers 17-18 absents de ces deux mss. et qui appartiennent bien au texte primitif, puisqu'ils se rencontrent dans le ms. indépendant D.

A et B, ne renfermant pas les vers 17-18, proviennent d'un ms. que j'appellerai z, qui comme eux ne les contenait pas; z et C ont pour origine un ms. que je désignerai par y; c'est de lui que A B C tiennent les passages et les lacunes qu'on ne trouve pas en D; il avait de plus les vers 17-18 qui sont communs à C et D. Le ms. y est donc le point de départ du groupe A B C; les raisons que j'ai données plus haut en comparant ce groupe au ms. D s'appliquent de tout point à D et à y; ces deux mss. viennent donc d'un ms. antérieur x qui contenait les passages qu'on trouve seulement ou dans le groupe A B C ou dans le ms. D. Il a donc existé au moins sept mss. du Lai d'Aristote dont le tableau suivant indique la filiation :

$$\begin{array}{c} x \\ \hline \\ y \\ \hline \\ z \quad\quad C \quad\quad\quad\quad\quad D \\ \hline \\ A \quad B \end{array}$$

J'ai dit au moins sept mss.; il n'est pas sûr, en effet, que x soit le ms. même de l'auteur, et il peut y avoir eu entre eux plusieurs intermédiaires que l'on ne connaît pas.

Des considérations qui précèdent, il me semble résulter que le texte définitif, c'est-à-dire le texte du ms. x, au delà duquel nous ne saurions remonter, devra se composer : 1º des leçons communes aux quatre mss. A B C D; 2º des leçons communes à D et à l'un des trois mss. A B C, cette ressemblance ne pouvant provenir que du ms. x.

En cas de divergence entre le groupe A B C et le ms. D, ce groupe n'aura pas plus d'autorité que D, puisqu'il représente, en dernière analyse, le ms. y qui vient comme D du ms. x, et qui, *a priori*, n'a ni plus ni moins de valeur que D. Pour reconstituer y (dans le cas seulement où il diffère de D), il faut prendre : 1º les leçons communes à A B C; 2º les leçons communes à C et à l'un des mss. A B, cette ressemblance ne pouvant leur venir que du ms. y. S'il y a divergence entre les mss. A B et le ms. C (toujours pour les leçons qui ne sont pas en D), A et B représentant z n'auront ni plus ni moins de valeur que C qui, comme z, vient d'y. Dans ce cas comme dans le précédent, le choix entre les leçons ne pourra être déterminé que par des raisons, toujours un peu arbitraires, de langue et de goût. Je donnerai d'ailleurs toutes les variantes de leçons.

Un exemple fera mieux comprendre la méthode que

j'ai suivie; je le prends dans les vers 10-14 que les quatre mss. donnent ainsi :

A

Ausi com li .j. le bien loent
Et vont la bone gent loant
Le despisent li mesdisant
Quant il pis ne lor pueent fere.

B

Ainsi com li bon le bien loent
Et vont les bonnes gens dissant
Les despisent li meldisant
Quant il pis ne lor puent faire.

C

Qu'ausi com li bon le bien loent
Et vont adès le bien disant
Le despisent li mesdisant
Quant il pis ne lor puent fere.

D

Qu'ausi con li bon le desloent
Et vont la bone gent prisant
La despisent li mesdisant
Quant il pis ne lor pueent faire.

Dans le premier vers, j'adopte *qu'ausi* donné par C D, j'écarte *li. j.* qui ne se trouve que dans A, et la leçon évidemment mauvaise de D, *desloent*.

La leçon de C pour le second vers est excellente, mais elle a le malheur d'avoir contre elle l'accord des trois autres mss. qui ne diffèrent que pour le dernier mot. Je fais remarquer que B est plus souvent qu'A conforme à C, et que, pour cette raison, on peut, à travers ses nombreuses incorrections, entrevoir qu'il reproduit plus fidèlement les leçons de z. Le vers de B, *Et vont les bonnes gens dissant,* était sans doute dans z et dans y ; le copiste de C, ne le comprenant pas, en a changé la première partie en conservant le mot *disant;* le copiste d'A l'a corrigé moins heureusement en remplaçant *disant* par *loant,* difficile à admettre après le mot *loent* qui termine le vers précédent. La leçon de D est évidemment la vraie. J'adopte *la bone gent* et non *les bonnes gens,* parce que les trouvères emploient presque toujours ce collectif au singulier, tout en mettant au pluriel les pronoms qui s'y rapportent. Les exemples abondent et Henri d'Andeli en fournit lui-même plusieurs.

C'est pour cela que, au troisième vers, entre les trois leçons A C *le,* D *la,* B *les,* je préfère la leçon *les* conforme à l'usage et en rapport avec le pluriel *lor* du quatrième vers.

L'écueil de la classification que j'ai établie plus haut, ce serait qu'un des deux mss. A B coïncidât avec D, tandis que l'autre présenterait une leçon commune avec C. Dans ce cas, en effet, la ressemblance soit d'A, soit de B avec D, ne pourrait venir que de x par l'intermédiaire d'*y* et de *z*, et celle soit d'A, soit de B avec C, ne saurait résulter que d'*y* par l'intermédiaire de *z*; il y aurait là une contradiction. Je dois reconnaître que ces circonstances se présentent plusieurs fois, mais il me semble qu'elles peuvent être expliquées sans que la classification soit ébranlée.

Le premier vers est dans A D *De biaus mos conter et retrere* et dans B C *De conter biaus moz et retraire.* Ici, pas la moindre difficulté, la transposition a pu facilement être faite par deux copistes indépendants.

Vers 149 : A *Qui por fol m'en voudrent clamer,* D *Qui por fol l'en vorroient clamer,* B *Qui fol me voroient clamer,* C *Qui fol m'en vodroient clamer.* L'addition de *por* (fréquemment employé avec le verbe *clamer*), machinale en D, où elle rend d'ailleurs le vers faux, a été nécessitée en A par le changement de *voroient* en *voudrent*; il n'y a là qu'une ressemblance fortuite.

V. 326 : A *Hé, Diex! fet il...* D *Ha Diex! fait il...* B *Et dist : Hé Dex!..* C *Et dit : Ha Dex.* J'admets que la leçon de B C se trouvait en *z* et en *y*; mais A a bien pu revenir à la leçon de D; le changement de *dit* en *fet* que les trouvères emploient constamment l'un pour l'autre, n'a rien que de très naturel, aussi bien que la transposition rétablie par A.

V. 342, A D font *estuide* du masculin : *mon estuide,* B C le font du féminin : *m'estuide.* On trouve en effet à cette époque ce mot employé dans les deux genres.

La leçon B C était en *z* et en *y Molt ai mol emploié m'estuide*. Le copiste d'A aura supprimé *molt* pour faire *estuide* du masculin, comme il en avait sans doute l'habitude. De là la coïncidence avec D ; elle s'arrête d'ailleurs là, car A commence le vers par *Bien ai emploié...* et D par *Mal ai emploié...*

V. 401, A D *Dame, bien soiez vos venue*, B C *Dame, vos soiez bien venue*. La forme *bien soiez vos* est très fréquente à cette époque ; les sources de B C l'ont changée, A l'a rétablie.

V. 440, A *Bien l'a mis amors a desroi*, D *Bien l'a amors mis en effroi*, B C *Bien l'a mis nature en effroi*. La substitution par A d'*amors* à *nature* s'explique à mon sens facilement ; le mot est amené par le sujet et aura paru au copiste plus précis et plus vif que *nature*.

V. 465-466, A *Ainsi va qui amors maine, Pucele blanche que laine*, D *Ainsi va qui amors mainent, Bele Doe ighee laine.* B C suppriment le second vers. Il semble que le vers de D cache la bonne leçon ; les autres mss. ont dû avoir dans leur source un vers analogue qu'ils n'ont pas compris. B et C l'ont supprimé, A l'a refait.

Ce sont là les seuls passages qui présentent quelque difficulté ; on a vu que B C y coïncidaient ; ces deux mss. sont en effet plus souvent d'accord entre eux que l'un ou l'autre avec A. J'ai déjà dit plus haut que ni l'un ni l'autre ne donne les vers 472-473 d'A et que tous deux ont les vers 462-463 qui manquent à A ; d'où je conclus qu'A a souvent modifié les leçons du ms. dont il provient.

Pour l'établissement du texte, suivre principalement le ms. D, en empruntant au groupe A B C les leçons qui pouvaient paraître préférables, facilitait singulièrement la tâche. Je n'ai pas cru, toutefois, devoir le faire. Si D, pour la première partie du poème, est plus complet que A B C, il l'est beaucoup moins pour la dernière partie; il n'offre donc pas, à cet égard, d'avantage; d'ailleurs je ne le crois pas plus rapproché de l'original que les autres mss.; nous ne connaissons pas ses intermédiaires, mais le texte en beaucoup d'endroits y a été visiblement altéré, et il me semble résulter de la comparaison des mss. du groupe A B C un texte meilleur. De ces trois mss., B me paraît le plus fidèle, à l'égard des leçons; il est en effet d'accord soit avec C, soit avec A, plus souvent que C et A ne s'accordent, et l'on peut, à mon avis, retrouver maintes traces des leçons primitives sous ses nombreuses incorrections.

B est en effet l'œuvre d'un copiste inattentif et inintelligent; il laisse tomber des vers entiers, il omet fréquemment des mots et fausse ainsi la mesure; il écrit des mots dénués de sens; il répète parfois à la rime le mot qui termine le vers qui précède, v. 3-4 *entendre*, 27-28 *villenie*, 67-68 *gent*, 169-170 *estrange*, 367-368 *vient*, ce qui prouve qu'il ne s'est pas relu. Mais, à côté de cela, il observe la distinction du cas-sujet et du casrégime plus généralement que les autres mss. ; c'est ainsi qu'il emploie constamment *mes, ses* au sujet masculin singulier, tandis qu'A C D ne le font que rarement.

Cette copie a été exécutée dans l'est de la France, comme le prouvent les particularités dialectales qui vont suivre :

Le français *a*, à la 3e p. s. des verbes, est fréquemment changé en *ai* : *ai* (habet), 23, 108, 233, 345, 480, 525, 539, 565 ; *faudrai*, 247, *varrai*, 248, ou en *ei* : *saurei*, 252, *porrei*, 314, *irei*, 318. On trouve aussi *revait*, 216, *vet* (va), 301. — L'*a* est changé en *e* dans la négation *pas* qui devient *pes*, 186, 280, 296, 541, dans *bes*, 302, *besse*, 391, *pesse* (passe), 390, et dans le verbe *blasmer* qui partout est écrit *blesmer*. — *a* devient quelquefois *es* au commencement des mots : *esprandre*, 346, *esprandant*, 347, *esprinsure*, 541, *estande*, 560. — La diphtongue *ai* est changée en *ei* : *malveis*, 8, *direi*, 57, 92, *reisons*, 140, *meistres*, 165 et passim, *seillie*, 217, *teist*, 224, *feit*, 325, *meire*, 402, *metrei*, 407, *doutei*, 488, *feire*, 516, *afeire*, 517. — *a* est employé pour *et*, 53, 62, 101, 278, 336, 398, 525, et réciproquement *et* pour *a*, 53, 63, 308. — *au* est réduit à *a* : *chevachier*, 432, *chevachant*, 462, *chevache*, 475, *vat* (vaut), 474. — *ai* est réduit à *a* : *revenra*, 38, *fera*, 54, *magres*, 339.

L'*è* français venant de l'*e* et de l'*i* latin en position devient *a* devant *l* et *t* : *ballement*, 141, *bale*, 295, *ensaler*, 450, *entrematre*, 25, *chançonate*, 309, *mat*,

INTRODUCTION CXIII

324, *florates,* 359, *amorates,* 363, *seate* (sagitta), 370. On trouve aussi *vargier,* 433, *clargie,* 156. — *ei* est changé en *oi* : *mervoil,* 19, *mervoilliez,* 226, *esvoillier,* 279, *oroille,* 310, *mervoille,* 394. — *en* devient presque toujours *an* : *entandre,* 3, *sanz,* 5, *erraumant,* 9, *escussemant,* 23, *mortelmant,* 24, *prant,* 93, *duremant,* 170, *comant,* 222, *tant,* 310, *empannée,* 371, *coviant,* 428, *dessant,* 484, *jovant,* 489, etc., etc. La préposition *en* est le plus souvent écrite *an,* 8, 51, 70, 147, etc.

O s'affaiblit en *e* dans les mots suivants : *henorer,* 64, *henours,* 335, *henor,* 568. — *oi* se réduit à *o* : *poroent,* 35, *moroent,* 36, *blesmoent,* 229, *metroe,* 328, 329, *feroe,* 330, *joe,* 561. — *ou,* très souvent au lieu d'*o* : *majour,* 87, *sejour,* 88, *flours,* 357, *tour,* 265, 282, etc., *atour,* 266, *tout,* 68, 94, etc.; *souz,* 282, *amour,* passim, etc., mais aussi, *tot,* 15, 112, etc., *dotai,* 237, *torné,* 493, *mostre,* 544, *rover,* 172, *sostient,* 467, *sospirant,* 387, *vos,* toujours, etc.

Les consonnes sont fréquemment doublées : *cortoissie,* 5, *unne,* 25, 150, 151, 381, *dissant,* 11, *despissent,* 12, *meldissant,* 12, *poisse,* 19, *ossent,* 137, *chossent,* 138, *rancunne,* 152, *mainne,* 159, 465, *semainne,* 160, *mechinne,* 169, *chemisse,* 281, *misse,* 282, *rosse* (rose), 289, *taissiez,* 418, *sainne,* 464, *finne,* 543, etc.

D est supprimé dans les mots : *repanre,* 243, *apanre,* 343.

H est employée quelquefois sans raison étymologique : *huevre*, 45, 51, *vehu*, 471, 475, 494. Elle est supprimée dans *aut*, 302.

M est quelquefois substituée à *n* dans le corps et à la fin des mots : *vilaim*, 50, *omques*, 148, 189, 330, 343, *am*, 226, *domques*, 329, *volumtiers*, 438, *volumté*, 514, 567.

S se trouve à la 1re p. du s. dans les mots suivants : *suis*, 221, 491, *pois* (puis), 492.

T final se rencontre aux 3e p. s. des verbes : *respondit*, 145, *oït*, 146, 268, *abelit*, 216, *esjoït*, 267, et dans le substantif *ennuit*, 22 (*annuit*, 319).

Je citerai encore les formes *doispuis* pour *despuis*, 411, 569, *s'abenoie* pour *s'esbanoie*, 365, *mesage* pour *musage*, 174, *li* pour *leu*, 59, *frut* pour *fruit*, 59, *espice*, 59, et *Grice*, 60, pour *espece* et *Grece*, *tet* pour *tant*, 61, *iré* pour *irai*, 436, *nunl*, 109, 275, *nunle*, (peut-être *nuule*, 540) (1). Certaines de ces formes pourraient être des fautes du copiste plutôt que des différences dialectales. D'ailleurs l'orthographe du ms. B est loin d'être uniforme ; on sent, ce que nous savons de reste, que le copiste avait affaire à un texte provenant d'une autre province que la sienne et dont il a souvent respecté les formes.

---

(1) M. Paul Meyer a déjà signalé cette orthographe (*Notice sur un ms. bourguignon*, *Romania*, n° 21, janvier 1877, p. 45), l'attribuant à une erreur de copiste. Les exemples cités ici permettraient peut-être de conclure que c'était une habitude.

INTRODUCTION   CXV

J'ai cru devoir mentionner ici quelques-unes des différences orthographiques de ce ms. trop nombreuses pour figurer aux variantes. Je ne dirai rien des formes des autres mss.; elles ne s'éloignent que rarement de celles qui caractérisent le dialecte de l'Ile-de-France. Les variantes les feront d'ailleurs suffisamment connaître.

La *Bataille des Vins* a été conservée par deux mss. : le ms. 837 de la Bibl. nat., de f. 231 *c* à f. 232 *c*, et le ms. 113 de la Bibl. de la ville de Berne, de f. 200 *a* à f. 201 *a*. J'ai suivi de préférence le texte du ms. 837, en empruntant toutefois plusieurs leçons qui m'ont paru meilleures au ms. de Berne, dont la Bibl. nat. possède une copie dans le ms. Moreau 1727 (anc. Mouchet 52). M. le Dr E. Bloesch, bibliothécaire en chef de la ville de Berne, a bien voulu, à ma prière, collationner ce texte sur l'original; qu'il en reçoive ici mes vifs remercîments. Les leçons de ce ms. que je n'ai pas fait entrer dans mon texte se trouveront aux variantes.

Les formes suivantes indiquent que le texte du ms. de Berne a été copié en Picardie : *le* pour l'article féminin *la*, 8, 71, 154, 168, *do* pour *du*, 5, 69, 71, 85, 169, *cascuns*, 46, 152, 164, 170, 173, 186, *cascun*, 153, *cacha*, 60, 65, *ocheist*, 76. J'ajouterai, comme particularités orthographiques, qu'on trouve rarement la diphtongue *ou*, *o* est préféré : *Anjo*, 32, *gotes*, 56 (*goutes*, 100), *trestote*, 116, etc.; *vos*, presque toujours; *ml't* doit s'interpréter *molt*; *ai* est préféré à *e* : *fai-*

sons, 110, 147, *repaissons*, 112, *mais*, 149, *jamais*, 199, etc.; on rencontre encore *n* et non *m* devant les labiales, *con* et non *com*, *car*, 75, et non *quar*, *j* pour *g*, *jentil*, 5, *jesir*, 150. Les variantes reproduiront les formes de ce ms.

Le ms. 4333 de la Bibl. Harleïenne (British Museum) est le seul ms. connu qui contienne le texte du *Dit du chancelier Philippe*. M. P. Meyer l'a publié dans la *Romania*. Il serait téméraire d'oser y toucher après un critique aussi sûr ; aussi, je le réimprime sans y rien changer (1) avec les corrections qu'il y a faites, et je le remercie d'avoir bien voulu donner à la Société rouennaise de Bibliophiles l'autorisation de le reproduire.

Le *Dit du chancelier Philippe* s'étend dans le ms. Harleïen de f. 98 *b* à f. 100 *a*. M. P. Meyer pense que ce ms. a été écrit dans la seconde moitié du XIIIe siècle et, à en juger par certaines formes, dans l'est de la France (2).

La *Bataille des VII Ars* nous a été conservée par les deux mss. de la Bibl. nat. 837, de f. 135 *b* à f. 137 *c*, et 19152, de f. 112 *d* à f. 114 *b*. Je reproduis le texte du ms. 837, sauf quelques leçons que j'emprunte au ms. 19152.

La critique des leçons est œuvre toujours délicate,

---

(1) Sauf une correction faite au v. 220. V. *Variantes* et *Notes*.
(2) *Romania*, 1872, n° 2, p. 206.

mais celle des formes présente des difficultés bien plus grandes, et parfois même insurmontables. Si les copistes n'hésitaient pas à modifier le style et les idées de l'auteur, ils prenaient des licences plus grandes encore à l'égard de l'orthographe ; le plus souvent d'ailleurs, ils cédaient sans le vouloir aux habitudes qu'ils avaient contractées. La multiplicité des mss. ne fait qu'augmenter le chaos, chaque scribe ajoutant aux inexactitudes du manuscrit qu'il copie ses propres inexactitudes. Ce qui me paraît ressortir de l'étude des rimes, c'est que Henri d'Andeli, tout normand qu'il était, n'a pas écrit ses œuvres dans le dialecte de son pays. On sait qu'en normand les imparfaits de la 1re conjugaison ne rimaient pas avec ceux des autres conjugaisons ; or nous trouvons dans la *Bataille des VII Ars* les rimes suivantes : *amoient, connoissoient* 226-227, *atendoient, amenoient* 318-319, *voloient, prenoient* 348-349. Nous sommes donc en présence d'un texte écrit dans le dialecte de l'Île-de-France, et ce fait n'a rien qui doive nous étonner, puisque comme je l'ai déjà dit, il est très probable que notre trouvère passa à Paris une partie de sa vie.

N'ayant pas à ramener les formes à celles du pays qui vit naître Henri d'Andeli, ne trouvant aucun indice de formes qui lui soient particulières, et désireux de ne jamais substituer à la réalité mes conjectures ou mes fantaisies, je me suis simplement conformé à l'orthographe des mss. J'ai suivi de préférence le ms. 837, le seul qui nous donne à la fois le *Lai d'Aristote*, la *Bataille des Vins* et la *Bataille des VII Ars*, et dont l'orthographe présente un caractère satisfaisant d'unité et de régularité. Quant aux passages qui se trouvent dans le ms. 19152, je leur ai conservé leurs formes, attachant peu d'importance aux différences qu'on peut y trouver. Qu'importe, en effet, qu'on écrive *nos, vos, molt, tot,* etc., ou *nous, vous, moult, tout,* etc., puisqu'il est admis qu'on ne peut pas conclure des premières formes à la prononciation réelle de ces mots, et que l'*o* n'était dans l'ancienne orthographe qu'une notation paléographique représentant tantôt notre voyelle *o*, tantôt nos diphtongues *ou* et *eu* ?

Je ne me suis permis qu'un petit nombre de corrections. La principale modification apportée au texte du ms. 837 est l'application plus constante de la règle de l'*s* ; la comparaison des mss. me portait d'ailleurs à le faire, puisque là même où l'un d'eux viole cette règle, l'autre l'observe ; le ms. 1593, si défectueux, comme je l'ai dit, à d'autres égards, a maintenu généralement ces formes que les autres tendent à oublier. C'est ainsi, par exemple, que j'ai donné au sujet *Aristotes* l'*s* étymologique que le ms. 837 supprime et que les autres mss. conservent presque toujours.

L'usage primitif n'était pas de donner l'*s* au sujet singulier des noms provenant des noms en *er* de la seconde déclinaison latine, *Alixandre, mestre,* ou des noms dérivés de la troisième déclinaison. Plus tard, on les assimila à ceux qui venaient des noms en *us* de la seconde déclinaison et on ajouta l'*s*. Henri d'Andeli ne paraît pas avoir à cet égard de système bien arrêté ; il conserve ou supprime l'*s* selon que la mesure l'exige : Lai d'Aristote, *Que ses mestre Aristotes l'ot* 139, *Ainsi chastoie son seignor Maistre Aristotes por s'amor* 175-176, *Alixandres ainsi demeure* 181, *Mes maistres et mi home ensanble* 208, *Ses mestre Aristotes d'Ataines* 315, *Qui fu mestre en toute science* 570 ; Bataille des Vins, *Uns prestre Englois si prist s'estole,* 49, *Chascuns lechierre i vousist estre* 164, *Li prestres Englois les jugeoit,* 171 ; Dit du chancelier Philippe, *Dex, tes jugleres ai esté* 45. J'ai maintenu l'*s* ou je l'ai supprimée dans ces mots, comme le font les mss. eux-mêmes.

Des notes et éclaircissements, que l'on accusera peut-être de longueur, mais qui n'expliquent pas cependant, comme je l'aurais voulu, toutes les obscurités du texte, un glossaire où j'ai fait entrer les mots offrant quelque difficulté, ou méritant d'être signalés, enfin une table des rimes, terminent cette publication.

Je ne finirai pas sans adresser l'expression de ma vive reconnaissance aux personnes dont les conseils ou les encouragements m'ont soutenu dans la préparation de ce travail que j'aurais désiré rendre meilleur. M. G. Paris a bien voulu sur quelques points m'indiquer la voie et m'éclairer de ses avis. Je crains que les défauts nombreux de cet ouvrage ne viennent attester que je n'ai pas su les mettre à profit.

Je remercie le savant archiviste de la Seine-Inférieure, M. Ch. de Beaurepaire, de la complaisance avec laquelle il m'a communiqué plusieurs documents dont j'ai fait usage dans la première partie de cette introduction. Je remercie également les membres de notre Société qui m'ont témoigné pour ce travail un intérêt que rien ne justifiera peut-être, et surtout M. le président Félix dont les encouragements ne m'ont jamais fait défaut.

Mon collègue et ami, M. F. Vallois, a bien voulu accepter la mission de me seconder dans les détails de l'impression. Je le remercie moins encore de la complaisance avec laquelle il s'est soumis à cette tâche ingrate que de la sympathie que j'ai toujours trouvée près de lui, et des nombreux renseignements qu'il m'a fournis ou qu'il m'a mis à même de puiser dans la précieuse collection de livres qu'il a formée, et qu'il enrichit chaque jour avec un goût si sûr et si délicat.

Et maintenant, il ne me reste plus qu'un vœu à formuler : puisse le travail que j'ai entrepris valoir au vieux rimeur normand un regain de popularité!

Pour moi, je ne sais si les sympathies que tout éditeur éprouve pour l'esprit dans le commerce duquel il a longtemps vécu ne m'abusent pas sur la valeur de Henri d'Andeli ; mais, par la finesse, la convenance, l'habileté de composition et, enfin, la variété qui distinguent ses œuvres, il me semble digne d'être placé à un rang élevé parmi les auteurs qui ont illustré le xiiie siècle, époque à laquelle les lettres et les arts ont brillé d'un si vif éclat. A mon sens, peu de fabliaux méritent autant que les siens qu'on leur applique ces vers du trouvère Cortebarbe :

> Fablel sont bon a escouter :
> Maint duel, maint mal font mesconter
> Et maint anui et maint meffet (1).

(1) *Des trois Avugles de Compiengne*, v. 7-9. (A. de Montaiglon, *Fabliaux*, t. I, p. 70.)

FIN DE L'INTRODUCTION

LI LAIS D'ARISTOTE

De biaus mos conter & retrere
Ne fe doit on mie retrere,
Ainz doit on volentiers entendre
Biaus mos, quar on i puet aprendre
5   Sens & cortoifie en l'oïr,
Dont bien fe doivent efjoïr
Li bon, quar c'eft droiz & couftume,
Mais li mauvès en font l'enfrume
Efraument que il dire l'oent;
10 Qu'aufi com li bon le bien loent
Et vont la bone gent prifant,
Les defpifent li mefdifant
Quant il pis ne lor pueent fere;
Quar envie eft de tel afere
15 Qu'ele maint tout adès el cuer
De ceus qui font mis a tel fuer
Qu'il n'oent de nului bien dire
Qu'il ne le vueillent contredire.
Si me merveil por qoi lor poife.

20 Gent feloneffe & peu cortoife,
Por qoi metez vous for autrui
Voftre mefdit & voftre anüi?
Ci a trop povre efcufement;
Vous pechiez . ij . fois mortelment :
25 L'une eft de mefdire entremetre,
Et l'autre fi reft defus metre
Voftre mefdit, vo felonie.
Certes c'eft crueus vilonie,
Mais envie point ne s'eftanche.
30 Je ne vorrai faire arreftance
Ne demorer ici endroit,
Ge croi que petit me vaudroit
De blafmer les crueus felons
C'on puet apeler guenelons,
35 Qui retenir ne fe porroient
De mefdire, s'il ne moroient,
Tant i font mis & afetié.

Or revendrai a mon tretié
D'une aventure qu'emprife ai,
40 Dont la matere moult prifai
Quant je oi la novele oïe,
Qui bien doit eftre defploïe
Et dite par rime & retraite
Sanz vilonie & fanz retraite,
45 Quar oevre ou vilonie cort
Ne doit eftre noncie a cort;

Ne jor que vive en mon ovrer
Ne quier vilonie conter,
Ne ne l'empris, ne n'emprendrai ;
50 Ja vilain mot n'entreprendrai
En oevre, n'en dit que je face ;
Quar vilonie fi defface
Tote riens & tolt fa favor.
Ne ja ne me ferai trovor
55 De nule riens en mon vivant
Ou vilains moz voift arrivant,
Ainz dirai de droit examplere
Chofe qui puift valoir & plere ;
C'eft en leu de fruit & d'efpece.

60   Nous trovons que li rois de Grece
Alixandres, qui tant fu fire,
Et a tant prince mouftra s'ire
Por aus abeffier & donter
Et por lui croiftre & amonter,
65 Soz lui fift larguece fa mere
Qui a toz avers femble amere
Et douce a toute large gent ;
Quar tant comme avers aime argent,
Le het larges a fouftenir,
70 Por ce que biens n'en puet venir
Por tant qu'il foit mis en eftui.
Onques n'ot pooir for ceftui
Riens qui venift d'argent ne d'or,

Ainz fift de chevaliers trefor.
75 Ce ne font pas li autre prince,
Quar chafcuns recoppe & rechine
Et muce & repont fi le fien,
Hennor n'en a ne autre bien.
Cil que on apele Alixandre
80 Recuilli por par tot efpandre,
Tot ot, tot prift & tot dona,
Quar a largece abandona
Li frans por mielz fon pooir faire.
Repairer vueil a mon afaire.

85   Li bons rois de Grece & d'Egite
Avoit defouz fes piez fougite
De novel Ynde la major ;
S'iert la demorez a fejor ;
Et fe vous me volez enquerre
90 Por qoi demoroit en la terre
Si volentiers, & tenoit qoi,
Bien vos dirai refon por qoi.
Amors qui tout prent & embrace
Et tout aert & tout enlace
95 L'avoit ja fi es braies mis
Qu'il ert devenuz fins amis,
Dont il ne fe repentoit mie,
Quar il avoit trovée amie
Si bele comme a fouhaidier.
100 N'avoit cure d'aillors plaidier

Fors qu'avoec li manoir & eſtre.
Bien eſt amors et ſire & meſtre
Quant du monde le plus poiſſant
Fet ſi humble & obeiſſant
105 Qu'il ne prent nul conroi de lui,
Ainz s'oublie tot por autrui.
C'eſt droiz qu'amors eſt de tel pris
Que puis qu'ele a . j. home pris
N'i doit il avoir nul deſroi,
110 Qu'autant a amors ſor un roi
De droit pooir, ce eſt la ſomme,
Comme ſor tout le plus povre homme
Qui ſoit en Champaigne n'en France,
Tant eſt ſa ſeignorie franche.

115 Li rois avoec s'amie maint;
S'en parolent maintes & maint,
De ce qu'il en tel point s'afole
Et qu'il maine vie ſi fole,
Que il d'avoec li ne ſe muet
120 Com cil qui amender nel puet.
Ainſi le velt amors & cele
Qui l'a point d'ardant eſtancele;
D'ardant eſtancele l'a point
Cele qui ſi l'a mis a point.
125 Por quant ele n'en eſt pas quite,
Ainz eſt ſi partie la luite
Que je n'en ſai le meillor prandre.

      Garde quanque cuers puet efprandre,
      Qu'eft la pucele enamorée,
130 Et fi fait iluec demorée
      Ce n'eft mie molt grant merveille,
      Puis que volentez li confeille ;
      Il li covient, ce n'eft pas doute,
      Por fornir fa volenté tote,
135 Ou il defferoit le commant
      Qu'amors commande a fin amant.
      Moult de fa gent parler n'en ofent,
      Mès tant par derriere l'en chofent
      Que fes meftre Ariftotes l'ot.
140 S'eft bien refons qu'il li deflot ;
      Belement a confeil l'a mis ;
      Si dift : « Mar avez deguerpis
      « Toz les barons de vo roiame
      « Por l'amor d'une eftrange fame. »
145 Alixandres li refpondi
      Tantoft com dire li oï :
      « Quantes en i covient il donques ?
      « Je cuit que cil n'amerent onques
      « Qui fol m'en vorroient clamer,
150 « C'on n'en puet c'une feule amer
      « Ne n'en doit par droit plere c'une,
      « Et qui de ce home rancune
      « S'il maint la ou fes cuers li rueve
      « Petit d'amor dedenz li trueve. »
155 Ariftotes qui tout favoit

Quanques droite clergie avoit,
Respont au roi & si li conte
C'on li atornoit a grant honte
De ce qu'en tel point se demaine
160 Que toute entiere la semaine
Est avoec s'amie & arreste,
Qu'il ne fet ne solaz ne feste
A sa chevalerie toute.
« Je cuit que vous ne veez goute,
165 « Rois, » dist Aristotes ses mestre,
« Or vous puet on bien mener pestre
« Tout issi comme beste en pré.
« Trop avez le sens destempré,
« Quant por une meschine estrange
170 « Voz cuers si durement se change
« C'on n'i puet mesure trover.
« Je vous vueil proier & rouver
« A deporter de tel usage
« Quar trop i paiez le musage. »
175 Ainsi chastoie son seignor
Maistre Aristotes por s'amor,
Et li rois debonnairement
Li respondi honteusement
Qu'il s'en garderoit volentiers
180 Comme cil qui ert siens entiers.

Alixandres ainsi demeure
Et atent maint jor & mainte eure

Qu'a s'amie ne va, n'aproche
Por le dit & por le reproche
185　Qu'il oï fon meftre reprendre;
Mès fa volentez n'eft pas mendre
Encor n'i voift il comme il feut,
Mès miex l'aime ore & miex li veut
Que il ne fift a nul jor mais.
190　Paor de mefprendre et efmais
L'en font eftre fon gré tenir;
Mais il n'a pas le fouvenir
Laiffié enfanble avec la voie,
Qu'amors li ramenbre & ravoie
195　Son cler vis, fa bele façon
Ou il n'a nule retraçon
De vilenie ne de mal,
Front poli plus cler de criftal,
Beau cors, bele bouche, blont chief.
200　« Ha! fait il, con a grant meschief
« Vuelent tote gent que ge vive!
« Mes maiftres velt que ge eftrive
« Vers ce qui enz el cuer me gift.
« Tant me deftraint, tant me fogift
205　« Autruis grez que m'en tieg por fol,
« Quant por autrui voloir m'afol.
« Ce eft folie, ce me fanble.
« Mes maiftres & mi home enfanble
« Ne fentent pas ce que ge fent,
210　« Et fe ge plus a ax m'afent,

« Tot ai perdu, ce m'eſt avis.
« Vielt amors vivre par devis ?
« Nenil, mais a ſa volenté. »
Ainſi s'eſt li rois dementé,
215 Puis s'en torna veoir celi
Qui molt li plot & abeli.

La pucele eſt en piez faillie
Qui moult eſtoit deſconſeillie
De la demorée le roi.
220 Lors diſt : « De voſtre grant defroi
« Sui bien aperceüe, ſire.
« Finz amans comment ſe confire
« De veoir ce que tant li pleſt ? »
A ceſt mot pleure, ſi ſe teſt.
225 Et li rois li reſpont : « Amie,
« Ne vous en eſmerveilliez mie,
« Qu'el demorer ot achoiſon.
« Mi chevalier & mi baron
« Me blaſmoient trop durement
230 « De ce que trop eſcharſement
« Aloie joer avoec aus ;
« Et mes meſtres diſt que c'ert maus,
« Qui laidement m'en a repris.
« Ne porquant bien ſai qu'ai meſpris
235 « Qu'onques por lui defis a mi
« La volenté de fin ami ;
« Mès je doutai deſpit & honte.

— « Sire, je fai bien que ce monte,
« Dift la dame, fe Diex me faut ;
240 « Mès s'engins & fens ne me faut,
« Par tens m'en voudrai bien vengier,
« Et miex le porrez ledengier
« Et reprendre d'uevre plus male
« Voftre meftre chanu & pale,
245 « Se je vif demain jufqu'à nonne
« Et amors fa force m'en donne
« Qui poiffance ja ne faudra ;
« Ne ja vers moi ne li vaudra
« Dialetique, ne gra[m]aire,
250 « Se par moi nature nel maire,
« Puis que je me fui aramie
« Donc saura il molt d'efcremie,
« Et fel perceverez demain.
« Sire rois, or vous levez main ;
255 « Si verroiz nature apointer
« Au maiftre por lui defpointer
« De fon fens & de fa clergie.
« Ainz de fi tranchant efcorgie
« Ne fu feruz, ne de fi cointe
260 « Con il aura demain acointe,
« Se je puis ne aler ne eftre
« Le matin devant fa feneftre.
« Mar nos a laidi ne gabé.
« Or foiez demain en abé
265 « Aus feneftres de cele tor,

« Et je porverrai mon ator. »
Alixandres moult s'esjoï
De ce que dire li oï,
Puis l'acola estroitement,
270 Si le dist debonnairement :
« Moult estes vaillanz, biaus cuers dous,
« Et se je aim autrui que vous
« Si me doinst Diex mauvès acueil.
« Amors ai teles com je vueil,
275 «. Si que en autres ne claim part. »
A tant de s'amie se part,
Si s'en va & cele demeure.

Au matin, quant tens fu & eure,
Sans esveillier autrui se lieve,
280 Quar li levers pas ne li grieve.
Si s'est en pure sa chemise
Enz el vergier souz la tor mise,
En .j. bliaut ynde gouté,
Quar la matinée ert d'esté
285 Et li vergiers plains de verdure.
Si ne doutoit pas la froidure,
Qu'il faisoit chalt & dolz oré.
Bien li ot nature enfloré
Son cler vis de lis & de rose,
290 N'en toute sa taille n'ot chose
Qui par droit estre n'i deüst ;
Et si ne cuidiez qu'ele eüst

Loiée ne guimple ne bende.
Si l'embellift moult & amende
295 Sa bele trefce longue & blonde,
N'a pas defervi qu'on la tonde.
La dame qui fi biau chief porte
Par mi le vergier fe deporte.
Cele qui nature avoit painte,
300 Nuz piez, defloiée, defchainte,
Si va efcorçant fon bliaut,
Et va chantant, non mie haut :

« Or la voi, la voi, la voi.
« La fontaine i fort ferie.
305 « Or la voi, la voi, m'amie,
« El glaiolai defouz l'aunoi.
« Or la voi, la voi, la voi,
« La bele blonde, a li m'otroi. »

Li rois la chançonefte entent,
310 Qui fon cuer & s'oreille tent
A la feneftre por oïr.
Moult l'a fet s'amie efjoïr
De fon dit & de fon chanter.
Anqui fe porra bien vanter
315 Ses meftre Ariftotes d'Ataines
Qu'amors bones leaus lontaines
Se defirent a aprochier.
Ne mès n'en ira reprochier

Le roi, ne ne dira anui,
320 Quar il trovera tant en lui
Et ert de volenté fi yvres.
Levez eft, fi fiet a fes livres,
Voit la dame aler & venir,
El cuer li met .j. fouvenir
325 Tel que fon livre li fet clore.
« Hé, Diex ! » fet il, « quar venift ore
« Cil mireoirs plus pres de ci,
« Si me metroie en fa merci.
« Comment fi m'i metroie donques ?
330 « Non feroie, ce n'avint onques
« Que je, qui tant fai & tant puis,
« Tant de folie en mon cuer truis,
« C'uns feuls veoirs tout mon cuer ofte.
« Amors veut que le tiengne a ofte,
335 « Mès honors le tient a hontage
« Tel fovenir & tel outrage.
« Avoi ! qu'eft mes cuers devenuz ?
« Je fui toz viex & toz chenuz,
« Lais & pales & noirs & maigres,
340 « En filofofie plus aigres
« Que nus c'on fache, ne ne cuide.
« Molt ai mal emploié m'eftuide,
« Qui onques ne finai d'aprendre.
« Or me defaprent por miex prendre
345 « Amors qui maint preudomme a pris.
« S'ai en aprenant defapris,

« Desapris ai en aprenant,
« Puis qu'amors me va si prenant;
« Et dès que ne m'en puis resqueurre,
350 « Au convenir soit & droiz queure,
« Ne ja por moi droiz ne remaigne.
« Viegne amors herbergier, or viegne
« En moi, ge n'en fai el que dire,
« Puis que je nel puis contredire. »
355 Si com li mestre se demente,
La dame en .j. rainssel de mente
Fist .j. chapel de maintes flors.
Au fere li sovint d'amors ;
Si chante au cueillir les floretes :

360   « Ci me tienent amoretes ;
   « Dras igaoit meschinete.
     « Douce, trop vous aim !
   « Ci me tienent amoretes ;
    « Ou je tieng ma main. »

365 Ainsi chante, ainsi s'esbanoie ;
Mès Aristote moult anoie
De ce que plus pres ne li vient.
Ele fet bien quanqu'il covient
A lui eschaufer & atrere.
370 De tel sajete le veut trere
Qui cointement soit empenée.
Tant s'est traveillie & penée

Qu'a fa volenté l'a atret.
Tout belement & tout a tret
375 Son chapel en fon biau chief pofe;
Ne fet famblant de nule chofe
Que le voie ne aperçoive ;
Et por ce que miex le deçoive
Et plus bel le voift enchantant,
380 Vers la feneftre va chantant
.j. vers d'une chançon de toile,
Quar ne veut que cil plus fe çoile
Qui tout a mis en la querele :

« En .j. vergier, lez une fontenele,
385 « Dont clere eft l'onde & blanche est la gravele,
« Siet fille a roi, fa main a fa maiffele ;
« En foufpirant fon douz ami apele :
  « Hé ! biaus quens Guis,
« La voftre amors me tot folas & ris. »

390 Quant ele ot ce dit, fi pres paffe
De la large feneftre baffe,
Que cil par le bliaut l'aert
Qui trop cuidoit avoir fouffert,
Tant l'a defirrée a merveille.
395 A ce coup cheï l'eftincele
Toute jufqu'a terre au viel chat
Qui pris eft fanz point de rachat.
Et la damoifele s'efcrie :

« Qu'eſt ce ? » fet elle, « Diex aïe !
400 « Avoi ! qui m'a ci detenue ?
— « Dame, bien ſoiez vous venue, »
Fet cil qui provos eſt & maire
De la folie qui le maire.
« Meſtre, » ce diſt la dame, « avoi !
405 « Eſtes vous ce que je ci voi ?
— « Oïl, » diſt il, « ma douce dame,
« Por vous metrai & cors & ame,
« Vie & honor en aventure.
« Tant m'a fet amors & nature
410 « Que de vous partir ne me puis.
— « Ha ! meſtre, » fet ele ; « deſpuis
« Qu'ainſi eſt que vous tant m'amez
« Ja par moi n'en ferez blaſmez ;
« Mès la choſe eſt moult mal alée.
415 « Ne fai qui m'a au roi meſlée,
« Et li blaſmé de ce que tant
« S'aloit avec moi deportant.
— « Dame, » diſt il, « or vous teſiez,
« Que par moi fera rapeſiez
420 « Et li mautalenz & li cris
« Et li blaſmes & li eſtris,
« Quar li rois m'aime & crient & doute
« Plus que s'autre maiſnie tote.
« Mès, por Dieu ! ceenz vous traiez,
425 « Et mon deſir me rapaiez
« De voſtre cors gent & poli.

— « Meftres, ainçois qu'a vous foli, »
Dift la dame, « vous covient fere
« Por moi .j. moult divers afere,
430 « Se tant eftes d'amor foufpris ;
« Quar moult tres granz talenz m'eft pris
« De vous .j. petit chevauchier
« Defus cefte herbe en ceft vergier.
« Et fi vueil, » dift la damoifele,
435 « Que defor vos ait une fele ;
« S'irai plus honorablement. »
Li meftres refpont liement
Que ce fera il volentiers
Comme cil qui eft fiens entiers.
440 Bien l'a mis amors en effroi
Quant la fele d'un palefroi
Li fet aporter a fon col.
Or croi qu'il fanblera bien fol
Quant defor le col li eft mife,
445 Et cele s'en eft entremife
Tant qu'ele li met for le dos.
Bien fait amors d'un viel rados
Puis que nature le femont,
Quant tout le meillor clerc du mont
450 Fet comme roncin enfeler,
Et puis a .iiij. piez aler
A chatonant par defus l'erbe.
Ci vous di example & proverbe,
Sel faurai bien a point conter.

455 La damoifele fet monter
Sor fon dos & puis fi la porte;
Et Alixandre fe deporte
En veoir & en efgarder
Celui qui fens ne pot garder
460 Qu'amors ne l'ait mis a folie.
Et la damoifele trop lie
Aval le vergier le conduit;
En lui chevauchier fe deduit,
Si chante cler & a vois plaine :

465 « Ainfi va qui amors maine
« Pucele blanche que laine;
« Meftre mufars me fouftient.
« Ainfi va qui amors maine
« Et ainfi qui les maintient. »

470 Alixandres ert en la tor,
Bien ot veü treftout l'ator;
(Qui li donaft treftout l'empire
Ne fe tenift il pas de rire.)
« Meftre, » dift il, « por Dieu ! que vaut ce ?
475 « Je voi moult bien c'on vous chevauche.
« Comment, eftes vous forfenez
« Qui en tel point eftes menez ?
« Vous me feïftes l'autre fois
« De li veoir fi grant defoiz,
480 « Et or vous a mis en tel point

« Qu'il n'a en vous de refon point,
« Ainz vous tenez a loi de befte. »
Ariftotes drece la tefte,
Et la damoifele defcent.
485 Lors refpondi honteufement :
« Sire, » fait il, « vos dites voir ;
« Mais or poez apercevoir,
« J'oi droit fe je doutai de vous
« Qui en fin jovent ardez touz
490 « Et en feu de droite jonece,
« Quant je, qui fui plains de viellece,
« Ne poi contre amor rendre eftal
« Qu'ele ne m'ait torné a mal
« Si grant com vous avez veü.
495 « Quanque j'ai apris & leü
« M'a deffet nature en une eure
« Qui toute rien taut & deveure.
« Et bien fachiez certainement
« Puis qu'il m'eftuet apertement
500 « Fere folie fi aperte,
« Vous n'en poez partir fans perte
« Ne fanz blafme de voftre gent. »
Moult s'eft refcous & bel & gent
Ariftotes de fon mefchief :
505 Et la dame eft venue a chief
De treftout quanques empris a ;
Et li rois forment l'en prifa
Quant de fon meftre l'a vengié

Qui l'ot blafmé & laidengié.
510 Mès tant s'en fu bien efcufez
De ce qu'ainfi fu amufez
Qu'en riant li rois li pardone,
Et fes meftres li abandone
Sa volenté a parfurnir,
515 Quar n'a refon au retenir.
Or vueil une demande fere
En ceft dit & en ceft afere,
Dont je trai Chaton a garant
Qui fet l'auctorité parant,
520 Qui bons clers fu & fages hom :
Turpe eft doctori, cum culpa redarguit ipfum.

Chatons dift en ceft vers la glofe
Que quant on eft repris de chofe
C'on a blafmé a fere autrui
525 Puis c'on en a blafme & anui.
C'eft grant folie qui ce fet,
Son fens amenuife & deffet.
Voirs fu qu'Ariftotes blafma
Alixandre & mafaefma
530 Qui tant s'eftoit mis en amer,
Et puis fe leffa entamer
Si en amor a une foiz
Qu'il n'ot en lui point de defoiz;
Et s'il l'ot par force entrepris
535 En doit il eftre en mal repris ?

Nenil, quar amors l'efforça
Et volontez qui la force a
Sor toz & for toutes enfamble,
Dont n'a li meftres, ce me famble,
540 Nule coupe en fa mefprefure,
Ne l'a pas fait par aprefure
Mès par nature droite & fine.

Henris cefte aventure fine
Qui dift & fi mouftre en la fin
545 C'on ne puet decevoir cuer fin
Ne ofter de fa volenté,
Puis qu'amors l'a en volenté
Por emprifoner & deftraindre ;
Et cil qui de ce fe veut faindre
550 N'eft mie trop loiaus amere
Puis que s'amors li famble amere,
Quar miex ne puet on endurer
Amor que par deffavorer.
Por celui mal bien plere doivent
555 Qu'après les maux les biens reçoivent
Par maintes foiz le mal traiant
Qu'auffi amors vont effaiant.
Si fet ele raffeürer
Qui puet en leauté durer
560 S'atende & fueffre en fon martire,
Quar a joie li revient s'ire.
Si puet on par ceft dit aprendre

C'on ne doit blafmer ne reprendre
Les amies ne les amanz,
565 Qu'amors a pooir & commanz
Par defeur toz & defeur toutes,
Et d'euls fet fes volentez toutes,
E tret a honor toz fes fez.
Defpuis que cil en fouftient fez·
570 Qui fu meftre en toute fcience,
Bien devons prendre fapience
Selonc ce que nous mains favons
Les maus que por amor avons,
Quar qui por amor fueffre maus
575 Bien li fet merir fes travaus
Que loiaumant fueffre por li.
Veritez eft & je le di,
Qu'amors vaint tout & tout vaincra
Tant com cis fiecles durera.

Explicit li lais d'Aristote.

LA BATAILLE DES VINS

OLEZ oïr une grant fable
Qu'il avint l'autrier fus la table
Au bon roi qui ot non Phelippe,
Qui volentiers moilloit fa pipe
5 Du bon vin qui eftoit du blanc.
Il le fenti gentil & franc,
Si le clamoit fon ameor.
Por le bien & por la douçor
Que li vins avoit dedenz foi,
10 Li rois en but fanz avoir foi.
Li rois qui eft cortois & fages
Manda a treftoz fes meffages
Qu'il alaiffent le meillor querre
Qu'il trovaiffent en nule terre.

15 Premiers manda le vin de Cypre,
Ce n'eftoit pas cervoife d'Ypre,
Vin d'Auffai & de la Mouffele,
Vin d'Auni & de la Rocele,

De Saintes & de Tailleborc,
20 De Melans & de Treneborc,
Vin de Palme, vin de Plefence,
Vin d'Efpaingne, vin de Provence,
De Montpellier & de Nerbone,
De Bediers & de Quarquaffonne,
25 De Moffac, de S. Melyon,
Vin d'Orchife & de S. Yon,
Vin d'Orliens & vin de Jargueil,
Vin de Meulent, vin d'Argentueil,
Vin de Soiffons, vin d'Auviler,
30 Vin d'Efpernai le Bacheler,
Vin de Sezane & de Samois,
Vin d'Anjou & de Gaftinois,
D'Yfoudun, de Chaftel Raoul
Et vin de Trie la bardoul,
35 Vin de Nevers, vin de Sancerre,
Vin de Verdelai, vin d'Auçuerre,
De Tornierre & de Flavingni,
De S. Porchain, de Savingni,
Vin de Chablies & de Biaune,
40 .j. vin qui n'eft mie trop jaune ;
Plus eft vers que corne de buef.
Toz les autres ne prife .j. oef.
Treftuit vindrent en .j. conroi
Seur la table devant le roi.
45 Si comme Diex parla au cigne,
Chafcuns des vins fe fift plus digne

Par fa bonté, par fa poiffance
D'abevrer bien le roi de France.

Uns preftre Englois fi prift s'eftole,
50 Qui moult avoit la tefte fole,
S'efcommenia dant Mauvais
Qui eftoit du clos de Biauvais,
Et dant Petart de Chaalons
Qui le ventre enfle & les talons,
55 Et mefire Rogel d'Eftampes
Qui amaine les goutes crampes;
Cil troi vin amainent la roingne.
A grant honte & a grant vergoingne,
Batant, ferant d'un bafton cort,
60 Les cacha li preftres de cort
Et lor dift que jamès n'entraiffent
La ou nul preudomme hantaiffent.
Les . ij . vins & de Biauvoifins
Et dans Clermons li tiers voifins,
65 Ces . iij . vins n'en chaça il pas
Qu'il les fenti de bon compas.
Li vin commun, li vin moien
N'erent prifié un pois baien.
Vin du Mans, de Tors retornerent
70 Por ce qu'a efté s'atornerent
Por la paor du preftre Englois
Qui n'ot cure de lor jenglois.
Vin d'Argenches, Chambeli, Renes

        S'en fuirent tornant lor refnes,
75   Quar fe li preftres les veïſt,
        Je croi bien qu'il les oceïſt.

        Primes parla vins d'Argentueil
        Qui fu clers comme lerme d'ueil,
        Et diſt qu'il valoit miex d'aus toz.
80   « Or te tais, filz a putain glouz, »
        Ce diſt li vins de Pierre frite,
        « Tu jeues a la defconfite ;
        « Ices trives feront enfretes ;
        « Je vail moult miex que vous ne fetes,
85   « A tefmoing le vin de Marli,
        « De Duoeil, de Monmorenci.
        Lors diſt bée fanc Dé Meulent :
        « Argentueil, je fui moult dolent
        « Que tu defpis tes compaignons ;
90   « Saches de voir nous en plaignons,
        « Qui fez dant Croe de Soiſſons
        « Le vin de Laon, de Tauſons,
        « Icil dui paſſent Vermendois,
        « Cil doivent bien seoir au dois. »
95   Efpernais diſt a Auviler :
        « Argenteuil, trop veus aviler
        « Treſtoz les vins de ceſte table ;
        « Par Dieu trop t'es fez conneſtable.
        « Nous paſſons Chaalons & Rains,
100   « Nous oſtons la goute des rains,

« Nous eſtaignons toutes les fois. »
Dont saut en piez li vins d'Auſois,
Li bons gentiz vins & roiaus :
« Eſpernái, trop es defloiaus !
105 « Tu n'as droit de parler en cort.
« Je ſui cil qui la gent ſecort ;
« Entre moi & ma damoiſele
« Longue tonne de la Moſele,
« Nous ſecorons les Alemanz,
110 « Nous feſons treſtoz noz commanz ;
« Aux Coloingnois prenons l'argent
« Dont nous repeſſons notre gent. »
Lors diſt li vins de la Rocele :
« Vous, Auſſai, & vous, la Mouſele,
115 « Se vous paiſſiez cele gent herre,
« Je repais treſtoute Engleterre,
« Bretons, Normans, Flamens, Galois,
« Et les Eſcos & les Irois
« Norois & cels de Danemarche ;
120 « Juſques la dure bien ma marche ;
« Je ſui des vins li febelins,
« J'en aport toz les eſterlins. »
Li vins S. Jehan d'Angeli
Si diſt a Henri d'Andeli
125 Qu'il li avoit crevé les ex
Par ſa force, tant eſtoit prex.
Engoleſme, Bordiaus & Saintes,
Cil i firent bien lor empaintes ;

Et li bons vins blans de Poitiers
130 Qui n'a cure de charretiers ;
C'eſt cil qui toute gent acroche
Par la froidure de ſa roche ;
Tant eſt fors que par ſon orgueil
Se fet coſtoier au ſoleil.
135 Ne ſai qui en but plus qu'aſſez,
Par qoi il ot les iex quaſſez.
Chauveni, Montrichart, Laçoy,
Chaſtel Raoul & Beſançoi,
Monmorillon & Yſoudun
140 Furent devant le roi tot un
Por abatre le bobançois
De treſtos nos bons vins françois.
Vin françois bien ſe deffendoient
Et cortoiſement reſpondoient :
145 « Se vous eſtes plus fort de nous,
« Nous ſommes ſade, favorous ;
« Si ne feſons nule tempeſte
« A cuer, n'a corz, n'a oeil, n'a teſte.
« Mès Vermentun, S. Brice, Auçuerre
150 « Si font les genz geſir au fuerre. »
Qui la veïſt vins eſtriver,
Et chaſcun ſa force aviver,
Et chaſcun mener ſon deſroi
Sor la table devant le roi,
155 Ce n'est ore ne plus ne mains
Se vin eüſſent piez ne mains

LA BATAILLE DES VINS

Je fai bien qu'il s'entretuaiffent,
Ja por le bon roi nel leffaiffent.
Qui veïft comment eftrivoient,
160 Et com li vin eftinceloient,
Si que la grans fale & la chambre
Sambloit plaine de bafme & d'ambre.
Ce fambloit paradis terreftre ;
Chafcuns lechierre i voufift eftre.
165 Chevalier, clerc, borgois, chanoine,
Contraint, muel, mefel & moine,
S'il hurtaiffent a tel quintaine,
Jamès n'eüffent la quartaine.

Li rois du blanc bien fe paia,
170 Et chafcun des vins effaia.
Li preftres Englois les jugoit
Qui volentiers les engorgoit,
Et a chafcun donoit .j. bout,
Et puis fi difoit : « Ife gout ;
175 « Bi S. Thomas qui fu martin,
« Goditouet, ci a bon vin. »
Treftoz feuls lut cele leçon ;
Guerfoi drinçoi fu fon clerçon.
S'efcommenia la cervoife
180 Qui eftoit fete dela Oife,
En Flandres & en Engleterre,
Puis geta la chandeille a terre,

Et puis fi ala fommeillier
. iij . nuis, . iij . jorz fanz efveillier.

185 Li rois les bons vins corona
Et a chafcun fon non dona.
Vin de Cypre fift apoftoile
Qui refplendift comme une eftoile ;
Dont fift chardonal & legat
190 Du bon gentil vin d'Aquilat ;
Puis fift . iij. rois & puis . iij . contes,
Et puis en dura tant li contes
Qu'il en fift . xij . pers en France
Ou li rois out moult grant fiance.
195 Qui . j . des pers porroit avoir,
Ne por argent ne por avoir,
Defor fa table a fon mengier,
Moult s'i feroit bon arengier ;
Jamès maladie n'auroit
200 Jusques au jor que il morroit.
Qui miex ne puet, fi n'a pas tort,
Adès o fa vielle fe dort.
Soit vin moien, per ou perfone,
Prenons tel vin que Diex nous done.

Explicit la Bataille des Vins.

LE DIT DU CHANCELIER PHILIPPE

L n'eſt nus qui la mort ne fénte ;
Tuit s'en iront par cele fente :
Et fort & feble & fol & fage
Paſſeront tuit par cel paſſage.
5 Nus ne feit l'oure de ſa mort.
Por ce meſprent cil qui s'amort
A faire choſe qu'il ne doie ;
De vie a mort n'a que . ij . doie.
Le jor de la Nativité
10 Ot il a Paris la cité
Grant joie & grant duel, ce fu voirs.
Bien dut eſtre joious ci foirs
Por ce que Jheſu Criz fu nez ;
Bien redut eſtre duez menez
15 Quant li Chanceliers treſpaſſa.
Dolors fu quant ſi tot quaſſa
· La mors lou chancelier Phelippe
Qui eſtoit flors & roſe & pipe,
Duis & fontainne de ſcience.
20 Bien puis dire par m'eſcience

Que nul clerc ne voit on or tel.
Oiez qu'il dit ou lit mortel :
Li Chanceliers, en icel point
Que la mort temporel le point,
25 Un suen privé clerc apela,
Son pensé pas ne li cela :
« Di moi, » fit il, « quele ore il est ;
« Je sui cil qui cest siecle lès ;
« G'i ai assez esté entant. »
30 Quant li clers la parole entent,
De pitié li cuers li fondi ;
En sopirant li respondi :
« Sire, il est entor mienuit. »
Dist li prodon : « Cui qu'il anuit,
35 « De cest siecle me vuel partir ;
« Je m'en vois après lou martir
« Que felon Juif lapiderent,
« Por ce qu'il forent & cuiderent
« Que par lui fussent sormonté
40 « Et de science & de bonté. »
Ce sache bien chacuns qui m'ot
Qu'il dit encore . j . autre mot
Ou clerc se doivent assentir,
Quar cest mot dit il sanz mentir :
45 « Dex, tes jugleres ai esté
« Toz tens, & yver(s) & esté.
« De ma viele feront rotes
« En ceste nuit les cordes totes,

« Et ma chançons dou tout faudra ;
50 « Mais, se toi plait, or me vaudra.
« Dieus, or me rent lou guerredon ;
« De mes pechiez me fai pardon :
« Toz jors t'ai en chantant servi ;
« Rent m'en ce que j'ai deservi.
55 « Ne te demant or ne argent,
« Mais acuel moi avuec ta gent
« Qui sont en pardurable joie.
« Doz Dieus, otroie moi que j'oie
« Tel verité de ma chançon
60 « Que je ne chiece en contençon ;
« Enseigne moi la droite voie
« Biau sire Diex, que je te voie. »

Lors li Chanceliers s'arestut.
Plus ne parla, transir l'estut.
65 Je ne di mie qu'il morist ;
Je diroie ançois q'il florist
La sus es ciez par sa deserte.
A toz clers fit sa mors grant perte.
Li Chanceliers parti dou siecle
70 En tel point & en tel meniere
Com vos m'oez ci deviser.
Hom mortez ne porroit conter
Ses bones mors ne sa meniere :
De tos clers estoit la baniere,
75 Il ert fonteinne de clergie,

Il eſtoit flors de compaignie,
Il iert plus larges qu'Alixandres.
Toz jors voloit eſtre li mandres
En compaignie, par S. Gile,
80 Qu'il ovroit felonc l'ewangile
Qui dit, ſi com il bien ſavoit :
Li graindres com li mendres foit.
Si faiſoit debonairetez
Dont ſes cuers ert enheritez.
85 Il ne feït mal a nul fuer.
Tant par avoit liberau cuer,
Que toz biens s'i ert herbergiez.
Ce puet bien dire li clergiez
Et jurer Dieu le fil Marie
90 Qu'or eſt la fonteinne tarie
Ou ſcience puiſier foloient
Tuit cil qui aprendre voloient ;
Et de rechief dire vos puis
De voir qu'or eſt ſechiez li puis
95 Ou on pooit puiſier toz biens.
An Chancelier ne failloit riens :
C'ert des clers li plus liberaus,
En . vij . ars eſtoit generaus.
Dieus ! quel dolor & quel damage
100 Dou plus vaillant & dou plus ſage
Qui fut en la creſtienté !
Cheü font en grant enferté
Tuit cil qui li apartenoient.

Dou Chancelier tuit bien venoient ;
105 Au fiecle ne remaint fom per ;
Sa mort trop durement comper.
Mes duez fovent en renovele ;
Por ce faiz proiere novele :

Biaus fire Deus, rois glorieus
110 Qui par ton faint fanc precieus
Et par ta fainte paffion
Nos meïs a redemption,
Qui au tiers jor refufcitaz
Et tes amis d'enfer getas,
115 Qui de niant toz nos feïs,
L'ame qu'el Chancelier meïs
Reemz la devant toi en glore
Quar il t'ot toz jors en memoire.
Ta chançon chanta bien & lut ;
120 Tant com il pot, tant com li lut,
A ta viele viela.
Deu, remet le en vie la
Ou vit S. Pieres & S. Pols :
C'eft li perdurables repols.
125 Bien eft refons que ta pès ait :
De fa viande repeffait
Les armes plus fovent & meax
Que nus clers que l'en voie aus eax.
Viande as ames, c'eft efcrit,
130 Et la parolle Jhefu Crit.

Hé Deus ! que porai devenir ?
Qu'avoit cil prodom a morir ?
Molt devroie la mort reprendre
Quant ele ofai celui forprendre
135 Qui de tote fcience eftoit
Li muedres clers que jamais foit.

Marie, mere de pitié,
Cil que fon cuer & s'amiftié
Del tot en tot t'avoit donée,
140 Virge roïne coronée,
Se met del tot en ton conduit,
Car il fift de toi maint conduit.
De toi mie ne fe taifoit,
Mais fovent biaus dis en faifoit
145 Et en romans & en latin.
Totes hores, foir & mat*in*,
Plus biau qu'autres te *falua*
De toi fon cuer. . . . .
Verge Marié, dei*ne*. . .
150 Se li boins Cha*nceliers*. .
Que il vet droit en par*adis*,
Por ce que il t'ama toz *dis*
Ce me vendra a grant mervelle.
Douce dame, a lui falver velle.

155 Sains Efteines, que premerains
Martirs fuz, for toz foverains,

Del Chancelier aiez pitié
Que mors a del fiecle chacié
Cel jor que paffion foffriz
160 Et ton cors a martire offris
Et de pieres fus lapidez.
Cel jor nos chainja molt li dez,
Que li boins Chanceliers morut.
Sor clers grant tempefte corrut :
165 Emblez lor fu li grans trefors.

Sain[s] Nicholais, boens confeffors,
Boens clers, ton clerc n'oblie pas;
Proie por lui ifnel [l]ou pas

Ha ! dame fainte Katerine,
170 Virge pure, martire fine,
Lou Chancelier n'oblie mie
Car molt te tenoit a s'amie.
Si bien, fi bial, de toi parla
Nus n'en feüft dire par la
175 Ou il en dift, ne fi tres bien.
Un condut ou il ne faut rien
Fift : *Agmina milicie*
Que li cler n'ont mie oblié.

*T*uit li faint & totes les faintes,
180 *De* vos dift il paroles maintes;
Cuer & cors vos abandona

*Et de v*os oevres fermona,
*Et de v*os par*la* mex que nuz.
*Li Chancelie*rs *a*voit en uz
185 . . . . . . s avoit
. . . . . . biens-favoit.

*C*lers *i a qui* philofophie
Sevent *et* l'etimologie
De nonz, & uns m'en dift jadis :
190 « *Philippus* c'eft *os lampadis.* »
Je li pria molt de defcrire
Que bouche de lampe vuet dire.
Il me refpondi une chofe :
Qu'em lampe fi a molt grant chofe :
195 Lampe c'eft . j . vairrins vefliaz,
Flebes eft mais clers eft & biaz.
En lampe eftuet uile & plonjon,
Et s'i convient & feu & jon :
Ce font cinc ; drois eft que je die
200 Que chafcune d'als fenefie ;
Jel vos dirai del tot en outre :
La lampe ceft fiecle demoutre ;
Clers veffas eft conme de voire :
Et de tant me poez bien croire
205 Qu'ele eft brifie en éle pas,
Ne cift fiecle n'eft c'uns trefpas.
Sachiez de voir que je fu la
Ou j'oï dire qu'en ule a

Douce liquor & douce gote.
210 Vuile eſt haute choſe, ſans dote ;
Ule medecine demande.
J'ai dit de l'ule & de la lampe ;
Par Deu qui eſt miſericors,
Li plonjons dedans, c'eſt li cors
215 Qui eſt plungiés es grans devices
De ceſt ſiecle & es grans delices ;
En la douçor, en la melite
Tant ſe deſdut & ſe delite
Qu'il ne redoute point enfer.
220 Li cors c'eſt li plonjons de fer,
Et li feſ jons qui eſt boutez
El plonjon, de rien ne doutez,
C'eſt li cuers qui el cors eſt mis.
Li uns & l'autre eſt boins anmis :
225 Se li cors aval traï tans
Dont eſt li cu[e]rs amont ardans.
Li jons art & ſi gite flanme :
La flame ſenefie l'ame
Et dit a[u]tant com eſperis ;
230 Mas quant en ceſt ſiecle eſt peris,
En l'autre lou covient aler :
Monter l'eſtuet ou avaler.
Malement art cil qui avalle.
Cil qui monte en la haute ſale
235 Art devant Deu conme chandoile ;
Si eſt plus clers que nule eſtoile.

Philippus ai defcrit tres bien,
Ne vos en ai menti de rien.
Cil Phelippes que je tant lo,
240 Et bien & bel conmença l'*O*,
Loquens O O, clavis David,
Et au quint jor nos fu ravid.
Es ciez fe repofe foef.
Hautement apella la clef
245 Que paradis oevre & deferme.
Qui de fa mort vuet favoir terme,
. M . & CC . & XXXVJ.
Joigne enfemble, & tot iffis
De fa mort faura verité,
250 L'andemain de Nativité.
Et icil clers qui ce trova
De celu que bien fe porta
Par Deu qui maint en Trinitei,
Por ce qu'il eft de verité,
255 Ne l'apele mie flablel ;
Ne l'a pas efcrit en tablel,
Ainz l'a efcrit en parchamin.
Par bois, per plains & par chamins
Par bors, par chateals, par citez,
260 Vorra qu'il foit bien recitez.

Ceft dit fift Hanris d'Andeli.
Deus ait del Chancelier merci !

S'aurai il, qu'il l'a defervi.
Or l'aït Deus par fa merci
265 Qui vit & regne & regnera
In feculorum fecula. *Amen dicant omnia.*

LA BATAILLE DES .VII. ARS

ARIS & Orliens ce font . ij. :
C'eſt granz domages & granz deuls
Que li uns a l'autre n'acorde.
Savez por qui eſt la deſcorde ?
5 Qu'il ne font pas d'une ſcience ;
Car Logique, qui toz jors tence,
Claime les auctors autoriaus
Et les clers d'Orliens glomeriaus.
Si vaut bien chaſcuns . iiij . Omers,
10 Quar il boivent a granz gomers
Et ſevent bien verſefier
Que d'une fueille d'un figuier
Vous feront il . 1 . vers ;
Mès il redient que por vers
15 Qu'il claiment la dyaletique
Par mal deſpit quiquelique,
Cil de Paris, li clerc Platon,
Ne les priſent pas un bouton.

Logique a les clers en ſes mains,
20 Et Gramaire s'eſt miſe au mains.

Gramaire s'eſt moult coroucie;
Si a ſa baniere drecie
Dehors Orliens, en mi les blez;
La a el ſes os aſſamblez.
25 Omers & li viex Claudiens,
Donaet, Perſe, Preciens,
Cil bon chevalier autoriſtre
Et cil bon eſcuier meniſtre,
S'eſmurent tuit avoec Gramaire
30 Quant ele iſſi de ſon aumaire.
Li chevalier d'Orliens s'eſmurent
Qui des armes aus autors furent:
Meſtre Jehans de S[t] Moriſſe,
Qui fet ſes atuors a deviſe,
35 Oede, Garniers & Balſamon
Qui avoit eſcrit .j. ſaumon
Sor ſon eſcu entre . ij . dars
D'un poivre chaut o le pain ars
Plus noir que coille de provoire,
40 Por les poiſons roiaus de Loire
Et por boivre les vins d'Orliens
Qui neſſent ſanz creſſe de fiens.
Lors n'i ot il ne geu ne ris ;
Lor chemin tindrent vers Paris.

45 Dame Logique l'oï dire ;
    Si cria toute plaine d'ire :
    « Laſſe ! j'ai perdu mes confors
    « Quant Raoul de Builli eſt mors. »
    Ses genz manda devers Tornai
50 Par dan Pierron de Cortenai.
    Uns logiciens moult tres ſages
    La fu meſtre Jehans li pages,
    Et Point l'aſne, cil de Gamaches,
    Meſtre Nichole aus hautes naches.
55 Cil troufferent trive, cadruve
    Sor .j. grant char en une cuve ;
    Li bedel traioient le char.
    Robert le Nain par grant eſchar
    Les poingnoit toz d'un aguillon ;
60 Cheron le viel point el coillon.
    Lors ſe miſtrent tuit a la voie.
    La ot maint paveillon de ſoie
    Soz Mont Leheri lez Linoies ;
    La ſe firent de cruels plaies.
65 La Loi chevaucha richement
    Et Decret orguilleuſement
    Sor treſtoutes les autres ars.
    Moult i ot chevaliers lombars
    Que Rectorique ot amenez.
70 Dars ont de langues empanez
    Por percier les cuers des genz nices
    Qui vienent jouſter a lor lices ;

Quar il tolent mains heritages
Par les lances de lor langages.
75 Auguſtin, Ambroiſe, Grigoire,
Giroime, Bede & Yſidoire,
Diſtrent a la Divinité
Qu'ele eſchivaſt lor vanité.
Ma dame la Haute Science,
80 Qui n'avoit cure de lor tence,
Leſſa les ars tençant enſamble.
A Paris s'en vint, ce me ſamble,
Boivre les vins de ſon celier,
Par le conſeil au chancelier,
85 Ou ele avoit moult grant fiance,
Quar c'eſt li mieldres clers de France;
Mès d'un petit la tient a fole,
Que quant el deſpute en s'eſcole
El leſſe la droite clergie
90 Et torne a la philoſophie,
Et li arcien n'ont mès cure
Lire fors livre de nature ;
Et la gent Gramaire perverſe
R'ont leſſié Claudien & Perſe,
95 . ij . moult bons livres anciens,
Les meillors aus gramairiens ;
Tuit font la contralietez
De la bone ancienetez.

Fiſique, Ypocras, Galien,

100 Et cil hardi cirurgien,
　　Cil de rue nueve, Robert,
　　Et cil de Glatini, Hubert,
　　Et meftre Pierre li Lombars
　　Qui Paris triche par fes ars,
105 Et Giraut, .j. autres deables,
　　Et meftre Henri de Venables,
　　Et Raoul de la Charité,
　　Petit Pont & lor vanité,
　　Treftuit tornaiffent au gaaing
110 S'il i veïffent nul mehaing.
　　Cirurgie, la vilenaftre,
　　Se feoit lez .j. fanglent aftre,
　　Qui moult amoit miex les defcordes
　　Qu'el ne fift les gentiz concordes.
115 Boiftes portoit & oingnemenz,
　　Et granz plentez de ferremenz
　　Por fachier les quarriaus des pances.
　　. . . . .
　　Moult avoit toft retaconnez
　　Les ventres qu'el vit baconnez.
120 S'eft cele fcience del mains ;
　　Mès ele a fi hardies mains
　　Qu'ele n'efpargne nule gent
　　Dont ele puift avoir argent.
　　Je les teniffe por moult preus
125 S'il m'eüffent gari des iex ;
　　Mès il cunchient mainte gent,

Que des deniers & de l'argent
Qu'il reçoivent de lor poisons
Font il a Paris granz mesons.

130 De Toulete vint & de Naples,
Qui des batailles sot les chaples,
A mienuit la Nigremance,
Qui lor dist bien lor meseftance,
Que chascuns ait la tefte armée,
135 Qu'ele avoit garde en l'espée.
En . j . quarrefor fift . j . feu,
Lez . j . cerne, entre chien & leu.
La ot . ij . chas sacrefiez
Et . ij . coulombiaus forviez
140 Par la malifne deité
Por encerchier la verité.
La fille dame Aftrenomie,
Qui de lor maus lor fu amie,
Lor dift moult bien que la bataille
145 Ert l'endemain fanz nule faille.
Arismetique fift en l'ombre,
Ou ele dit, ou ele nombre,
Que . x . & . ij . & . j . font . xiij .,
Et puis . iij . après ce font . xvj . ;
150 . iiij . & . iij . & puis . ix . arriere
Refont . xvj . en la lor maniere ;
. xiij . & . xxvij . font . xl .,
Et . iij^{xx} . par eus font . lx . ;

.　v^{xx} . font . c . & . x^c . mil.
155　Monte plus li contes ? Nenil.
　　L'en puet bien conter . m . milliers
　　Par le conte qui eſt premiers
　　Du nombre qui monte & deſcent,
　　Qui en contant vient d'un a . c ..
160　De la fiſt la dame ſon conte,
　　Que uſerier & prince & conte
　　Aiment miex hui la conterreſſe
　　Que la chançon de la grant meſſe.
　　Ariſmetique ſi monta
165　Sor ſon cheval & ſi conta
　　Treſtoz les chevaliers de l'oſt ;
　　Et ele avoit a ſon acoſt
　　Sa compaigne Giometrie
　　Qui la refeſoit ſa meſtrie,
170　Qu'entre . ij . os en une place
　　Fiſt . j . compas de brieve eſpace,
　　Et ſi diſt qu'en . m . piez de terre
　　Seroit finée cele guerre.
　　Ma dame Muſique aus clochetes
175　Et ſi clerc plain de chançonnetes
　　Portoient gigues & vieles,
　　Salterions & fleüteles ;
　　De la note du premier fa
　　Montoient duſqu'en ce ſol fa.
180　Li douz ton diateſalon,
　　Diapante, diapaſon,

Sont hurtées de divers gerbes
Par quarreüres & par trebles.
Par mi l'oſt aloient chantant,
185 Par lor chant les vont enchantant.

Celes ne ſe combatent pas;
Mès Donaet iſnel le pas
Ala tel cop ferir Platon
D'un vers berſé rez el menton
190 Qu'il le fiſt treſtout eſbahir;
Et dans Platon par grant aïr
Le referi ſi d'un ſofiſme,
Sor l'eſcu, par mi une rime
Qu'il le fiſt trebuchier el fanc
195 Et le couvri treſtout de fanc.
Ariſtotes fiert Precien
Noſtre haut preudomme ancien
Qu'il le fiſt a terre voler;
Du cheval le volt defouler.
200 Mès Preciens ot . ij. neveus
Qui moult eſtoient biaus & preus,
Dant Agrecime & Doctrinal;
Li eſcloperent ſon cheval,
De ſon cheval firent trepié.
205 Ariſtotes, qui fu a pié,
Si fiſt cheoir Gramaire enverſe.
Lors i a point meſire Perſe,
Dant Juvenal & dant Orace,

Virgile, Lucan & Eſtace,
210 Et Sedule, Propre, Prudence,
Arator, Omer & Terence :
Tuit chaplerent ſor Ariſtote,
Qui fu fers com chaſtel ſor mote.
Preciens o ſes . ij . neveus
215 Li voloient crever les iex.
Quant Elenche & les . ij . Logiques,
Perealmaines & Topiques,
Et livre de nature, Etique,
Dame Nigromance, Fiſique,
220 Et dans Boices & dans Macrobe
Veſtu d'une chetive robe,
Et Porfire vindrent le cors
Por fere Ariſtote ſecors.
Li Lombart dame Rectorique
225 Poinſtrent après Dialetique ;
Ja ſoit ce que pas ne l'amoient,
Quar de petit la connoiſſoient,
Mès maint preudomme i mehaignierent
Por l'avoir qu'il i gaaingnierent.
230 Predicamenz & Sex Principes,
Dui bon achateor de tripes,
Poinſtrent après dant Barbarime
Qui chevauchoit ſoi cinquantime.
S'ert il homme lige Gramaire
235 Des meillors genz de ſon aumaire,
Mès il maintenoit cele guerre,

Qu'el païs Logique avoit terre.
Par trahifon eftoit tornez
Por ce qu'il ert de Poitou nez.
240 Icele pefme gent amere
Poinftrent for Gramaire lor mere.
Qui la veïft lances lancier
Por ces bons auctors efpancier,
Hochier teftes & batre mains,
245 Et aus langues lafchier les frains.
. M. quarriaus voloient enfamble
Peors que de fauz ne de tramble,
Qu'il a plus venin èn paroles
Qu'en . c . m . maçues folés.
250 Et li auctor fe deffendoient
Qui de granz plaies lor fefoient,
De caniveçons & de greffes,
De longues fables & de beffes.
Lor chaftiaus fuft bien deffenfables,
255 S'il ne fuft fi garnis de fables
Qu'il ajoingnent lor vanitez
Par lor biaus mos en veritez.
Gramaire lor fiert . j . defciple
Parmi le cors d'un participle
260 Qui le fift a la terre eftendre,
Puis li dift : « Or alez aprendre. »
Puis en fift . v . cheoir for l'erbe
Par la pointe de fon averbe ;
Mès dans Sortes la fift repondre,

265 Qu'el ne pot pas a toz refpondre.
Vers ceux d'Orliens s'eſt adrecie,
Qui l'ont longuement effaucie.
En la parfondece d'un val
Li alafchierent fon cheval
270 Qui fouftenoit Ortografie,
Le fondement de la clergie ;
Puis fiſt arriere fes retors
Dame Gramaire a fes auctors.
Qui veïft logicieniaus
275 Comme ils tuoient auctoriaus
Et fere ces deftrucions
Sor ces gentilz construcions.
Li fofiftre les defpifoient
Por ce que pas nes entendoient,
280 Que tant i ot de contredit
Que pou fet l'un que l'autre dit.
. j . chevalier Parealmaine
Tua mon feignor Architraine,
. j . des barons de Normendie ;
285 Emprès ce fi tua Tobie.
. iiij . en tua en . j . randon,
Et *Geſta ducis Macedum*
Et la Bible verfefiée
R'a il d'un grant mail efmiée.
290 Mès quant vint aus Patrenomiques,
Onques la mefnie Topiques
Nes porent percier par effors,

Tant font Patrenomiques fors.
Dant *Juſtè* & *Preterea*
295 Si tuerent *Propter ea,*
Le bon *Ego mei vel mis,*
Qui eſtoit trop lor anemis,
Qu'il ne forent dont il venoit
Ne comment il fe declinoit.

300 Quant Logique ot fet fa proefce,
Si s'en revint a grant leefce
A l'eſtendart, a fa baniere ;
Lor fe treſtrent li oſt arriere.
Aſtrenomie & Rectorique
305 Diſtrent a la Dyaletique,
Ainçois que il fuſt aferi
Entraiſſent en Mont Leheri.
Les dames, qui moult fages erent,
Dedenz Mont Leheri entrerent,
310 Et nel firent pas por cremor,
Ainz le firent tout por l'amor
Qu'els voudrent le chaſtel avoir ;
Et de ce firent els favoir,
Qu'els aiment les chofes hautaines,
315 Et Gramaire aime les fontaines.
Li auctor furent moult troublé
Qu'enfamble fe font affamblé,
Que l'arriere ban atendoient,
Que dui chevalier amenoient.

320 Le Primat d'Orliens & Ovide
Ramenoient en lor aïde
. x . m . vers de grant randon
Embrievez en lor gonfanon,
Qu'Ovide teffi de fes mains
325 En l'effil ou il fu du mains :
Marciacop & Martien,
Seneque & Anticlaudien
Et dans Bernardins li fauvages,
Qui connoiffoit toz les langages
330 Des efciences & des ars.
Cil ne venoit pas comme gars,
Ainz amenoit iffi grant route
Que la terre en couvri treftoute.
Eftacez, Achileidos,
335 Qui avōit fort pis & fort dos
Menoit par devant foi les hez.
La fu li fages Chatonez,
Avionès & Panfilès ;
La portoit dans Theaudelès
340 Une baniere mi partie ;
Toiffu i fu par grant meftrie
Dans Sextis percié fon efcu
Que Alicia ot vaincu,
Qui painte eftoit de l'autre part.
345 La baniere comme liepart
Sivoient tuit cil tupinel ;
Si legier font & fi ifnel

Par . j . pou que il ne voloient,
Par . j . pou que il ne prenoient
350 Par mi les piez dame Logique,
Aftrenomie & Rectorique.
Mès els font fi haut herbergies
Qu'els les fierent de lor corgies
Et des langues l'air & le vent.
355 Lor clers en encreffent fovent,
Qu'eles en font treftoutes quaffes.
Les dames ont les langues laffes ;
Logique fiert tant en fa main
Qu'ele a mis fa cotele au pain.
360 Coutel nous fet fanz alemele,
Qui porte manche fanz cotele ;
De fes bras nous fet aparance,
Sor le cors n'a point de fubftance.
Rectorique li vait aidant,
365 Qui a les deniers en plaidant.
Autentique, Qode, Digefte
Li fet les chaudiaus por fa tefte ;
Quar ele a tant d'avocatiaus
Qui de lor langues font batiaus
370 Por avoir l'avoir aus vilains
Que toz li païs en eft plains.

Uns des garçons dame Logique
Fu envoiez a Gramatique ;
Lettres portiot por la pès fere.

375 Mès de ce ne me puis pas tere,
Que quant il vint a la meſon
Qu'il n'entendi pas la reſon
Des preſenz ne des preteriz,
La ou il ot eſté norriz,
380 Que poi i avoit demoré.
N'avoit pas bien aſſavoré
Conjugacions anormales
Qui a decliner ſont moult males,
Averbes & pars d'oroiſons
385 Articles & declinoiſons,
Et genres & nominatis,
Et ſupins & imperatis,
Caſes, figures, formoiſons,
Singulers, plurers, . M . reſons,
390 Qu'en la cort Gramaire a plus d'angles
Qu'il n'a en Logique de jangles.
Li gars n'en ſot venir a chief ;
Si s'en revint a grant meſchief.
Mès Logique le conforta,
395 En ſa haute tor l'en porta,
Si le voloit fere voler
Ainçois que il peüſt aler.
Aſtrenomie, qui haut vole,
N'a mès ne recet ne eſcole,
400 Ne en païs, ne en contrée ;
Ele fuſt ja toute eſgarée,
Ne fuſt meſtre Gautiers li preus,

Qui de petit en fet ſes preus,
L'Englois qui lut ſor Petit Pont,
405 Qui por povreté ſe repont.
Et Gramaire ſi ert alée
En Egypte, ou ele fu née.
Mès Logique eſt ores en cors,
Chaſcuns garçons i cort le cors
410 Ainçois qu'il ait paſſé . xv . anz ;
La Logique eſt ore aus enfanz.

Logique eſt de moult mal ator
Sor Mont Leheri en la tor ;
La demaine ele ſa meſtrie ;
415 Mès Gramaire la contralie
De ſes auctors & d'autorez
Sentencieus & legerez.
Eqo ſi reſpont en la tor
Des granz cops que l'en fiert entor,
420 Quar toute jor getent lor rimes.
Ele ſe deffent de ſofimes :
Sovent les fet cheoir envers
Et il li relancent lor vers,
Si que toz li airs en eſt nubles.
425 Ele ſe deffent d'iſſolubles,
De ſoluces & de fallée.
Li autorel font teus rabée
Qui ilueques font aſſamblé,
Quant il auront tant voleté

430 Que ja d'iluec ne partiront
Defi au jor que il charront;
Et s'eles chiéent en lor mains,
Il les menront du plus au mains.
Por noient i font lor atentes,
435 Quar Aftrenomie a lor tentes,
Qui defor els geta la foudre;
Toz les paveillons mift en poudre,
Et li autorel s'en fuirent,
Qui la Gramaire deguerpirent.
440 Verfefieres li cortois
S'enfui entre Orliens & Blois.
Il n'ofe mès aler par France,
Qu'il n'i a nule connoiffance;
Quar arcien & difcretiftre
445 N'ont mès que fere de lor giftre.
Li Breton & li Alemant
Font encore . j . poi fon commant;
Mès fe li Lombart le tenoient,
Icil le par eftrangleroient.

450   Seignor, li fiecles vait par vaines;
Emprès forment vendront avaines,
Dufqu'a . xxx . anz fi fe tendront,
Tant que noveles genz vendront,
Qui recorront a la Gramaire,
455 Aufi comme l'en foloit faire

Quant fu nez Henris d'Andeli,
Qui nous tefmoingne de par li
C'on doit le cointe clerc deftruire
Qui ne fet fa leçon conftruire ;
460 Quar en toute fcience eft gars
Meftres qui n'entent bien fes pars.

Explicit la Bataille des . VII . Ars.

VARIANTES [1]

LAI D'ARISTOTE

A. Paris. Bibl. nat., f. fr., ms. 837 (anc. 7218), f. 80 c à 83 a.
B.   »   »   »   ms. 1593 (anc. 7165), f. 154 a à 156 d.
C.   »   »   »   nouv. acq. m. 1104, f. 69 c à 72 b.
D.   »   »   »   f. fr., ms. 19152 (anc. S. G. 1830 et 1239), f. 171 f à 173 f.

V. 1, B C. *De conter biaus moz.* D *beax,* de même v. 4,388. Le *D* initial n'a pas été exécuté en *B* par le rubricateur. — 2, C *l'en,* de même v. 3. 4. — 3, D *reprandre.* — 4, B *quant... entandre.* — 6, A *De bien,* B C *Des biens.* A B *se doit on esjoïr.* — 7, A *Li bons,* B *Li bons cors soit.* — 8, A B C *Et.* A *la frume,* B *l'anfurne.* — 9, D *Ausi tost con.* — 10, A *Ausi.* B *Ainsi.* A *li.j.,* D *le desloent.* — 11, A *loant.* B *les bones gens dissant.* C *Et vont adès le bien disant.* — 12, A C *le.* D *la.* — 14, A *de lor.* — 15, B *en.* — 16, A *A ceus... en tel.* — 17-18. Ces deux vers manquent à A B. — 19, A *por qoi il.* B omet *por qoi.* — 20, B *po.* C *pou.* D *poi.* ·

22, A *meffet.* — 23, A *fol.* B *Cil ai.* D *Molt en ovrez vilainement.* — 24, D *Si pechiez.* C *mortement.* — 25, D *L'un.* — 26, A *Et li autre s'est.* C *Et li autre rest.* D *li autres c'est.* — 27, A *vilonie.* B *vos vilenie.* C *As genz la vostre felonnie.* D *voz.* — 28, A *c'est cuers de felonie.* B *cruel villenie.* D *cruez.* — 29-32. Ces quatre vers manquent

---

(1) On donne ici toutes les variantes de leçons, mais seulement les principales variantes de formes. Voir, à l'égard du ms. B., l'*Introduction*, p. CXII-CXIV.

VARIANTES

à A B C.— 31, D *demorez,* corr. *demorer.* — 33, D *A.* — 34, C *Qu'en,* de même, v. 171, 341. — 35, B *Que.*— 36, B *se ne.* — 37, B *issont.* — 38, D *Ge.* C D *revenrai.* B *revenra.* A *dilié.* B *tracier.* — 39, D *D'un affaire que g'enpris ai.* B omet le *D* initial. — 40, B C *matire.* D *l'aventure.*

41, B *j'oi la verté.* C *j'en oi la reson.* D *ge oi la matere.* — 42, B *Que.* D *desploiée.* — 43-44, A B C *Et dire par rime et retrere, sanz vilonie* (B C *vilenie) et sanz retrere. Retraire* écrit d'abord en B au v. 44 a été ensuite remplacé par *contraire.* — 46, B *en.* C *contée en.* D *escoutée a.* — 47, B *lors.* A *rimer.* D *Ne ja jor que je vive en m'uevre.* — 48, A *de vilonie ouvrer.* B *Ne quier je vilenie nommer.* C *vilennie.* D *N'orrois vilanie remuevre.* — 49, A *Ne le l'empris.* B *ne enpanrei.* C *Nonc ne l'empris n'empenrai.* D *Qu'ainz ne.* — 50, B *ja a vilaim ne respondrei.* D *Ne vilain mot n'i reprandrai.* C omet ce vers. — 51, A *En dit n'en oevre.* — 52, A B C *se.* — 53, A *Et toute riens a.* B A *tote riens et sa seur.* C *Et toute chose a sa saveur.* D *saveur.* — 54, B *Ne ne me fera troveur.* C *troveur.* D *Ne ne quier estre troveur.* — 55, A C *De rien que voie.* B *De riens que vive.* — 56, A *Quar vilain mot vont anuiant.* D *vilain mot.* B *va.* C *voit.* — 57, C D *essamplaire.* — 58, A *doit.* B *peust.* C *puet.* — 59, A *S'ert.* B *Si ert en li de frut et d'espice.* — 60, A *Gresse.* B *Grice.*

61, A *si.* B *tel fu sires.* — 62, A *Qui.* B *mostra s'ires.* C *mostra.* D *princes monstra.* — 63, D *ax.* De même v. 210, 231. B *etbessier.* C *danter* — 64, B *henorer.* — 65, A B C *Ce li.* — 66, A *est.* D *Qui as autres sanble estre.* — 68, A *Que tant.* B *Et tout.* B C *ainme,* de même v. 188. — 69, A *larguece.* D *por.* C *maintenir.* — 70, D *bien.* — 71-84. Ces quatorze vers manquent à A B C. — 76, D *chascun,* corr. *chascuns.*

83, D *Le franc,* corr. *Li frans; poir,* cor. *pooir.*— 85, D *Li sires.* A *Gresse.* B D *Egipte.* — 86, C *sozgite.* D *sozgipte.* — 87, B *De novel vice le majour.* D *Inde.* — 88, A *Ou ert.* B *S'ert la demorée a sejour.* C *assejor.* — 89, A *Se vous me voliiez.* B *voliez.* D omet *vous.* — 90, B *Par quoi.* — 92, B *Si vos direi.* — 93, C *tant.* — 95, A *en buies.* B *en bracie.* C *en braie.* — 96, B *iert.* — 98, A B *trové.* — 99, A *c'on pot.* D *si beles.*

101, B C *Fors avec.* B *a estre.* — 102, B *Moult.* A C *poissanz.* B *puissant.* — 103, D *Que.* B *des monte les plus puissant.* — 104, B omet *et.* C *obediant.* — 106, B *oblie.* D *obeist tot a.* — 107, B *haut pris.* — 108, D *Puis qu'el.* A *empris.* D *sorpris.* — 110, B *Qu'atant.* D *Que tant.* B *seur.* — 111, B *povoir.* — 112, D *Quant sor trestout le plus preudome.* — 114, omis par B. — 116, B *moult li tesmaint.* — 117, A *De ce que.* — 118, A *que.* — 119, A *Oncques d'avoec.* D *Que d'avuec lui ne se remuet.* — 120, A *refuser.* B *qu'amander ne lo puet.* C *nu.*

121-136. Ces seize vers manquent à A B C. — 137, B *Mout.* D *ses genz.* — 138, A *Mès par derriere moult.* B *le.* C *Mès en derriere tant.* — 139, A *Quant son mestre.* B *ses meistres.* C *son mestre.* D *son maistre.* — 140, A *Si est bien droiz.* D *C'est bien raison.* B *que il deslot.*

141, B *consoil.* D *consaill.* — 142, B *Dit li moult.* D *Et dit mar avoir.* C *avez ariens mis;* l'n a été pointé et l'abréviation ' écrite au-dessus. — 143, D *Les bachelers de son reaume.* B *de nos reaumes.* C *roiaume.* — 144, C *Por une seule.* D *d'une feme baude.* — 145-146. Ces deux vers manquent à D. — 146, C *Qui autrement ne s'escondi.* — 148, D *Ge croi.* — 149, A *Qui por fol m'en voudrent.* B *me.* C *vodroient,* D *Qui por fol l'en.* — 150, B omet *n'en.* B *soule.* — 151, B *Nan n'an.* C *Ne m'en.* D *Par droit n'en doit paire.* — 152, C *Et qui de cele me.* D *Et qui de ce le roi.* — 153, B *Si maint.* D *Si fait ce que.* — 154, A *d'amors,* B *d'amours de treuve.* D *en son cuer trueve.* — 156, D *Ce qu'en...estoit.* C *Quanqu'en.* B *tote clargie estoit.* — 157, A B *se.* C *sil.* D *Vint au roi et puis.* — 158, A *Que on li tornoit.* B *atornent.* — 159, B *que en..se mainne.* D *Que il en.* — 160, B *tot.* D *Et que trestote.*

161, C *Maint avec.* — 162, B *Que il ne fait solaz.* D *Ne ne fait.* — 164, D *Or croi.* — 165, D *fait.* A C D *son.* — 166, D *Si vos porra on.* C *en.* — 167, B *Ainsi com une..proie.* C *Aussi comme une.* D *Ausi con autre.* — 168, B *le san fors de voie.* C *destrempé.* — 169, D *pucele.* — 170, C *Vo.* D *Le vostre cuer.* B *estrange.* — 171, D *raison.* — 172, B *prier.* C *voil.* B C *rover.* — 173, A *A departir.* C *Que guerpissiez si fet.* — 174, B *mesage.* — 175-180. Ces six vers manquent à A B C.

181, C *einsint.* D *Ainsi Alixandre.* B *demuere.* — 182, B *Et*

s'estint mainz jors et mainte huere. C D *et maint.* D *heure.* — 183, C
vait. B *n'apruche.* C D *n'aprouche.* — 184, B *repruche.* D *reprouche.* —
185, B *Que il ost.* — 186, B *volunté.* D *volenté.* B *pes.* — 187, C *Ne qu'il
seut.* — D *selt.* — 188, A *l'en aime et miex l'en.* B C *l'ainme.* D *Que
mielx... mielx la velt.* — 189, A *Que il ne feist onques mès.* B *Qu'il
ne fist omques mais.* C *Plus qu'il ne fist onques mès.* — 190-216 sont
remplacés en A B C par les trois vers suivants :

Hontes et mesdiz et esmès (A *meffès)*
L'en fet tenir (A *couvrir) tant qu'a celi*
Revait (A *reva) qui tant* (C *molt) li abeli.*

217, A *Et la dame.* B *La dame estoit.* C *Et la bele est em.* — 218,
B *Que.* C *ere.* — 219, A *Por.* — 220, D *Puis dist.* A *por vostre.*
221, D *Me sui bien perceue.* — 222, B *se porsuire.* — 223, A *D'aler
veoir ce que.* B *De tant veoir ce que.* D *De veoir chose qui.* — 224, D
puis. — 226, B *Ne vos am mervoilliez vos mie.* D *Or ne vos en mer-
veilliez mie.* — 227, B *Qu demorer.* D *El demorer.* — 229, D *blasmerent.*
C *molt.* A *malement.* D *laidement.* — 230, B *eschaufemant.* — 231, A
Aloie et venoie. D *Estoie sovent avuec ax.* — 232, A *mon mestre.* B C
c'est. D *max.* — 233, B *Que.* — 234, B *sai que.* D *Et ge sai bien que
g'ai.* — 235-236 ne sont pas en A B C. — 235, D *amis,* corr. *a mi.* —
237, D *ge douta.* — 239, D *fait.* — 240, D *Mais s'arz et enging.* B
a interverti les deux vers 239-240.
241, B *verroiz.* C *Je me voudré de lui.* D *Ge m'en saurai molt
bien.* — 242, B *li porroiz.* C *Si que miex porroiz.* D *Que mielx li
porroiz reproschier.* — 243, A *Et prendre de honte.* B *Et repanre de
mute.* — 245, B *dusqu'a.* — 246, C *me.* D *force abandonne.* — 247, A
Qui ja poissance. B *Que puissance ja nu faudrai.* C *ja ne ne.* — 248,
D *Ja contre moi.* B *varrei.* — 249-252 sont remplacés en A B C par ces
deux vers :

Dialetique (A *Dyaletique) ne clergie,*
Dont (B *Dan.* C *Qu) saura il* (B *saurei.* C *il saura) trop d'escremie.*

VARIANTES

— 253, B *si l'apercevrez*. C *parceverez*. D *si le parcevroiz*. — 255-264. Ces dix vers manquent à A B C.

265, B *es*. C D *as*. — 267, D *s'esbahi*. — 269-270. Ces deux vers manquent à A B ; C donne à leur place :

> *Si en commença a noter*
> *Et ceste chançon a chanter.*

— 271, D *fins cuers dolz*. — 273, D *Dont me*. — 275, A B *Si qu'a nul autre*. B *n'an*. — Au lieu des cinq vers 271-275, C donne :

> *Main se levoit bele Erembours.*
> *Mout estes vaillanz, biaus cuers douz,*
> *D'autre ne quier avoir regart.*
> *Si me doinst Dex mauvès escueil.*
> *Amors ai te[les] con je veil*
> *Si qu'a nule autre ne claim part.*

— 277, C *vet*. — 278, A *fu tens*. B A *matin*. — 279, B *esvoillier dancrin*. D *La bele la blonde*. — 280, C *Et li*. D *Mais li*. B *pes*.

281, D *Lors s'est*. — 282, C *Enz ou*. D *El vergier desoz*. — 283, D *inde et gosté*. — 284-287. Ces quatre vers sont remplacés en A B par les deux suivants :

> *En la matinée d'esté*
> *Si fesoit douz (B coi) et qoi (B douce) oré.*

et en C par :

> *Car la matinée d'esté*
> *Estoit douce et de qoi oré.*

— 288, A B *l'avoit*. D *floré*. — 290, D *En tote*. — 291, B *ne*. — 292, B *Et si cuidiez qu'ele n'eust*. C *Si ne cuidiez pas*. D *Ne ne cuidiez qu'ele eust*. — 293, A *Loié*. B *Lié*. C *Liée*. D *Ne guinple loié*. — 294, B *Ci*. — 295, B *La bale*. A *treche*. C *Sa tresce grosse*. D *blonde et longue*. —

296, A *le.* B *pes.* — 297, D *biax.* — 299-300. Ces deux vers manquent à A B C.

301, B *Si vet.* C *Si vait.* D *S'en vait.* — 302, B *Chante voiz bes.* C *Chantant vait bas.* D *Chantant basset.* — 303-308. Ce couplet diffère beaucoup dans les mss.; les vers 307-308 se lisent ainsi dans A :

> *Or la voi, la voi la bele*
> *Blonde, or la voi.*

Leçon de B :

> *Or la voi, la voi, la voi*
> *La fontenne i cort serie*
> *A glaiolai desoz l'anoi :*
> *Or la voi, la voi, la voi,*
> *La bale blonde, et li m'ostroi.*

Leçon de D :

> *C'est la jus desoz l'olive,*
> *La la voi venir m'amie.*
> *La fontaine i sort serie*
> *El jaglolai soz l'aunai.*
> *La la voi, la voi, la voi,*
> *La bele la blonde, a li m'otroi.*

Leçon de C :

> *Or la voi, la voi m'amie,*
> *La bele blonde, a li m'otroi.*
> *La fontainne i sort serie.*
> *Or la voi, la voi m'amie.*
> *Une dame i ot jolie.*
> *Ou glaiolai desouz l'aunoi.*
> *Or la voi, la voi, la voi,*
> *La bele blonde, a li m'otroi.*

VARIANTES

Après le vers 308, B donne ces deux vers qui ne sont pas dans A C D :

Alixandres estoit levez
A la fenestre iert escoutez...

— 309, A *Quant li rois la chançon.* B *Ou la chançonate.* D *sa.* — 310, A *l'oreille et li cuer i.* B *Car son cuer et s'oroille i.* — 312, B *le.* C *li.* D *S'amor le fait tot resjoïr.* — 313, D *et son.* — 315, A C D *Son.* — 316, A *bone leaus lontaine.* B *loigtennes.* C *lointainnes.* D *fines loiax loigtaignes.* — 317, B *apruchier.* C *aprouchier,* D *Sont molt bones a raproschier.* — 318, D *Ne mais ne l'ira.* C D *reprouchier.* — 319, A *ne n'en rendra.* — 320, *Tant saura de folie.*

321, B *Et iert de volunté.* C *Qu'il ert de volenté toz.* D *Et tant ert de volentez.* — 322, C *Levez s'ert et sist.* D *Levez est et.* — 323, C *la bele.* D *Voit celui.* — 324, A *Au.* B *mat el.* — 325, D *Tex que ses livres.* — 326, B C *Et dist hé* (C *ha*) *Dex car venist ore.* D *Ha.* — 327, B *mireours.* C *mireors.* D *miroers.* — 328, B *metroe.* — 329, A B *se.* B *metroe.* — 330, B *feroe.* — 331, B *tot sai et tot puis.* C *Quant je.* — 332, A *De ma folie.* — 333, A *C'un seul.* B *Qui sans.* C *C'un seus.* D *sels.* — 334, B *vueil que je teigne.* C D *velt.* C *je tiengne a hoste.* D *gel tiegne.* — 335-336. Ces deux vers manquent à D. — 385, A *honor.* — 336, B *a.* A *hommage.* — 337, A *mon cuer.* D *mes sens.* — 338, A *Que je sui toz viez et chenuz.* — 339, B *pelez.* D *Tains et noirs et pales.* — 340, A *Et plus en sui aspres et.* B *Et plus en florpres et.* C *Et plus en filosophie egres.* D *agres.*

341, B *Qu'on ne sache ne cuide.* C *ne qu'en.* D *ne qu'an.* — 342, A *Mal ai emploié mon.* D *Bien ai emploié mon.* — 343, B *Que.* D *cessai.* B *apanre.* — 344, B *desprant.* — 345, B *tant.* — 346, A *aprendant.* B *esprandre.* D *En aprenant ai.* — 347, B *esprandant.* — 448, C *vail.* — Les vers 348-355 sont réduits aux quatre suivants en A B :

Puis qu'amors me va si prenant (B *prendrant*)
Que je (B supp. *je*) *ne le* (B *la*) *puis contredire.*
Ainsi li mestres se detire
Et moult (B *mout*) *durement se demente.*

en C.:

*Pus qu'amors me vait si prenant
Que je ne li puis contredire
Ne son voloir pas escondire.
Ainsi li mestres se demente.*

— 356, D *chapel.* — 357, D *I assenbla de plusors.* — 358, B A *faire.* — 359, A *en cueillant.* B *en coillir les florates.* — 360, B *teignent amorestes.*

361 manque dans A B C. — 362, B *doucetes.* A *bele.* — 363, B *teignent amorates.* — 364, B *m'amiate.* — 365, B *s'abenoie.* — 366, A *Mestre.* B *s'esmoie.* — 367, A *De ce qu'ele plus pres ne vient.* C *De ce que pres de li ne vient.* — 368, B *quanque li vient.* — 369, D *De lui.* A *retrere.* — 370, B *seate li vuet.* C *li.* C D *velt.* — 371, B C *empanée.* — 372, A *Moult.* C D *travaillie.* — 373, A *Que sa volentez.* B *Qu sa volunté.* C *Qu'a sa volentez.* — 374 manque à B. — 375, D *sor son blon.* — 377, B *Qu'elle voie.* D *Que maistre Aristote.* — 378, D *Mais.* — 379, D *beau.* B *vost.* C *voit.* D *vait.* — 380, D *Vint vers la fenestre.* C *vient.* B *sa fenestre en chantant.*

381, A *Les vers.* B *.j. ver d'unne chançon descuevre.* C *.j. ver d'une chanson atoile.* D *chaçon.* — 382, A *pas que cil se.* B *vuet.* C *velt.* B *cuevre.* C *coille.* D *Quar nature que cil se cueille.* — 383 manque à B. — 384, A *Lez .j.* D *fontele.* — 385, B omet *et.* D *Dont l'aive est bele et clere la.* Manque à A. — 386, B *Siest fille en sa main.* D *ses dels li renouvele.* — 388, A *Ahi quens Guis.* D *quans.* — 389, B *mi.* D omet *me tot.* — 390, A *si s'en.* D *Quant ot ce dit, si tres près.* — 391, A *Lez la.* B *longue.* D *De la fenestre qui ert.* — 392, A *Et cil.* D *Que maistre Aristote.* — 393, B *Qu'il cuide trop.* C *Qui cuide trop.* — 394-397. Ces quatre vers manquent à D. — 394, A *a desirré la pucele.* — 395, A *A cest mot.* B *A cest col.* C *la chandoile.* — 396, C *jus a.* A *vil.* B *jusqu'a terre l'abat.* — 397, B *Que prins.* — 398, D *Bien fait senblant d'estre marrie.* — 399, B C *Qui est ce Dieœ fet ele aïe.* D *Cele puis a dit Dieœ aïe,* — 400, A *A foi.* D *Qu'est ce qui ci m'a.* A *retenue.*

401, B C *vos soiez bien.* — 402, D *prevos ert.* — 404, A *Sire.* —

VARIANTES

406, B *fait il.* D *amie.* — 407, D *et vie.* — 408, D *Honeur et tot en.* — 411, A *Ha sire.* C *dit.* D *fist.* B *dois puis.* — 413, B *ne.* D *seroiz.* — 415, B *que.* — 416, A *Et moult.* — 417, A *o moi esbanoiant.* D *avuec moi arestant.* — 418, B *fait il.* D *Dist Aristotes, or laissiez.* — 419, D *Quar.* B *apaiez.* C *apesiez.* D *abaissiez.*

421, B *escris.* — 422-423. Ces deux vers manquent à A B C. — 425, B *desier.* D *E mon desirrer m'apaiez.* 426, B *Gent cors et.* — 427, B *Mestres avant que vos.* D *Ha maistre avant.* — 428, C *la bele.* D *Fait.* — 429, A *Avant .j.* — 430, A B *d'amors.* C *estes por moi.* — 431, A *Quar uns moult granz.* C *molt talent tres grant.* — 433, B *Sus ceste herbe en cest vargier.* C *Sor ceste herbe en cest biau.* D *Desor cel.* — 434, D *fait.* — 435, A B *Qu'il ait sor vo* (B *vos*) *dos.* — 436, A *Si serai plus honestement.* B *S'iré plus honoreemant.* D *S'iere plus.* — 437, A *li respont briefmant.* D *Li viellarz.* — 439, A *Com cil... toz entiers.* B C *Si com cil.* — 440, A *a desroi.* B C *nature.* D *l'a amors mis.*

441, C *du.* — 442, A *comporter.* D *Aporte el vergier en.* — 443, A B C *Bien fet amors de* (B *du.* C *d'un*) *sage fol.* — 447-447. Ces quatre vers manquent à A B C. — 449, A *Que tout.* B *Quant lo meillour clerc de cest mont.* — 452, D *Tot chatonant par desor.* — 453, B *Si.* C *Prenez essample a cest.* D *Ci convient.* — 454, B *S'an.* C *Que bien saurei.* D *Gel saurai.* — 456, A *le.* — 457, A *Parmi le vergier.* B C *La damoisele.* — 458-461. Ces quatre vers manquent à A B C.

462-463. Ces deux vers manquent à A et sont intervertis en B C :

En lui chevauchier (B *chevachant*) *et deduit* (B *deduist*),
Par mi le vergier le (B *se*) *conduit* (B *conduist*).

— 464, D *Et chante haut.* B *sainne.* — 465, C *Ainsint vait.* B *qu'amours.* D *mainent.* — 466 manque dans B C. D *Bele doe ighee laine.* — 468, C *Ainsint vait.* D *mainent.* — 469, C *Et ainsint.* D *Et qui bon amor.* — En B, 467-469 sont réduits à ces deux vers :

Et ainsit qui la maintient
Meistres musars me sostient.

— 470-473 manquent en D. — 470, D *iert*. — 471, B *le tour*. — 472-473 manquent en B C. — 474, B *que vat ce.* C *Mestres, ce dist li rois, que vaut ce.* D *Maistre, dist li rois, que volez.* — 475, B *Bien ai vehu que vos chevache.* C *Je voi bien que on.* D *Ge voi bien que vos chevachiez.* — 477, D *vos maintenez.* — 479, A *veir*.

482, A B *metez*. C *Einz estes mis.* — 483, B *lieve*. D *dreça*. — 485, D *Puis.* A *honestement.* — 486-487. Ces deux vers manquent à A B C. — 488, C *Droit oi.* D *Ge oi droit et.* — 489, A *Que en droit.* B *Que.* A *vous.* — 491, D *qui plains sui.* — 492, D *ne puet.* — 493, D *mené.* — 495, D *Ce que.* — 496, A *Me.* D *M'a amors deffait en eure.* — 497-511. Ces quinze vers manquent à D qui ajoute ce vers de raccord : *Li rois fu liez en iceste eure.* — 497, B *trestot devoure.* C *prent.* — 499, C *Pus qu'il.*

501, B C *pouez*. — 502, B *nostre*. — 503, B *Mout se rescuet.* — 506, B *quanqu'ele enprise a.* — A partir du vers 507, C supprime la fin du poème et la remplace par ces six vers :

> *Miex velt estre sanz compaingnie*
> *Qu'avoir compaingnon a amie.*
> *Par cest lai vos di en la fin :*
> *Tex cuide avoir le cuer molt fin*
> *Et molt sachant tot sanz essoine*
> *Qui l'a molt povre a la besoingne.*

— 507, A *l'em.* B *l'an*, corr. *l'en.* — 510, B *Mès bien s'an fu tant.* — 511, B *De ce que si.* — 512, D *son maistre.* — 514, D *parfornir.* — 515, B *au tenir.* D *el.* — 516, B [O] *r.* — 518, B *Caton.* — 519, B *Qu'a fait.* D *Qui fist.* — 520 manque à D. B *hons.*

521, D *Turpe est docium.* — 522, A *Catons dit en ce vers.* D *et cist vers le glose.* — 523, D *Fox est qui blasme a autri chose.* — 524-525. Ces deux vers manquent à D. — 524, B *a force.* — 525, B *a annui.* — 526, B *que.* D *Dont est repris et qui.* — 528, B *Alixandre.* D *est.* — 529, B *Aristotes et mesama.* D *Son seignor et mesaama.* — 532, D *En amor si.* — 533, B *Qu'i.* D *Qu'il n'i mist onques nul deffaiz.* — 534-535. Ces deux vers manquent à D. — 534 A B *cil*, corr. *s'il.* — 535, B *a.* — 536, B *la forçu*. D *Ce fist amors qui l'efforça*. — 537, A B *Qui sa volenté li dona*. D *volenté*, corr. *volentez*. — 538, D *De toz et de totes*. — 539, B *moi*. — 540, B *Nuule* (ou *nunle) corpe*.

541, D *Quant ne mesprit par*. B *esprinsure*. — 542, A B *droiture*. — 543, D *cest*. — 544, D *Si dist et demonstre*. — 545, D *dessevrer*. Le poème finit en D à ce vers, au-dessous duquel on lit : *Explicit d'Aristote et d'Alixandre*. — 550, B *laiaus ameres*. — 553, A B *Amors*, corr. *Amor*. — 556, A *li mal*. B *traient*. — 557, B *Qu'ainsi amours vont et essaient*. — 559, B *loiauté*. — 560, B *S'estande et suffre*.

561, B *joe*. — 562, B *par deduit*. — 567, B *Et deffait ses volumtez*. — 569, B *Dois puis*. — 573 et 574, A *amors*. B *amours*, corr. *amor*. — 574, B *soffre*. — 575, B *siet merir cest*. — 576, A *Que li amant sueffrent*. B *soffre*. — 577, B *lo*. — 579, A *duerra*. B *cis*. — B *Explicit d'Aristoles*.

BATAILLE DES VINS

A. Paris, Bibl. nat., ms. fr. 837 (anc. 7218), f. 231 c à 232 c.
B. Bibl. de Berne, ms. 113, f. 200 a à 201 a (1).

V. 1, B *Segnor oiés*. — 2, B *Qui avint jadis sor*. — 3, B *Felipe*. — 7, B *aumaçor*. — 10, B *qu'il avoit soi*. — 11, B *qui fu*. — 12, B *mesages*. — 13, B *C'alaissent le mellor vin*. — 15, B *Primes... Cipre*. — 16, B *Ipre*. — 17, B *Ausais... Mosele*. — 18, A *Anni*. B *Rochele*. — 20, B *Melen... Treveborc*.

21, B *Plaisence*. — 22, B *Espagne*. — 23, B *Monpellier*. — 24, B *Carcasone*. — 25, B *Mosac... Saint Melion*. — 26, B *Saint Tion*. — 27, B *Jarguel*. — 28, B *Argentuel* (de même v. 77, 88, 96). — 31, B *Sesane*. A . *vij. mois*. — 32, B *Vin d'Anjo, vin de*. — 33, B *Chastel Raol* (de même v. 138). — 34, A *vins*. B *le Bardol*. — 35, B *Sansuere*. — 36, B *Verselai... Auçuere*. — 37, B *Tonaire... Flaveni*. — 38, B *Saint Porçain... Soveni*. — 39, B *Chabliues*.

41, A *vert*. — 42, B *uef*. — 43, B *Trestot vinrent*. — 44, B *Sor*. — 45, B *cisne*. — 48, B *abuvrer*. — 49, A B *Un*, corr. *Uns*. B *l'estole*. — 51, B *S'escumenia* (de même v. 179). A *dans*. B *Mavel*. — 52, B *Qui croist ens es clos de Biavès*. — 55, A *Rogoel*. — 56, B *gotes cranpes*. — 57, B *rogne*. — 58, B *vergogne*. — 60, A *Les amainent ferant a cort*. B *prestre*. B transpose les deux vers 59-60.

61, B *jamais n'enivrassent*. — 62, B *La u nul prodome*. — 63, B *Moe liure* ii *Biauvoisins*. — 64, B *lor cher*. — 65, B *Ces .ij. vins n'en cacha il pas*. — 67, B *Le vin*. — 68, B *Ne proisa il*. — 70, B *Por ço qu'en esté se tornerent*. — 73, B *Vin d'Arjences, Chanbure, Resnes*. — 76, B *Je sai... ocheist*. — 78, B *larme d'uel*. — 79, B *qu'i*. — 80, B *fix... glos*.

(1) V. quelques formes signalées dans l'*Introduction*, p. cxv-cxvi.

VARIANTES

— 82, B *sues*. — 83, B *Iceste trives sont enfraites*. — 84, B *val*. — 85, B *Au tesmoing do*. — 86, B *Dueil*. — 87, B *sac*. — 88, B *trop*. — 90, B *Saces... plenons*. — 91, B *Que fait*. A *d'Auçuerre*. — 92, A *Le vin de Laucei de Tauçons*. — 93, B *Icil .ij. pesent*. — 94, B *doient... seir*. — 95, A *Espernai*. B *et*. — 96, B *tu wes aviller*. — 98, B *Par Deu trop te fais conestable*. — 99, B *Nos paissons*. — 100. B *les goutes*.

101. B *Nos estagnons*. — 102, A *le vin*. — 103, B *li roiax*. — 104, B *desloiax*. — 105, B *a cort*. — 108, B *Longe tone*. — 109, B *Si secorons*. — 111, B *Les Colonois prendons d'argent*. — 113, B *Lors dist Aunis de la Rochele*. — 114, B *Vous Ausois et vos la Mosele*. — 115, A *fiere*. — 117, A *Bretons, Flamens, Normans, Englois*. — 119, B *ciaus*.

122, B *Estrelins*. — 123, B *Jehans*. A supprime l's avec raison, le sens étant : *Li vins de S. Jehan...* — 125, B *Qui li avoit crevés les eus*. — 126, A *piez*. — 127, B *Agolesmes*. — 128, B *Si i*. — 129, A *Et le bon vin blanc*. — 133, A *fort*. B *orguel*. — 134, B *Se fait il toster au solel*. — 135, B *c'aisès*. — 136, B *coi*. — 137, A *Channi, Montrichart, Laçoy*. — 138, A *Betesi*. — 139, B *Montmorellon et Ysodun*. — 140-142, A :

Et cil d'entor tout de commun
Furent devant le roi tout cois
Por abatre le bobançois.

141, B *beubançois*. — 143, B *Li vin françois se desfendoient*. — 144, B *Qui*. — 145, B *que nos*. — 146, A *sades*. B *Nos somes sade*. — 148, B *N'a cuer n'a cors, n'a uei*. — 149, A *Vermendois*. B *Auçurre*. — 150, B *la gent jesir*. — 156, A *vins*. B *et mains*. — 157, B *s'entretuassent*. — 158, B *no laissasent*. — 159, B *con il*.

161, A *grant*. B *cambre*. — 163, B *C'estoit un*. — 164, B *vosist*. — 165, A *Chevaliers, clers*. B *caloine*. — 171, A *i estoit*. — 173, B *A cascuns vin*. A *.j. baut*. — 174, A *ysebaut*. — 175, A *Bien*. — 176, B *Giditoet*. — 117, A *Trestout seul*. B *Trestos sols*, corr. *Trestoz seuls*. — 178, B *Hersoi*. A *dunque*. — 180, B *faite par de l'Oise*.

182, B *jeta la chandoile.* — 183, B *si s'ala someller.* — 184, B *Trois jors trois nuis sans esveller.* — 186, B *son don.* — 187, B *Chipre fut.* — 188, B *con vraie.* — 189, B *Puis fist cardonal.* — 190, B *D'un bon.* — 191, B *.v. contes.* — 194, B *U... ot.* — 195, B *poroit.* — 197, B *mangier.* — 199, B *n'aroit.* — 200, B *Des ci a l'ore qu'il moroit.* — 204, B *Buvons tel vin con Dex nous done.* — B *Explicit.*

LE DIT DU CHANCELIER PHILIPPE

Bibl. Harléïenne *(British Museum)*, n° 4333, f. 98 *b* à 100 *a*.

(Le texte de cette pièce est celui que M. P. Meyer a donné dans la *Romania*, n° 2, avril 1872, p. 210-215 ; les corrections faites ou proposées par lui sont ici reproduites.)

V. 10, *Ot,* ms. *ou.* — 11, *ce,* ms. *se ;* de même v. 14, 88, 153, etc. — 12, ms. *joions ;* il a de même au v. 22, *on* pour *ou.* — 17, *lou,* ms. *dou.* — 51, *me,* corr. *m'en?* cf. 54. — 59, corr. *merite?* ms. *v'ite.* — 73, *Ses* ms. *Sez.* — 84, *Ses,* ms. *ces.* — 96, *An* pour *Au,* mais il faudrait plutôt *ou,* et de même au v. 105. — 98, *En,* corr. *Es ?* — 110, *Qui par,* ms. *Que por.* — 114, *tes,* ms. *tas,* faute occasionnée par la finale de *getas* qui suit. — 115, *Qui,* ms. *que.* — 125, *pès,* ms. *pas.* — 126, *sa,* corr. *ta.* — 127, *sovent,* ms. *sevent.* — 132, 138, 234, *Cil,* ms. *Sil.* — 134, *ele,* ms. *il.* — 141, *met,* corr. *mit ?* — 146. Les deux dernières lettres de ce vers et des parties plus ou moins grandes des suivants ont été enlevées par une coupure. — 179. Le commencement des vers manque par suite de la coupure mentionnée dans la note sur le v. 146. — 193, *chose,* corr. *glose?* — 208, *Ou,* ms. *si.* — 213, *qui,* ms. *que.* — 224, corr. *a l'autre?* — 224, *anmis,* ms. *âmis ;* de même v. 227, *flanme* est écrit *flâme;* v. 235 *conme, ms. 9me,* etc. — 225. La fin de ce vers est peu intelligible ; p. ê. corr. *trait toz tans ?* — 233, *cil,* ms. *si.* — 258. Il y a *per* en toutes lettres ; partout ailleurs *par* ou le plus souvent *p* barré. — 263, *S',* ms. *Si,* mais l'*i* a été ajouté postérieurement.

Note de l'éditeur. — V. 230, ms. *d'enfer,* corr. *de fer.* Voir la raison de cette correction dans la note sur les vers 190 et suivants.

BATAILLE DES VII ARTS

A. Paris, Bibl. nat., ms. fr. 837 (anc. 7218), f. 135 b à f. 137 c.
B.   »   »   ms. fr. 19152 (anc. S. G. 1830 et 1239), f. 112 d à 114 b.

V. 2, B *Et grant domaiges et granz dels.* — 7, B *autoreax.* — 8, B *gomereax.* — 9-16. Ces huit vers manquent à B.

23, B *De fors.* — 25, B *vielz.* — 26, A *Denaoit.* B *Doneet*, corr. *Donaet,* écrit ainsi v. 188. — 29, B *ovuec.* A *Graumaire.* — 30, B *el;* de même v. 78, 88, 89, 167, 186, 260, 265, 368. — 32, B *as;* de même v. 54, 96, 174, 245, 290. — 33, B *Maistre Johan de S. Morise.* — 35, B *Que de Garnier.* — 38, B *o les pennars.* — 40, B *poissons reax.* A *Laire.*

42, B *gresse.* — 43, B *geus.* — 44, B *tinrent.* — 47, B *perduz.* — 48, B *Quar Raoul de Bulli.* — 50, B *dant Perron.* — 52, B *Johans.* — 53, A *Poilasne.* — 54, B *Nicole.* — 55, B *Cil troi sevent trive et quadruve.* — 57, B *trahiuent.* — 58, B *Naim.* — 59, B *poignoit.*

63, B *Lunoies.* — 64, B *cruex.* — 65, A *Le lai.* — 66, B *Et Degrez orgueilleusement.* — 69, B *out.* — 70, B *enpennez.* — 76, B supprime *et.*

81, B *Laissa tençant les arz ensanble.* — 83, B *Qui li livra tot son celier.* — 86, A *le meillor clerc.* B *Que.* — 87, B *tint.* — 88, B *despuste.* — 90, A supprime *a.* B *filosophie.* — 92, B *Dooir fors livres.* — 96, B *livre encians.*

101-102. Ces deux vers manquent à B. — 105, B *Girar.* — 106, B *Et maistre Henricus de Naples.* — 109, B *torpassent au gaaig.* — 110, B *venissent nul mahaig.* — 113-123. Ces treize vers manquent à B. Après le vers 117, un vers manque à A ; la ligne qu'il devait occuper a été laissée en blanc dans le ms. — 114 et 119, A B *il,* corr. *el.*

124, B *Ge.* — 125, B *elz;* de même v. 215. — 126, B *Mais i conchient.* — 130, B *Tolete... Naple.* — 131, B *Qui de bataille sot la*

VARIANTES

chaple. — 132, B A *une nuit vint Nigramance*. — 135, B *Ele s'estoit ja lote armée*. — 136, A *Qu'en*. — 139, B *coulonbeax forniez*.

142, B *Astronomie;* de même v. 304, 351, 435. — 144, B *Lors*. — 146, A *Armietique*. B *l'omdre*. — 151, B *a la*. — 152, B *.xxiij. et .xvij*. — 153, B *ax;* de même v. 436. — 155, B *le conte*.

161, B *vsurier*. — 462, B *mielz... conereese*. — 164, A *Arimetique*. — 168, B *Geometrie*. — 170, B *Entre*. — 171, B^e *de bone*. — 176, B *vieeles*. — 177, C *flaüteles*. — 179, B *jusqu'en*. — 180, B *diatesaron*. A *dont* dans le texte, *douz* en marge.

182, B *hurtez de diverses janbes*. — 183, B *trangles*. — 186, B *Qu'el ne se conbatissent pas*. — 187, B *Mais Doneet en es le pas*. — 189, B *ver*. A *borserez*. — 191, B *dant*. — 192, B *sofismes*.— 194, B *tresbuchier*. — 195, B *Et qu'il covri trestot*. — 197, B *baron ancien*. — 200, B *Precians ot .ij. nevoz*.

201, B *beax et proz*. — 202, B *Agrioine*. — 207, B *mi sire*. — 208, A *Orasce*. — 209, A *Etasce*. — 210, B *Sedile*. — 213, B *fier*. — 214, B *Priciens*. — 216, B *ses*. — 217, B *Periarmenes*. — 218, B supprime *et*. — 219, B *Nigramance et*. — 220, A *dan... dan*. B *dant... dant*, corr. *dans... dans*.

222, B *vinrent*. — 224, B *Retorique;* de même v. 351. — 225, B *Poindrent;* de même v. 232, 241. — 227, B *Que*. — 228, B *preudon i maaignerent*. — 229, B *Por lor avoir qu'il gaaignerent*. — 230, B *Predicament et ses*. — 231, B *acheteor*. — 232, A *dau*. B *Barbarisme*. — 233, B *.L. ime*. — 235, B *armaire*. — 238, B *traïson*. — 239, A *Poitau*. — 240, B *arriere*.

242, B *lever*. — 243, B *autors;* de même v. 250, 273, 316, 416. — 244, B *Hoschier*. — 246, B *quarreax*. — 247, B *poiors*. — 248, B *venim*. — 249, B *Que il n'a en .c. menues folles*. — 252, B *Et de caniviax et de grefes*. — 254, B *chastel fu*. — 256, B *Qu'il manivent*. — 257, B *beax*. — 258, B *fiert et deciple*. — 260, B *Qu'el les fist*.

261, B *Puis lor dist n'i*. — 262, B *.j*. — 265, B *El*. — 266, B *Olliens*. — 267, B *longuement l'ont*. — 270, A *Otographie*. — 273, B *Dama*. — 274, B *logicienneaz*. — 275, B *Con il tenoient autoriax*. — 276, B *ses*. A *des-*

tructions. — 277, A *contrictions*. B *Et ces gentiz construcions*. — 278, A *Li soffitel*.

282, B *Perearmeine*. — 283, A omet *seignor*. — 285, B *Thobie*. — 287, A *Et geta ducis Macidum*. B *Et gita envers Marcidon*, corr. *Et Gesta ducis Macedum*. — 289, B *asomée*. — 297, B *Cil estoit moult lor bons amis*. — 298, B *donc*. — 299, B *desclinoit*.

303, B *Adonc se retraist l'ost*. — 305, B *Dialetique*. — 311, B *Ençois le firent por*. — 312, B *vorrent*. A B *il*, corr. *els;* de même v. 313, 314, 352, 353. — 317, B *Ensanble*. — 318, B *Qui lor riere ban*. — 320, B *Olliens*.

322, B *Bien .x. milliers en .j. randon*. — 323, B *Enbrevez en lor gonfenon*. — 324, B *choisi*. — 325, B *En eissil*. — 326, B *Maraacop et Marcien*. — 322, B *si tres grant*. — 333, B *en couvri toute*. — 334, A *Etacet*. — 336, B *Le menoit par devant les ez*. — 338, A *Paufilès*. — 339, A *dan*. B *dant Tyodolez*, corr. *dans;* de même v. 342.

343, A B *Que Malicia ot*, corr. *Alicia*. — 342, B *Sonoient tuit acupinel*. — 348, B *poi*. — 349, B *Et par .j. poi qu'il*. — 352, A *herbregies*. — 353, B *corgiees*. — 355, B *Lor eles encroissent sovent*. — 356, B *totes quasses*. — 359, B *Qu'il*. — 360, B *alumele*.

361, B *portes manches*. — 363, B *sustance*. — 367, B *chaudeax;* de même v. 369. — 368, B *el a tant d'avocadiax*. — 369, B *au vileins*. — 372, B *Ver de garains*. — 374, B *Letres porta*. — 376, B *en la*. — 377, B *Qu'il n'entendoit*.

382, B *ennormales*. — 383, B *desclinier*. — 385, B *desclinoisons*. — 389, B *pluriers*. — 390, B *En la*. — 396, A *Se li*. — 398-411. Ces quatorze vers manquent à B.

414, B *La meine ele*. — 417, B *lierez*. — 419, B *cox*. — 420, B *toutes i gietent*.

421, B *deffent de sofismes*. — 426, A *D'issolubles*. B *fallaces*. — 427, B *Li autores font tex rabaces*. — 431, B *De si alors que il cherront*. — 433, B *metront*. — 436, B *gita*. — 437, B *Toz lor paveillon*. — 438, B *s'enfoirent*. — 440, B *Versefierres*. — 441, B *S'enfoi*. — 443, B *Il n'i a*. —

444, B *discretire*. — 445, B *giste*. — 447, B *encore poi*. — 451, B *Après formenz vinrent aveines*. — 452, B *Jusqu'a... cil se tenont*. — 453, B *venront*. — 455, B *Ansi*. — 456, A B *Henri,* corr. *Henris*. — 458, B *despire*. — 459, A *contruire*. — B *Explicit*.

NOTES ET ÉCLAIRCISSEMENTS

LAI D'ARISTOTE

Page 1, vers 1. — Il n'est pas rare de trouver cette idée développée au début des fabliaux ; les trouvères se plaisent souvent à annoncer qu'ils se proposent un but moral. Le fabliau du *Prestre et des . ij . Ribaus* (A. de Montaiglon et G. Raynaud, *Fabliaux*, t. III, p. 58) commence par ces vers, qui présentent beaucoup d'analogie avec le début du *Lai d'Aristote :*

> Qui biaus mos set conter et dire,
> Il ne les doit pas escondire
> Entre bone gent ne repondre,
> Ainz les doit volentiers despondre
> Des meillors et des plus massis
> Quant il voit qu'il sont bien assis
> Et que chascuns volentiers l'ot,
> Si qu'en la fin du tout se lot.

P. 3, v. 59. — Notre trouvère veut dire ici que son fabliau pourra tenir lieu de ces friandises, *fruits* et *épices,* qui composaient le dessert ou qu'on offrait aux visiteurs. Et nous croyons que la pensée de taxer de présomption l'aimable poète ne viendra pas à l'esprit du lecteur aussi charmé que pouvaient l'être les convives de Scarron, quand celle qui devait être plus tard Mme de Maintenon remplaçait le rôt absent par un de ces contes qu'elle savait si bien dire.

Nos pères n'appelaient pas seulement épices les condiments nombreux dont ils faisaient usage beaucoup plus que nous pour relever la saveur des mets et en faciliter la digestion ; ils donnaient encore ce nom aux confitures et conserves de toute espèce, dragées, etc., qu'on ne manquait jamais d'offrir avec le vin dans les visites et les réceptions. Il en est question très fréquemment dans les chroniques.

P. 3, v. 61. — Voir, sur les rapports d'Alexandre et d'Aristote et sur les fables dont on s'est plu à entourer ces deux grands noms dès l'antiquité et pendant le moyen âge, la *Légende d'Aristote au moyen âge,* publiée par M. Ch. Gidel dans l'*Annuaire de l'Association pour l'encouragement des études grecques en France,* 1874. L'auteur de cette intéressante notice y parle (p. 43-44 du tirage à part) de Henri d'Andeli et du *Lai d'Aristote.*

P. 3, v. 65. — Rapprocher de ce vers le passage suivant du poème de Lambert li Cors et d'Alexandre de Bernay :

> E ! bons rois conquerrans, seur tous houmes hardis,
> Largece estoit ta mere, tu estoies ses fils.

(*Alexandréide,* etc. 1861, in-8, p. 475).

P. 3, v. 72 et suiv. — Les trouvères laissent rarement échapper l'occasion de célébrer la générosité d'Alexandre ; elle était passée en proverbe au moyen âge, et nous voyons Henri d'Andeli, dans le *Dit du chancelier Philippe,* s'en servir comme de terme de comparaison, v. 77 :

> Il iert plus larges qu'Alixandres.

P. 5, v. 102. — On trouve dans la deuxième version de *Floire et Blancheflor,* publiée par M. Ed. du Méril (Bibl. elzév., 1856, p. 172), un développement analogue sur la puissance de l'amour :

> Trop est amors de grant pooir,
> Qui si tost a home plaissié,
> Et si müé, et si changié,
> Et si l'a tost en ses laz mis.
> En poi d'ore l'a si conquis :
> Ja n'ert de si grant poesté
> Qu'il ne face sa volenté.

P. 14, v. 357. — Sur les *chapels* (couronnes) de fleurs, dont parlent très souvent les trouvères et qui figurent fréquemment sur les monuments du moyen âge, voir Viollet-le-Duc, *Dict. du Mobilier*, t. II, p. 473-474, et t. III, p. 119-122. Il y avait à Paris une confrérie de fabricants de *chapels de fleurs*. — Un détail curieux témoignera de la passion de nos ancêtres pour les chapels de fleurs et particulièrement de roses. M. A. de Bonnechose, dans ses *Recherches historiques sur les progrès de l'horticulture et de l'étude de la botanique dans le Bessin,* p. 15-16, nous apprend que, au xiie et au xiiie siècle, des maisons étaient fieffées pour la simple redevance d'un chapel de roses.

P. 15, v. 384. — M. P. Paris a publié dans son *Romancero françois,* p. 37-38, cette chanson de *toile* ou d'aventure, sous le titre de *Cuens Guis* (comte Gui) et sans nom d'auteur, d'après le ms. fr. 20050 (anc. S. G. 1989) de la Bibliothèque nationale. Elle est composée de six couplets, dont le premier est celui que chante la maîtresse d'Alexandre. M. P. Paris a cité encore ce couplet dans l'*Histoire littéraire de la France,* t. XXIII, p. 811. J'en donne ici le texte, qui diffère un peu de celui du Lai d'Aristote :

> En un vergier, lez une fontenelle
> Dont clere est l'onde et blanche la gravelle
> Siet fille D roi, la main a sa maxele,
> En souspirant, son dous ami rapele :
> « Aé ! cuens Guis, amis,
> « La vostre amor me tolt solas et ris. »

P. 17, v. 447. — Ce passage est peu clair. *Rados*

paraît vouloir dire cheval; il fait penser à *redos, redon* (bas-lat. *redossius*) qui signifie un cheval malade et vicieux. On trouve aussi dans Du Cange : « Rado. Polyptychus S. Remigii Remensis : Donat annis singulis in pastione de spelta mod. 1 pull. 2 ova 15. lign. carr. 1 ad scuriam reficiendam *Radon*. 5 ad fœnum vehendum quartam partem de carr. » — Si *rados* signifie cheval de peu de valeur, l'auteur aurait voulu seulement montrer la puissance de l'amour, en disant qu'elle peut changer un vieillard en mauvais cheval, quand *nature le semont*.

P. 20, v. 518. — Ce *Chaton* qui, au dire de Henri d'Andeli,

>... bons clers fu et sages hom,

et que, dans sa *Bataille des VII Ars*, il appelle *Chatonez* (Catonnet), est, croit-on, le rhéteur Dionysius Caton, contemporain des Antonins, dont la vie est d'ailleurs complètement ignorée. L'ouvrage qu'on lui attribue est un recueil de sentences morales, écrit en distiques et divisé en quatre livres; il est accompagné, dans les mss. et dans les éditions imprimées, de quelques brèves sentences en prose, qui, si elles n'appartiennent pas au même auteur, paraissent cependant être de la même époque. Cette œuvre, qui a été en grande faveur pendant tout le moyen âge, était attribuée alors soit à Caton le Censeur, soit à Caton d'Utique. Elle a été très souvent traduite ou imitée; la plus ancienne traduction est celle que fit, avant 1145, Everard, moine de Kirkam.(V. *Hist. litt. de la France*, t. XIII, p. 68-70, et t. XVIII, p. 826-830). Je ne parlerai pas des autres traductions ou imitations qui en ont été faites; elles ont été mentionnées par Leroux de Lincy dans son *Livre des Proverbes français*, 2ᵉ édit., in-12, 1859, t. I, p. xxi-xxvii. Je dirai seulement que, parmi les traducteurs, on trouve Jean Le Fèvre, de Ressons-sur-Matz, qui, dans son *Mathéolus*, s'est souvenu de la légende d'Aristote (V. *Introduction*, p. xlii) et qui traduisit encore l'*Ecloga Theoduli*, dont Henri d'Andeli parle sous le nom de *Theaudelès* dans la *Bataille des VII Ars*, v. 340.

BATAILLE DES VINS

P. 23, v. 3. — Ce *bon roi qui ot non Phelippe* est pris ordinairement pour Philippe-Auguste (V. Daunou, *Hist. litt. de la France*, t. XVI, p. 218 ; E. Littré, *Ibidem*, t. XXIII, p. 227). Legrand d'Aussy, dans ses *Notes sur la Bataille des Vins* (*Fabliaux*, t. III, p. 42), va jusqu'à préciser l'époque du règne de Philippe-Auguste où ce fabliau aurait été composé. « Ce conte, dit-il, a été fait sous Philippe-Auguste, avant les conquêtes de ce prince sur Jean-sans-Terre, et lorsque les rois d'Angleterre possédoient la Guyenne, la Saintonge, l'Angoumois, le Poitou, etc. Les vins de ces provinces sont ici réputés étrangers ; le poète les met en opposition avec quelques-uns de ceux des provinces soumises immédiatement au roi. Il nomme ceux-ci françois et leur fait soutenir entre eux la rivalité qui régnoit entre les deux couronnes. » Il est à remarquer que les vins français, et par là le trouvère entend uniquement les vins de l'Ile-de-France, et encore principalement ceux du voisinage de Paris, sont mis en opposition non-seulement avec les vins des provinces qui appartenaient à l'Angleterre avant 1204, mais encore avec ceux de la Bourgogne, de la Champagne, de la Lorraine, de l'Alsace

(*Aussai,* que Legrand d'Aussy interprète à tort par Auxois). Rien ne témoigne donc ici « de la rivalité qui régnoit entre les deux couronnes », et quand même le poème aurait été écrit pendant le règne de Philippe-Auguste, on n'aurait aucune raison d'en faire remonter la composition à une date antérieure à 1204.

D'autre part, M. Antony Méray *(la Vie au temps des Trouvères*, p. 35) pense que, dans ce fabliau, il s'agit de Philippe le Hardi. La question est délicate à trancher. Quand on identifiait notre trouvère avec le chanoine de Rouen, le roi désigné dans ce conte ne pouvait être que Philippe-Auguste ; mais je crois avoir démontré que cette identification ne saurait être maintenue. Si l'auteur du fabliau est ce *Henricus de Andeliaco* que cite le *Regestrum Visitationum* d'Eude Rigaud sous la date de $\frac{1258}{1259}$, rien n'empêche d'admettre qu'il ait vécu au delà de 1270 et que le poète ait voulu désigner ici Philippe le Hardi. Je crois cependant qu'il s'agit plutôt de Philippe-Auguste.

P. 23, v. 5. — Ce vers, *Du bon vin qui estoit du blanc*, et les vers 169-170, *Li rois du blanc bien se paia, Et chascun des vins essaia*, semblent indiquer qu'il ne s'agit dans cette pièce que des vins blancs. Cela peut surprendre, parce que beaucoup des crus cités ne nous sont connus aujourd'hui que par leurs vins rouges, le Beaune et le Saint-Emilion, par exemple. Remarquons toutefois que notre poète désigne le Beaune comme un vin d'un blanc verdâtre :

.j. vin qui n'est mie trop jaune
Plus est vers que corne de buef....

et que Jofroi de Waterford, dans le chapitre du *Segré des Segrez,* que j'ai reproduit dans l'introduction, parle du vin blanc de Saint-Emilion. On sera moins étonné si l'on se rappelle que le raisin noir peut donner du vin blanc ou tirant sur le blanc ; tout le secret consiste à ne pas laisser la pellicule, qui seule est colorée, fermenter avec le moût. C'est un procédé de fabrication. Il se peut qu'on l'ait suivi de préférence à cette époque du moyen âge. Voici ce que dit Olivier de Serres dans son *Troisième Lieu* du *Théâtre d'Agriculture et Mesnage des champs,* 1804, in-4º, t. I, p. 275 :

« Il n'est de nécessité d'avoir des raisins blancs pour les vins blancs, d'autant que les noirs satisfont à cela, rendans le moust blanc, la couleur des raisins ne pénétrant plus avant que la pellicule, sans toucher au moust. Toutes-fois la blancheur n'en est du tout si naïfve, que des seuls raisins blancs : mesme y a il des terroirs et des espèces de raisins qui ne se ployent guières bien à cela. Aucuns vins blancs sont aussi clers qu'eau de fontaine, autres demeurent tousjours troubles, et encores s'en treuvent de couleur de laict : toutes lesquelles diversités sont agréables, pourveu que le goust responde au désir, selon le proverbe : *vin pour saveur, drap pour couleur.* »

P. 23, v. 15 et suivants. — J'ai donné dans l'introduction le curieux chapitre du *Segré des Segrez,* dans lequel Jofroi de Waterford compare et juge différents vins. J'ai cité la *Desputoison du Vin et de l'Iaue,* où sont mentionnés les vins de Beaune, de Clamecy, d'Auxerre, de Nevers, d'Anjou, de Saint-Jean (d'Angely), de la Rochelle, de Gascogne, de Saint-Pourçain, et le vin français, qui se disputent la prééminence devant un tribunal où siègent, sous la présidence du dieu d'amour, le vin grec, le vin de Grenache, le vin de Chypre, le vin muscadet et le vin rinois. Voici encore deux passages où l'on trouve une nomenclature intéressante à rapprocher de celle de Henri d'Andeli. Le premier est tiré du *Roman de Fauvel,* commencé sous Philippe le Bel par François de Rues et terminé par Chaillou de Pestain ; il a été cité par M. Paulin Paris dans le t. I des *Manuscrits françois de la Bibliothèque du roi,* p. 320-321 :

> Vins i ot bons et precieus,
> A boire moult delicieus,
> Citouandés, rosés, florés ;
> Vins de Gascoingne colorés,
> De Montpellier et de Rochele,
> Et de Garnache et de Castele ;
> Vins de Beaune et de saint Pourçain,
> Que riche gent tiennent pour sain,
> De saint Jangon et de Navarre,
> Du vinon que l'en dit Labarre,
> D'Espaigne, d'Anjou, d'Orlenois,
> D'Auceure et de Laonnois,

Et de saint Jehan, de Biauvoisin,
Du vin François d'iluec voisin ;
Il eut piment et bons clarés.
Les miex vaillans, les miex parés
Menjoient le plus gloutement....

Le second passage appartient à Eustache Deschamps ; il a été publié par Crapelet dans l'introduction précédant le choix qu'il a donné en 1832 des œuvres de ce poëte :

Or lui refault de plusieurs vins :
Vin de saint Jehan et vin d'Espaigne,
Vin de Ryn et vin d'Alemaigne.
Vin d'Aucerre et vin de Bourgongne,
Vin de Beaune et de Gascongne,
Vin de Chabloix, vins de Givry,
Vins de Vertus, vins d'Irancy,
Vins d'Orliens et de Saint Poursain ;
Avoir tel femme n'est pas sain ;
Vin d'Ay, vins de La Rochelle,
Garnache fault, et Ganachelle,
Vin grec et du vin muscadé.
Marvoisie elle a demandé ;
Vergus veult avoir, vin goués.

Ms., p. v^{c}xvj.

P. 23, v. 16. — Henri d'Andeli parle ici assez dédaigneusement de la cervoise, et, plus loin, il la fait excommunier par le prêtre anglais. Il était sans doute de l'avis de son contemporain le normand Henri d'Avranches, qui lui a lancé cette boutade citée par

G. Camden dans sa *Britanniœ descriptio* (in-4°, 1600, p. 495) :

> Nescio quod stygiæ monstrum conforme paludi
> Cervisiam plerique vocant : nil spissius illa
> Dum bibitur, nil clarius est dum mingitur, unde
> Constat, quod multas feces in ventre relinquit.

Un autre contemporain, Jofroi de Waterford, porte un jugement moins absolu. Dans le chapitre LXV de son *Segré des Segrez,* intitulé de *diverses manieres de beverages* (Bibl. nat., fonds fr., 1822, f. 114, r° 2ᵉ col. à f. 114, v° 1ʳᵉ col.), il distingue plusieurs sortes de *boires* faits de froment, d'orge et d'avoine, condamne certaines cervoises, en approuve d'autres, suivant leur nature ou leur mode de préparation.

La bière a eu aussi ses partisans, qui, de leur côté, n'ont pas ménagé le vin. Le médecin Jean-Henri Meibom s'est déclaré hautement en faveur de la bière dans son savant traité *De cervisiis potibusque et ebriaminibus extra vinum aliis Commentarius* (Helmstadt, 1678, in-4°). Après avoir cité les opinions contraires de Dioscoride, de Galien, d'Aetius, d'Oribase, de Paulus d'Egine, de Siméon Seth, d'Avicenne, il s'écrie : « Verum hos experientia hodie omnes refellit, quæ tale quid in zytho aut cervisia inveniri negat, ut ea potius constet Germanos, Anglos, Belgas, totiusque septemtrionis incolas alios, cervisiæ potores, saluberrimos fere, robustissimos et pulcherrimos esse, ac bene habitos, et in annosam senectutem incolumes, nullis uspiam gentibus vino utentibus colore, forma aut valetudine cessuros, privatim vero fœminas fœcundiores aliis reperiri. » Ch. XXV, 15.

Il est déjà bien beau que la bière donne la force et la beauté, fasse parvenir à l'extrême vieillesse et rende les femmes plus fécondes. Hugo Grotius va encore plus loin, s'il est possible, et fait de la bière le breuvage des Muses (cité par Meibom, ch. XXVII, 24) :

> Ipsæ te sitiunt novem Sorores,
> Nec Permesside proluuntur unda,
> Ex quo Græcia Barbaro sub hoste est.

Enfin, pour finir comme j'ai commencé, par un Normand, Adrien Turnèbe, dans son *De vino libellus* (publié à la suite du traité de Meibom), où il attribue au vin tous les maux qui affligent l'humanité, dit : « Vinum et staturæ juxta et valetudini officit. Illa autem quæ sibi septemtrionales populi ex frugibus humore maceratis in acorem vitiata conficiunt, minus utrique nocent. Argumento sunt corpora illis in locis salubriora et auctiora. Nam ex habitu corporum, certissima ducuntur hujus rei, ut opinor, argumenta : quanquam in eo potu putredine quæsita acrimonia, quæ mentem etiam sauciat nonnihil, lædit minus tamen, quam vinum. »

J'ai donné quelques pièces du procès : à chacun de juger suivant ses préférences. Je tiens pour ma part qu'il serait sage d'appliquer aux *boires* en général la maxime philosophique par laquelle Henri d'Andeli termine son petit poème :

Prenons tel vin que Diex nous done.

P. 23, v. 17-39. — J'ai dit dans l'introduction qu'il était difficile d'identifier plusieurs des noms de lieux cités par Henri d'Andeli, parce que ces noms sont portés par des localités différentes. Je crois cependant avoir trouvé un *criterium* qui permet d'arriver le plus souvent à une identification sinon certaine, du moins très acceptable. Le poète me paraît, dans la longue nomenclature qui s'étend du v. 15 au v. 39 et qui comprend quarante-cinq noms, énumérer les vins par région, c'est-à-dire réunir dans un même vers ou dans deux vers qui se suivent, les vins de localités relativement voisines, appartenant à une même province ou à deux provinces limitrophes ; et cet ordre apparaît encore dans la plupart des autres passages où le trouvère associe plusieurs noms de lieux. Du reste, quelques leçons du ms. de Berne, différentes de celles du ms. fr. 837 de la Bibl. nat., s'accordent avec le système que je propose et que j'essaierai de justifier dans les notes qui vont suivre.

P. 23, v. 17. — Après avoir cité, v. 15, tout d'abord le vin de Chypre, qui doit plus tard obtenir le premier rang, et qui n'a aucun rapport, ajoute plaisamment le poète, avec la bière flamande (*cervoise d'Ypre*), Henri d'Andeli réunit dans ce vers les vins de la Moselle et de l'Alsace (*Aussai*), c'est-à-dire les vins tout à fait voisins de la Moselle et du Rhin.

P. 23, v. 18-19. — Dans ces deux vers sont réunis les vins de l'Aunis et de la Saintonge, provinces voisines qui ont formé le département de la Charente-Inférieure. La Rochelle était la capitale de l'Aunis ; Saintes et Taillebourg étaient dans la Saintonge.

P. 24, v. 20-21. — Melans (ms. de Berne, Melen); Treneborc (ms. de Berne, Treveborc). Legrand d'Aussy voit dans Melans un Meulan qui se trouve, dit-il, en Poitou (*Notes sur la Bataille des Vins*, p. 48). Il ne connaît pas Treneborc (*Ibidem*, p. 48). A l'égard de Palme et de Plaisance, il s'exprime ainsi (*Ibidem*, p. 48) : « Je ne sais où placer Palme. Est-ce celui du Languedoc ou la capitale de l'île Majorque ? Le Plaisance du fabliau est-il le Placentia d'Espagne, le Plaisance d'Italie, du Languedoc, de Guyenne, du Rouergue ou du Poitou ? Je croirois volontiers que c'est celui de Lombardie, parce que, dans une ordonnance de Charles V, année 1369, je vois les vins de cette ville assujettis à des droits particuliers. »

J'ai fait remarquer plus haut que, dans sa nomenclature, le poète mentionne les vins par groupe géographique, et je crois que dans ces deux vers il a réuni les noms de quatre vins italiens. *Melans* est pour moi Milan, la capitale de la Lombardie; il m'est impossible d'identifier Trenneborc. Je trouve bien dans le *Théâtre du monde* de Blaeu, 3ᵉ partie, 1644, une carte du *Ducato, overo Territorio di Milano*, qui porte un village de Trenno à l'ouest et à peu de distance de Milan; mais cela ne suffit pas, c'est Trennoborgo qu'il faudrait trouver. Quant à Plaisance, point de difficulté. A l'égard de Palme, je reproduirai en entier un passage du livre v, p. 255-256, de l'ouvrage d'Andrea Baccio intitulé : *De naturali vinorum historia, de vinis Italiæ et de conviviis antiquorum libri septem*, Romæ, 1596, in-fᵒ. Voici ce que dit cet auteur sous la rubrique *Palmesia vina in Picenis* :

« Prædicta in Picenis generosa vina commemorat Plinius, lib. XIIII, cap. III, ubi scribit : Ex reliquis vinis a supero mari, Prætutiana sunt, et Ancone (1). Ubi de loco (ut ego ex ipso Palmæ nomine conjicio) intelligendum videtur in agro Firmanum castellum ad oram maritimam, quod ab antiquo (ni fallor) nomine Turris de Palma cognominatur, ab uvæ scilicet hujus genere, cui vetusta sub illo jugo esset origo, de quo haud levis hæc alia conjectura sit, non aliud extitisse, mutatis alioqui nominibus, quam quod hodie a Picenis Maranum appellatur, a Marano non procul a Palma oppido, in cujus vinetis frequens propagatur id vitis genus,

(1) Baccio a cité incomplètement le passage de Pline. En voici le texte tel que le donne l'édition Nisard : Ex reliquis autem a supero mari Prætutia atque Ancone nascentia, et quæ a palma una forte enata Palmensia appellavere. — L. XIV, c. VIII, 7.

jamque ceteris Piceni vinetis factum est pro suavitate communissimum. Nisi quia lapsu temporum, sicut et ipsarum frugum quidam est proventus, et nominum varietas, Palma cum jam sit parvus vicus, a vicino Marano induit nomen, et genus Maranæ uvæ, quod succosum et gratum gustui, colore albicans, et cum maturuerit luteolo, tenuissimo cortice, ac dulce. Hodie vero cum non adeo in vinis habeat usum, sed in escariis omnem obtineat gratiam, persuasos velim colonos, ut copiose magis Maranas vites repastinent, sicque Palmesium tantæ gratiæ vinum instaurabunt. »

Est-il téméraire d'admettre que le vin de Palme dont parle Henri d'Andeli était originaire de cette localité, qu'on trouve encore désignée sous le nom de *Torre di Palma*, au bord du rivage de l'Adriatique, entre Ancône et Ascoli, au nord de la rivière Asone, dans la carte intitulée *Marca d'Ancona, olim Picenum*, du *Théâtre du Monde* de Blaeu, 3e partie, 1634 ?

P. 24, v. 22. — L'Espagne et la Provence sont associées naturellement dans ce vers, puisque la dernière, après avoir été placée longtemps sous la suzeraineté des empereurs d'Allemagne, était passée par mariage dans la maison des comtes de Barcelone, qui la possédèrent jusqu'en 1245.

P. 24, v. 23-24. — Dans ces deux vers sont réunis les noms de quatre villes du Languedoc : Montpellier, ch.-l. de l'Hérault ; Narbonne, ch.-l. d'arr. de l'Aude ;

Bediers = Béziers, ch.-l. d'arr. de l'Hérault ; Carcassonne, ch.-l. de l'Aude.

Pline l'Ancien, dans l'énumération qu'il fait des vins estimés de son temps, y comprend celui de Béziers et s'exprime ainsi : « Bæterrarum intra Gallias consistit auctoritas (la réputation du vin de Béziers ne s'étend pas au delà des Gaules). » *Hist. nat.*, l. XIV, c. VIII, 8.

P. 24, v. 25. — Nous restons dans le midi avec ces deux vins de la Guyenne : Mossac = Moissac, ch.-l. d'arr. de Tarn-et-Garonne ; S. Melyon = Saint-Emilion, Gironde, arr. de Libourne.

Saint Melion ou Milion est la forme usitée au moyen âge. Voir dans l'introduction le chapitre du *Segré des Segrez*. En voici un autre exemple :

> Cilz vous est mieudres que d'Irvois
> Ni que vins de Saint Melion.

(*Des .iij. Dames de Paris*, v. 122-123. — MM. A. de Montaiglon et G. Raynaud, *Fabliaux*, t. III, p. 149).

On trouve Saint Millyon dans le *Débat des Héraulx d'armes de France et d'Angleterre*, Débat français, § 61, p. 24. Paris, 1877.

P. 24, v. 26-27. — Encore quatre vins de même région : Orchise = Orchaize, Loir-et-Cher, arr. de Blois, canton d'Herbault; Orléans, ch.-l. du Loiret; Jargueil = Jargeau, Loiret, ch.-l. de canton de l'arr. d'Orléans; Saint-Yon, Seine-et-Oise, arr. de Rambouillet, canton de Dourdan, au sud du département, dans le voisinage du Loiret.

Le vin d'Orléans est un des plus fréquemment cités au moyen âge. Voir les témoignages réunis par Legrand d'Aussy dans son *Histoire de la vie privée des François*, t. III, p. 2 à 20, passim.

P. 24, v. 28. — Ici deux vins de l'Ile-de-France tout à fait voisins. Meulent = Meulan, Seine-et-Oise, ch.-l. de canton, arr. de Versailles; Argenteuil (Seine-et-Oise), ch.-l. de canton, arr. de Versailles.

P. 24, v. 29-31. — Soissons, Aisne, ch.-l. d'arr.; Auviler = Hautvillers, Marne, arr. de Reims, canton d'Ay; Epernay, Marne, ch.-l. d'arr.; Sezanne, Marne, ch.-l. de canton de l'arr. d'Epernay; Samois (ms. 837, . *vij . mois*), Seine-et-Marne, arr. de Fontainebleau.

L'arrondissement de Soissons est voisin de ceux de Reims et d'Epernay. Aujourd'hui les vins blancs que produisent les coteaux de Cuffies et de Crouy au nord de Soissons sont en médiocre estime.

Il y a dans le Loiret, arr. d'Orléans, un Semoy que Legrand d'Aussy, dans ses *Notes sur la Bataille des Vins*, p. 47, a cru pouvoir identifier avec la localité indiquée dans le fabliau. La leçon mal orthographiée du ms. 837 s'accorde mieux avec le Semoy du Loiret; mais celle du ms. de Berne me semble préférable pour trois raisons : 1° Samois est plus voisin que Semoy des autres lieux cités dans ces deux vers; 2° la forme ancienne et la forme moderne du nom sont identiques;

3° le vin de Samois jouissait d'une certaine notoriété, comme le prouvent les passages suivants extraits du *Compte général des revenus tant ordinaires qu'extraordinaires du Roy pendant l'année* 1202, publié par Brussel dans son *Nouvel examen de l'usage général des fiefs en France pendant le XI*^{e}, *le XII*^{e}, *le XIII*^{e} *et le XIV*^{e} *siècle*, 1727, in-4°, t. II. On lit, en effet, p. cxlii, sous la rubrique *Moretum et Samesium* (Moret et Samois formaient une prévôté sous Philippe-Auguste) : « De xxxviii modiis vini, Samesii, quatuor sestariis minus xviii l. », et plus loin, p. cl, sous la rubrique *Præpositi Moreti et Samesii :* « De xxxiii modiis et xv sestar' et dim' vini ad modium Samesii xxiii l. et vi s. et dim'.....De pressoragio Samesii xii l. et dim'. »

P. 24, v. 32. — Dans le *Combat de trente Bretons contre trente Anglais*, 2ᵉ édit., in-4°, 1836, p. 26, c'est avec le vin d'Anjou que les chevaliers bretons se désaltèrent :

> Et toux par ordenance firent petticion
> Daller toux querre a boire sans nulle arrestezon
> Chascun en sa boutaille vin d'Anjou y fu bon.

Le Gastinois est-il l'ancien pays du Gâtinais partagé entre l'Ile-de-France et l'Orléanais, ou bien la Gâtine, partie du Poitou voisine de l'Anjou? La Gâtine est appelée *Gastinois* dans la carte du *Poictou, sive Pictaviæ descriptio*, de l'Atlas de Mercator, 1619, et dans la carte portant pour titre *Pictaviæ Ducatus descrip-*

tio, vulgo le pais de Poictou, du *Théatre du Monde* de Blaeu, 2ᵉ partie, 1644. J'ajoute que d'ailleurs les trouvères modifient quelquefois les syllabes finales pour la rime. Le fabliau *Du Chevalier qui fist sa fame confesse* (A. de Montaiglon, *Fabliaux,* t. I, p. 179), dont la scène est placée *En Beesin, moult près de Vire,* se termine par ces deux vers :

> Granz risées et granz gabois
> En feirent en Bescinois.

Il se peut que l'Anjou et la Gâtine du Poitou aient été rapprochés dans le vers de Henri d'Andeli.

P. 24, v. 33. — Ysoudun = Issoudun, Indre, ch.-l. d'arr.; Chastel Raoul = Châteauroux, ch.-l. de l'Indre.

P. 24, v. 34.— Trie la Bardoul (ms.de Berne, Trie le Bardol) = Trilbardou, Seine-et-Marne, arr. de Meaux, canton de Claye. On lit Trillebardou dans la carte de l'*Isle-de-France, Parisiensis agri descriptio,* auctore F. Guilloterio Biturigi, de l'Atlas de Mercator, 1619, et dans la carte du *Gouvernement de l'Isle-de-France,* par Damiens de Templeux, escuyer, sieur du Frestoy, du *Théâtre du Monde* de Blaeu, 2ᵉ partie, 1644. Il ne s'agit donc pas ici, comme l'a prétendu Legrand d'Aussy (*Notes,* etc., p. 47), du Trie de Guyenne (ou plutôt de Gascogne).

Dans la charte de commune accordée en 1197 aux habitants de Meaux par le comte de Champagne et de Brie, on lit (art. 26) : « In hac libertate hujus communiæ apposui *Trii-Lorbardun,* et Charmentre, salvo jure Domini Simonis, et Chamberi, et Cungi et Nanthoil, et omnes alios homines de potestate Meldis, in quibus tailliam et Justitiam habui. » — Brussel, *Nouvel examen de l'usage général des Fiefs en France pendant le XI*[e]*, le XII*[e]*, le XIII*[e] *et le XIV*[e] *siècle,* 1727, in-4°, t. I, p. 185-186.

Trie la Bardoul que l'auteur cite entre Ysoudun et Chastel Raoul d'une part, Nevers et Sancerre de l'autre, contredit un peu mon système; mais il faut bien accorder quelque chose aux nécessités de la rime. Le nom n'est d'ailleurs associé à aucun autre dans ce vers.

P. 24, v. 35-37. — Six localités voisines sont réunies dans ces trois vers. Sancerre, ch.-l. d'arr. du Cher, n'est qu'à deux kilomètres de la Loire, qui le sépare du département de la Nièvre, dont le ch.-l. est Nevers. — Auxerre et Vezelay, ch.-l. de canton de l'arr. d'Avallon, sont dans l'Yonne, au nord de la Nièvre. — Tonnerre, ch.-l. d'arr. de l'Yonne, est sur l'Armançon; Flavigny, dans la Côte-d'Or, sur les coteaux qui dominent cette rivière. On trouve d'autres Flavigny dans l'Aisne, le Cher, la Marne, la Meurthe, etc.; mais le vin de Flavigny venant à la suite des vins de Vezelay, d'Auxerre et de Tonnerre qui se trouvent dans l'Yonne, il est très probable qu'il s'agit ici du Flavigny de la Côte-d'Or, qui d'ailleurs est encore renommé pour ses vins.

Le Tornière du ms. 837 est Toneire dans le ms. de

Berne. Cette dernière forme ressemble plus à la forme moderne ; mais celle du ms. 837 est excellente ; elle répond à la forme latine du mot dont le *Dictionnaire topographique de l'Yonne* donne les variantes qui suivent : Tornodoronse castrum, Tornotrinse castrum, Tornodorum, Tornedrisus, Tornetrinse castrum, Tornedurum.

Vezelay est écrit Verdelay dans le ms. 837, Verselay dans le ms. de Berne. Ces deux formes correspondent aux formes latines Verdiliacus et Verziliacus. L'*r* de Verselay et l'*r* de Tornierre ont disparu dans les formes modernes. Le *Dict. top. de l'Yonne* donne ces formes latines : Vidiliacus, Viziliacense monasterium, Verziliacum, Verselayum, Vizeliacum. Il ne mentionne pas Verdiliacus non plus que Vercelliacum qu'on trouve dans une traduction du XIIIe siècle de la légende latine de Girart de Roussillon, où il est rendu par Verzelai (*Romania*, n° 26, avril 1878, p. 190-191).

Le vin d'Auxerre est un de ceux dont il est le plus fréquemment question au moyen âge ; il était en haute estime et c'est lui que les taverniers faisaient le plus souvent crier pour attirer les chalands :

> Ci a bon vin frès et novel,
> Ç'a d'Auçoire, ç'a de Soissons,
> Pain et char, et vin et poissons

(Cortebarbe, *Des trois avugles de Compiengne*. — A. de Montaiglon, *Fabliaux*, t. I, p. 72).

> Chaiens, fait bon disner, chaiens ;
> Chi a caut pain et caus herens,
> Et vin d'Aucheurre a plain tonnel.

(Jean Bodel, *C'est li Jus de saint Nicholai*. — L.-J.-N. Monmerqué et Francisque Michel, *Théâtre français au moyen âge*, p. 166).

C'est au vin d'Auxerre que s'applique, dans la même pièce, ce joli couplet du crieur Raoulés :

> Le vin aforé de nouvel,
> A plain lot et a plain tonnel,
> Sage, bevant, et plain et gros,
> Rampant comme escuireus en bos,
> Sans nul mors de pourri ne d'aigre;
> Seur lie court et sec et maigre,
> Cler con larme de pecheour,
> Croupant seur langue a lecheour :
> Autre gent n'en doivent gouster.

(*Ibid.*, p. 180.)

Le passage suivant du *Couronnement de Renart* témoigne encore du cas qu'on faisait de ce vin (Méon, *Renart*, t. IV), v. 1541-1544 :

> Cil n'est de fin or ne d'argent,
> De riches pieres ne de dras,
> De viandes, de morciaus cras,
> De vins d'Auchoirre ne de Biaune.

Il serait facile de multiplier les citations. Voir particulièrement la *Desputoison du Vin et de l'Iaue* (Jubinal, *Fabliaux*, t. I, p. 293-311).

P. 24, v. 38. — Saint-Pourçain, Allier, ch.-l. de canton, arr. de Gannat.—Le vin de Saint-Pourçain est fréquemment mentionné par les écrivains du moyen âge. « Un de nos poètes du xiiie siècle, dit Legrand d'Aussy sans le désigner autrement, parlant d'un homme qui étoit devenu fort riche, dit de lui pour nous donner une idée de son luxe, qu'il ne buvoit plus que du vin de Saint-Pourçain (*Hist. de la vie privée des François,* t. III, p. 5, note).

Le miracle intitulé : *L'evesque a qui Nostre Dame s'apparut* (*Miracles de Nostre Dame,* t. II, 1877), contient, vers 288-293, le passage suivant :

SECOND CLERC

Et ou en pensez vous aler
De ci endroit?

PREMIER CLERC

Chiez Baudet de l'image droit,
Pour boire de ce Saint Poursain,
Qui me fait souvent le cuer sain
Et en bon point.

L'autre nom que cite le vers 38 est Savingni dans le ms. 837, Soveni dans le ms. de Berne. Il y a en France un grand nombre de villages et de hameaux qui portent le nom de Savigny ; celui auquel le vers de notre fabliau s'appliquerait le mieux, est le Savigny de la Côte-d'Or, arr. de Beaune, situé à cinq kilomètres au nord de cette ville et qui produit d'excellents vins. — Voir les témoignages extraits de Salins et de l'abbé Gaudelot par Legrand d'Aussy dans son *Hist. de la vie privée des François*, t. III, p. 41 et note.

La leçon du ms. de Berne pourrait toutefois être préférée. Au nord de Saint-Pourçain, se trouve, également dans l'Allier, à seize kil. environ au sud-ouest de Moulins, un chef-lieu de canton du nom de Souvigny, où a existé autrefois une célèbre abbaye de Bénédictins et où se trouve encore une église que l'on regarde comme un spécimen remarquable de l'art gothique.

Je trouve les vins de Saint-Pourçain et de Souvigny cités ensemble dans le passage suivant extrait des *Impositions faites à Paris du consentement de la ville et pour un an seulement par le roy Philippe de Valois* (Félibien, *Hist. de la ville de Paris*, in-f°, 1725, preuves et pièces justificatives, t. III, p. 425) : « Item, la queuë de vin de S. Porcian et de Souvergny payera II s. et l'achepteur pour revendre autant. » Il est vraisemblable que la leçon du ms. de Berne est la bonne et que le poète a réuni dans ce vers les noms de deux crus du Bourbonnais.

P. 24, v, 39. — Chablis, Yonne, ch.-l. de canton, arr. d'Auxerre ; Beaune, Côte-d'Or, ch.-l. d'arr. — La *Desputoison du Vin et de l'Iaue* (Jubinal, *Nouveau Recueil*, t. I, p. 296-297) contient un éloge pompeux du vin de Beaune, qui est représenté comme le vin favori du pape :

> ..... le pappe l'ama tant
> Que beneison li donna
> Et s'amour li abandonna.

Legrand d'Aussy (*Hist. de la Vie privée des François*, t. III, p. 6-7) rappelle que cette prédilection était partagée par les cardinaux. « Pétrarque, dit-il, écrivant en 1366 à Urbain V, pour l'engager à revenir dans Rome, et réfutant les diverses raisons qui retenoient au-delà des monts les cardinaux, dit : Je leur ai entendu alléguer quelquefois qu'il n'y avoit point de vin de Beaune en Italie. »

Selon notre poète, Beaune est un vin

> ... qui n'est mie trop jaune,
> Plus est vers que corne de buef.

D'après l'auteur de la *Desputoison*, Beaune

> ..... n'est trop rouge ne trop tainte (pâle).

Olivier de Serres, dans son *Troisième lieu* du *Théâtre d'Agriculture et Mesnage des champs* (in-4º, 1804, t.I, p. 209), vante « les excellens vins blancs d'Orléans... d'Anjou, de Beaune... d'Aunix. »

Au XVIIe et au XVIIIe siècle, un débat s'éleva entre les médecins de Paris et ceux de Reims sur les qualités du vin de Beaune et des vins de Champagne. Les poètes français et latins se mirent de la partie. Un professeur au collège d'Harcourt, Grenan, fit une ode saphique en l'honneur des crus de Bourgogne. Les vins de Champagne ne restèrent pas en arrière ; ils eurent leur ode alcaïque composée par Coffin, professeur au collège de Beauvais. Le *Recueil de poésies latines et françoises sur les vins de Champagne et de Bourgogne*, publié en 1712 par l'imprimeur Thiboust, contient les pièces auxquelles ce débat a donné lieu.

P. 25, v. 49-62. — Ici le *prestre englois* excommunie et chasse à grands coups de bâton les vins de Beauvais, de Châlons et d'Etampes que le poète appelle plaisamment *Dant Mauvais*, *Dant Petart* et *Mesire Rogoel* ou *Rogel* (ms. de Berne). Le sobriquet de *Dant Petart* appliqué au vin de Châlons se comprend aisément ; le poète l'explique d'ailleurs par ces mots : *qui le ventre enfle...* Quant à celui de *Rogoel*, je le crois dérivé de rogue au sens de âpre, rude ; un passage des rues de Paris, p. 356, cité par Roquefort (*Glossaire de la langue romane*), fournit à l'appui l'exemple suivant :

> Mon chemin ne fu pas trop rogue,
> En la rue Nicolas Arode
> Alai, et puis en Mauconseil.

Les Beauvais sont nombreux en France, et, dès lors, l'identification est difficile. Legrand d'Aussy (*Notes sur la Bataille des Vins, Fabliaux*, t. III, p. 40) ne cite que celui du Quercy et celui de la Saintonge, et ajoute :

« C'est sans doute de l'un des deux qu'il s'agit, la capitale du Beauvoisis ne produisant pas de vin. » Legrand d'Aussy oublie que, au moyen âge, on récoltait des vins bien au delà de la limite actuelle de leur production ; la Normandie, la Picardie, l'Artois, les provinces belges, l'Angleterre même en produisaient. On a cessé de cultiver la vigne dans ces régions, quand la facilité des communications a permis d'y introduire à peu de frais les vins du centre et du midi de la France. D'ailleurs, Legrand d'Aussy, à l'endroit du t. II de son *Hist. de la vie privée des François,* p. 397-399, où il parle du fabliau de Henri d'Andeli, dit qu'il résulte d'un compte des revenus de Philippe-Auguste pour l'année 1200, rapporté par Brussel, que ce roi « possédoit des vignes à Bourges, à Soissons, à Compiègne, à Laon, à Beauvais.... » Il paraît bien s'agir ici de la capitale du Beauvaisis. Rien n'empêche donc d'admettre que notre poëte a eu cette ville en vue, d'autant plus que le vin de Beauvais est jugé de mauvaise qualité, ce qui n'a rien que de naturel en raison de la latitude.

Quel est le *Chaalons* qui produisait *Dant Petart?* Etait-ce Châlons-sur-Marne ou Châlon-sur-Saône, ou une autre localité, car on trouve encore un Châlons-sur-Vesle dans la Marne, un autre dans la Mayenne, sans parler du Châlons de la Drôme et du Châlon de l'Isère que j'exclus tous les deux, notre poëte ne citant aucun autre vin de cette région ? La question ne me paraît pas pouvoir être résolue.

Quant au vin d'Etampes, Henri d'Andeli n'est pas seul à le mépriser. On lit les vers suivants dans la violente satire contre les femmes qui est intitulée *Le Dit Chastie-Musart* (v. 77-81) :

> L'amors ne la haïne ne prise pas . j . pois,
> Et se ge l'ai prisiée, ç'a esté sor mon pois.
> Sens de feme et bontez poise bien au droit pois
> A la valor des vins du vignou d'Estampois.
>
> Se li vins valent pou, sens de feme valt mains ;...

(Jubinal, *Œuvres de Rutebeuf*, Bibl. elzév., t. II, p. 385, additions).

P. 25, v. 63-65. — Le texte est corrompu dans les deux mss. :

Bibl. nat., ms. 837 :

> Les .ij. vins et de Biauvoisins
> Et dans Clermons li tiers voisins,
> Ces .iij. vins n'en chaça il pas....

Ms. de Berne :

> Moe liure II Biauvoisins
> Et dant Clermons lor cher voisins
> Ces .ij. vins n'en cacha il pas...

Je ne puis deviner ce que cache la leçon du ms. de Berne. Quant à celle du ms. 837, que j'ai laissée subsister dans le texte, je hasarde ici la correction suivante :

Les .ij. vinet de Biauvoisins...

vinet au sens de petit vin. Je trouve dans Littré *vinette, vinelle,* avec la signification de petit vin, piquette. Le comte Jaubert, dans son *Glossaire du centre de la France,* donne *vinaut* avec l'explication suivante : vin, petit vin d'un cru modeste : « Voilà du bon *vinaut,* un bon petit *vinaut.* » Roquefort, dans son *Glossaire de la Langue romane,* donne aussi *vinot,* qu'il traduit par petit vin, vin très faible. Je n'ai pas trouvé d'exemple de *vinet*. Avec cette correction, le passage s'expliquerait facilement : Le prêtre anglais ne chassa ni les deux petits vins de Beauvoisins ni leur voisin *dans* Clermont, qui était le troisième. Il resterait toujours à trouver ce qu'étaient ces deux petits vins de Beauvoisins.

Legrand d'Aussy (*Notes*, etc., p.40) dit, à propos de ce passage : « Beauvoisins est en Bourgogne ; Clermont est la capitale de l'Auvergne ; l'Agénois et le Languedoc en ont aussi chacun un. » Il aurait pu ajouter qu'il y a aussi Clermont-en-Argonne et Clermont-en-Beauvaisis, et qu'on trouve encore des Beauvoisins dans la Drôme, le Gard et le Jura. Rappelons que, dans le passage du *Fauvel* cité plus haut (note du v. 15), le vin français est dit voisin du vin de Biauvoisin :

> Et de saint Jehan, de Biauvoisin,
> Du vin François d'iluec voisin ;

Le Biauvoisin est donc ici le Beauvaisis. On lit aussi dans l'Atlas de Mercator, en tête de la description de cette région : *Le pays de Beauvais ou Beauvoisin*. Si, dans notre vers, le Biauvoisins est le pays de Beauvais, Clermont son voisin est Clermont-en-Beauvaisis. Quant à la contradiction apparente avec les vers 51-52, où nous voyons le mauvais vin de Beauvais excommunié, on pourrait dire que le Beauvaisis produisait sans doute deux autres vins de quelque qualité dont nous ne savons pas autrement les noms.

P. 25, v. 69 et 73. — L'auteur nous montre ici les vins du Mans et de Tours, sujets à tourner en été, s'enfuyant effrayés par la sévérité du prêtre anglais, aussi bien que ceux d'Argences, de Chambeli et de Rennes. Il n'y a pas de difficulté pour le Mans et Tours. L'erreur de Legrand d'Aussy plaçant Argences en Languedoc a été depuis longtemps relevée. Il s'agit d'Argences qui est situé dans le Calvados entre Lisieux et Caen, dans la vallée de la Muance. On y trouve encore quelques vignobles. Voir les auteurs qui ont traité de la culture de la vigne en Normandie et particulièrement M. L. Delisle : *Etude sur la condition de la classe agricole et l'état de l'agriculture en Normandie au moyen âge*, 1851, p. 439-440. Le savant auteur rappelle que les vignobles d'Argences furent donnés à l'abbaye de

Fécamp par le duc Richard II, et reproduit à cette occasion la curieuse légende qu'on lit dans Guillaume de Malmesbury.

On trouve un Chambilly dans la Saône-et-Loire, un Chambly dans le Jura, un autre dans l'Oise, arr. de Senlis. C'est probablement de ce dernier qu'il s'agit. Au lieu de *Chambeli*, le ms. de Berne donne *Chanbure*.

A l'égard de *Renes*, Legrand d'Aussy (*op. cit.*, p. 40) dit : « Il y a deux Rennes à vignobles, l'un dans le Maine, l'autre dans le Languedoc. » Mais la capitale de la Bretagne avait aussi des vignobles au moyen âge. Rien n'empêche d'admettre que ce mauvais vin soit celui du Rennes de Bretagne.

P. 26, v. 81. — Pierre frite = Pierrefitte, Seine, arr. de Saint-Denis. Le passage suivant de Gautier de Coinsy atteste que ce vin était autrefois estimé :

> Mais tex fait molt le babuin,
> Le pappelart et l'ypocrite,
> Qui dou bon vin de Pierre frite
> Boit plus grans trais et churelure,
> Que tex fait grant chiere é tgrant hure. V. 1438-1442.

(*Ci commence de sainte Leocade*. — Méon, *Fabliaux*, t. I).

P. 26, v. 85-86. — *Marli, Duoeil et Monmorenci*, que Pierrefitte appelle ici en témoignage, sont, comme lui et comme Argenteuil (v. 77), des vins de l'Ile-de-

France. Il y a deux Marly : Marly-le-Roi, célèbre par le château qu'y fit élever Louis XIV, dans la Seine-et-Oise, entre Saint-Germain et Versailles, et Marly-la-Ville, au nord-est du même département. Quant à Dueil et Montmorency, ils sont aussi dans la Seine-et-Oise, tout près de la limite sud de ce département, à peu de distance de Saint-Denis.

P. 26, v. 87. — La leçon de Berne est identique, sauf qu'on lit *sac* au lieu de *sanc*, l'*a* n'étant pas surmonté du signe abréviatif de l'*n* ; c'est sans doute une omission du copiste. La Curne de Sainte-Palaye (*Glossaire*) donne cette explication : « Remarquons cette expression où le mot bée est employé comme exclamation ou espèce de jurement :

Lors dist bée, sanc de Meulant, etc. »

S'il en est ainsi, je crois qu'il faut supprimer la virgule qu'il a placée entre *bée* et *sanc* et lire *bée sanc Dé* ou *bé le sanc Dé* qui signifierait par le sang de Dieu. *Bée* ou *bé* pourrait bien être une forme francisée de l'anglais *by*; le ms. de Berne donne plus loin : *Bi saint Thomas*; il est vrai que là, c'est le prêtre anglais qui parle. Ce qu'il y a de certain, c'est que ce vers indique un changement d'interlocuteur, comme le prouve aussi le vocatif Argenteuil qui commence le vers suivant; le vin de Meulan répond à son tour à Argenteuil, comme vient de le faire le vin de Pierrefitte. Ce qu'il y a d'étrange, c'est de voir le sujet séparé de son verbe par cette exclamation. J'ai cru toutefois devoir introduire cette correction dans le texte.

P. 26, v. 91-92. — Voici les leçons des deux mss. :

Ms. 837, Bibl. nat. :

> Qui fez d'Auçuerre, de Soissons,
> Le vin de Laucei de Tauçons.

Ms. de Berne :

> Que fait dant Croe de Soissons
> Le vin de Laon de Tausons.

La leçon du ms. de Berne me semble préférable ; je crois que *dant Croe* est le vin de Crouy, village à vignobles situé tout près et au nord de Soissons. Ce nom n'a pu venir à l'idée du copiste ; il l'a trouvé dans le texte qu'il avait sous les yeux ; le copiste du ms. 837 a mal lu ou n'a pas compris ; il a remplacé ces deux mots par d'Auçuerre. Ce passage signifie-t-il : Nous nous plaignons que tu assimiles *dant Croe* de Soissons aux vins de Laon (ou de Laucei) et de Tausons qui sont meilleurs que le vin de Vermandois et méritent bien de figurer sur la table (*dois*)? Je n'ai rien trouvé sur Tausons. Quant à Vermandois, voir la note du v. 149.

P. 26, v. 95. — L'*Histoire littéraire de la France*, t. XXIII, p. 227, dit à propos des vins français : « Dans l'état actuel des choses, il est toujours singulier de voir les vins d'Argenteuil, d'Aubervilliers, de Montmorency, comptés parmi les bons crus. » Je ne crois pas que le vin d'Aubervilliers soit cité dans ce fabliau. Auviler (v. 29), nommé entre Soissons et Epernay, est le Hautvillers situé dans la Marne, arr. de Reims, canton d'Ay. C'est le même qui est désigné au v. 95. Le ms. de Berne donne cette leçon :

> Espernais dist et Auviler :
> Argentuel, tu wes aviller....

et le ms. fr. 837, Bibl. nat., cette autre :

> Espernai dist a Aviler :
> Argenteuil, trop veus aviler....

a du premier vers au sens d'*avec*. Epernay repousse les prétentions d'Argenteuil en son nom et en celui d'Hautvillers.

P. 26, v. 99. — Le vin de *Chaalons* dont il s'agit ici ne peut être le même que le *Dant Petart de Chaalons* excommunié (v. 53) par le prêtre anglais. *Rains* (Reims) et *Chaalons* (probablement Châlons-sur-Marne) sont ici deux bons vins, puisque Epernay et Hautvillers, voulant donner une haute idée de leur valeur, disent qu'ils les *passent*.

P. 27, v. 115-122. — Ce qu'affirme notre poète du commerce étendu des vins de La Rochelle est de la plus exacte vérité ; il serait facile de citer une foule de textes à l'appui. Legrand d'Aussy semble en douter.

« Est-il possible, dit-il (*Notes*, etc., p. 41), que La Rochelle et son petit canton pussent fournir nos provinces septentrionales et une partie des royaumes du nord ? » On comprenait sans doute alors sous le nom de vins de La Rochelle les vins de l'Aunis et de l'Angoumois, qui étaient expédiés de ce port, comme nous comprenons sous le nom générique de vins de Bordeaux tous les produits des crus de la région bordelaise. — Le vin de La Rochelle était très estimé ; une foule de témoignages l'attestent, et le poète pouvait lui faire dire : *Je sui des vins li sebelins*. Une remarque à propos de ce vers ; il signifie : Je suis le plus précieux des vins. La martre zibeline, surtout la noire, était, au moyen âge, la plus recherchée et la plus chère des fourrures. Dans la langue du blason, on la désignait par le nom de *sable* et elle était marquée par la couleur noire. On l'appelle encore *sable* en anglais.

P. 27, v. 123-136. — Dans ce passage, nous voyons les vins de la Guyenne, de la Saintonge et du Poitou, prendre part à la lutte : Saint-Jean-d'Angely, Saintes (ch.-l. d'arr. de la Charente-Inférieure), Angoulême, Bordeaux, Poitiers. On est étonné de voir le Bordelais tenir si peu de place dans l'œuvre de notre trouvère.

P. 27, v. 124. — J'ai déjà signalé dans l'introduction l'erreur singulière de Legrand d'Aussy, qui prend le nom de notre trouvère pour celui d'un cru et qui lui applique cette note : « Cet Andeli est celui du Quercy ou celui de Saintonge. » (*Op. cit.*, p. 42.)

P. 28, v. 133-134. — On lit dans le Dict. de La Curne, v. *costoyer* : « Ce mot, dans le passage suivant, paroît difficile à expliquer :

> Le bon vin blanc de Poitiers
> . . . .
> Tant est fort que par son orgueil
> Se fau *costoier* au soleil. »

L'éditeur du Dict. ajoute en note : « Un adage du XVIe siècle dit encore (Leroux de Lincy, I, 383) : Le vin est si frais à Poitiers qu'il esteindroit le feu d'enfer. Il vous force donc de vous accoter au soleil. »

Mais aucun des deux mss. ne donne la leçon *se fau;* on lit dans le ms. 837 *se fait*, et dans celui de Berne *se fait il toster* (au sens de chauffer, griller). L'explication ne peut donc être admise.

A *costoier*, on trouve dans le même Dictionnaire : « Cultiver. Ce mot est employé figurément dans ces vers, où l'on dit en parlant d'une femme galante :

> Ja n'est (ne sera) bien sa terre *costoié*
> Tant com el n'ait c'un buef (bœuf) à sa karue. »

(Kievre de Rains, *Poës. mss. av.* 1300, t. III, p. 1167).

En s'autorisant de cet exemple, on peut, je crois, interpréter ainsi les deux vers de Henri d'Andeli : Il est si fort, parce qu'il se fait, ce vin orgueilleux, cultiver au soleil.

Remarquons encore le rapport qui existe entre l'adage cité par Leroux de Lincy et le v. 132 :

> Par la froidure de sa roche.

P. 28, v. 137-139. — Nos deux mss. diffèrent encore sur deux de ces noms :

Ms. 837, Bibl. nat. :

> Channi, Montrichart, Laçoy
> Chastel Raoul et Betesi
> Monmorillon et Ysoudun....

Ms. de Berne :

> Chauveni, Montrichart, Lacoy
> Chastel Raol et Besançoi
> Montmorillon et Ysodun....

Chauveni et Besançoi du ms. de Berne me paraissent préférables ; ils se trouvent dans la même région que les autres lieux cités. Chauveni = Chauvigny, Vienne, ch.-l. de cant., arr. de Montmorillon ; Besançoi = Buzançais, Indre, ch.-l. de cant., arr. de Châteauroux.

Montmorillon et Chauvigny sont dans la Vienne ; Châteauroux, Issoudun et Buzançais dans l'Indre ; Montrichard est un ch.-l. de cant. du Loir-et-Cher, arr. de Blois, et il est probable que Laçoy est Lassay qui se trouve dans le même département, arr. de Romorantin. Il y a aussi dans la Mayenne un Lassay, ch.-l. de canton.

De plus, la leçon *Channi*, n'ayant que deux syllabes, oblige à en donner trois à *Laçoy* qui ne peut d'ailleurs rimer avec *Betesi* qu'à cette condition. Cela ne paraît pas possible, et pour cette raison encore la leçon du ms. de Berne me semble meilleure.

Quant à Channi et à Betesi, ils répondraient sans doute : le premier à Chagny, ch.-l. de cant. de Saône-et-Loire, le second à Bethisy-Saint-Martin ou à Bethisy-Saint-Pierre, bourgs du département de l'Oise, arr. de Senlis, cant. de Crespy.

Le Chastel Raol, qui a donné son nom à Châteauroux, existe encore ; il a été bâti au xe siècle par Raoul de Déols.

P. 28, v. 143. — Dans sa notice sur Issoudun (*Hist. des villes de France*, Paris, 1845, t. IV, p. 206-210), M. Chenu de Pierry a interprété ce passage d'une façon qui n'est pas conforme à la pensée de l'auteur. « Les vins de ce territoire, dit-il (p. 209), n'ont plus la réputation dont ils jouissaient encore au moyen âge. Un auteur au xiie siècle mettant en scène les vins du Bordelais, de la Saintonge, de l'Angoumois et du Poitou, leur faisait disputer tour à tour le privilège de fournir la table de Philippe-Auguste ; mais Issoudun, Châteauroux et Sancerre les arrêtant, soutenaient l'honneur des *vins français*. (Leurs adversaires sortaient du duché de Guyenne, appartenant à l'Angleterre.) « Si vous avez plus de force que nous, disaient-ils, nous avons en récompense une finesse et une sève qui vous manquent, et jamais on n'entend ni les yeux ni la tête nous faire de reproches. » Cette dernière assertion est contredite par Guillaume le Breton ; il affirme que le vin d'Issoudun enivre ceux qui, « dédaignant associer Thétis à Bacchus », en boivent témérairement. » — Loin de soutenir l'honneur des vins français, (je rappelle que, sous cette dénomination, Henri d'Andeli comprend exclusivement les vins de l'Ile-de-France), Issoudun et Châteauroux (Sancerre n'est pas nommé dans ce passage) s'efforcent d'abattre leur jactance, et c'est à eux précisément que les vins français répondent :

> Se vous estes plus fort de nous,
> Nous sommes sade, savourous,
> Si ne fesons nule tempeste
> A cuer, n'a corz, n'a oeil, n'a teste.

Henri d'Andeli et Guillaume le Breton, loin de se contredire, sont donc parfaitement d'accord sur la force du vin d'Issoudun.

P. 28, v. 149. — Voici les leçons des deux mss. :

Ms. 837, Bib. nat. :

> Mès Vermandois, S. Brice, Auçuerre...

Ms. de Berne :

> Mais Vermentun, S. Brice, Auçuere....

Vermentun est manifestement ici la bonne leçon. Saint-Bris et Vermenton sont deux villages voisins d'Auxerre ; Saint-Bris au sud-ouest d'Auxerre, sur les coteaux qui dominent la rive droite de l'Yonne ; Vermenton un peu plus au sud-ouest, sur la Cure, peu avant son confluent avec l'Yonne. Ces trois vins, qui ont pour qualité commune de faire *gesir les genz au fuerre*, c'est-à-dire de les coucher sur la paille, appartiennent à la même région. Les vins de l'Auxerrois sont toujours représentés par les trouvères comme forts et capiteux.

Nous trouvons, v. 93, dans les deux mss., le nom de Vermandois, qui ne peut être une erreur de copiste, puisqu'il rime avec *dois*. Faut-il y voir une autre forme du mot Vermentun ? J'incline à le croire, parce que le ms. 837 l'écrit encore ainsi là où il s'agit bien évidemment du moderne Vermenton, et parce qu'il ne saurait être question du pays du Vermandois (Picardie) qui, par sa position, ne pouvait fournir de bons vins ; or le fabliau, parlant de deux vins bien dignes de prendre place au *dois*, c'est-à-dire à la table, dit qu'ils passent Vermandois, c'est-à-dire un bon vin, car ce ne serait pas faire leur éloge que de les dire supérieurs à un vin médiocre.

« Il y a, dit Legrand d'Aussy (*op. cit.*, p. 48), un Saint-Brice en Limousin, un autre en Anjou, deux en Champagne, deux dans l'Agénois. » Ces divers Saint-Brice n'ont rien à faire ici.

P. 29, v. 167-168. — Legrand d'Aussy (*Fabliaux*, t. III, p. 37) a fait à cet endroit un singulier contre-sens :

« C'était une jolie quintaine que celle de ces champions disposés au combat.... et je gage même qu'*aucun d'eux n'eût demandé la quarantaine.* » Henri d'Andeli se borne à dire plaisamment que se livrer à un pareil exercice (celui de boire de bon vin), c'est se préserver de la fièvre quarte.

P. 29, v. 173-176. — Encore un passage sur lequel diffèrent les deux mss.

Ms. 837 :

> Et a chascun donoit . j . baut,
> Et puis si disoit : « Ysebaut,
> Bien S. Thomas qui fu martin,
> Goditouet, ci a bon vin. »

Ms. de Berne :

> A cascuns vin donoit . j . bout,
> Et puis si disoit : « Ise gout,
> Bi saint Thomas qui fu martin,
> Giditoet, ci a bon vin. »

La leçon du ms. de Berne me semble encore ici préférable ; les mots anglais y sont moins altérés. *Ise gout* se comprend aisément ; ces mots sont peu éloignés de la forme moderne *it is good; bi = by,* qui signifie par. Quant à *Goditouet* du ms. 837, qui me paraît meilleur que le *Giditoet* du ms. de Berne, je ne puis ni l'analyser ni l'interpréter ; la première partie du mot représente *God*, Dieu, et alors il y aurait là un juron, ou *good*, bon, mais que veut dire le reste ? Le premier de ces quatre vers me paraît signifier que le prêtre anglais livrait un assaut à chacun des vins; *bouter* veut dire en roman pousser, et l'anglais a conservé encore le substantif *bout* dans le sens de coup.

Le mot français *martin* signifie ici martyr ; la terminaison a été modifiée pour la rime ; c'est une licence que se permettent parfois les trouvères et dont on trouve maints exemples :

> Il vaut grant monnoie ;
> Nous le garderon.
> Qui li a apris a parler *laton* (latin).

(*Du Prestre qui fu mis au lardier*. — A. de Montaiglon et G. Raynaud, *Fabliaux*, t. II, p. 27-28).

> Et maintenant la dame envoie
> Son ami a grant aleüre,
> Puis saut et delie la *mure* (mule).

(*Des Tresces*. — Ibid., t. IV, p. 71).

> Qui bien vuelt a une partie
> De mon cors, et a autre mal
> Est ce amor entière ? *Nenal* (Nenil).

(*La Vie de saint Alexi*, v. 194-196. — *Romania*, n° 30, avril 1879, p. 171).

P. 29, v. 178. — Entre la leçon du ms. de Berne :

> Hersoi drinçoi fu son clerçon,

et celle du ms. 837 :

> Guersoi dunque fu son clerçon,

il semble qu'il n'y ait pas à hésiter. *Drinçoi* représente le verbe anglais *to drink*. S'il arrive qu'un copiste remplace par un mot français un terme anglais qu'il ne comprend pas, il est inadmissible qu'il substitue un mot anglais à un mot français. Evidemment *drinçoi* était dans le texte de l'auteur. L'expression *Hersoi* (ou *Guersoi*) *drinçoi* répond à une locution bien connue dont on a des exemples en latin et en français. On trouve dans le *Regestrum Visitationum* d'Eude Rigaud : « Item, presbyter de Ribuef frequentat tabernas et *potat ad garsoil*, p. 29 ; ..... inquiratur de *potatoribus ad warseil*, p. 137 ; ..... item, injunximus presbytero Sancti Sulpitii quod tabernas evitaret, et non *biberet ad garseil*, p. 329 ; ..... Rogerus, canonicus, erat vinolentus et frequenter immoderate potabat; ipsi vero inhibuimus ne amplius *potaret ad garsallum*, p. 458. » Le sens est bien clair : boire avec excès.

On lit dans Du Cange : « Garsallum, Gall. *Garsoil*, Guttur, ut opinor. *Potare ad Garsallum* vel ad *Garsoil*, est immoderatius seu usque ad satietatem bibere. » Du Cange cite ensuite deux exemples tirés du *Regestrum Visitationum* et renvoie au mot *Gargocil*, où il dit : « Gargocil l. guttur, Gall. *Gosier*. Bibere ad Gargocil, in Statutis Cisterc. apud Marten. tom. IV, Anecd. col. 1316, est immoderatius bibere. » Jubinal (*Œuvres de Rutebeuf*, Bibl. elzév., t. I, p. 110) donne une autre étymologie : « *A guersoi*, à ivrognerie, par gourmandise. — Ce mot, qui est composé de *guère* et de *soif*, me semble une raillerie philologique pour désigner l'action de boire beaucoup. »

Rutebeuf a dit dans la *Complainte d'Outre-Mer* :

>..... en la sainte croiz cria
> Aus Juys qu'il moroit de soi :
> Ce n'ert pas por *boivre a guersoi*,
> Ainz avoit soi de nous reembre.   V. 62-65.

(*Œuvres de Rutebeuf*, Bibl. elzév., t. I, p. 110).

Jubinal a publié à la suite des œuvres de ce poète (t. III, additions, p. 347-352) *le Dit de Guersay*, dû à un rimeur inconnu.

Je citerai encore deux exemples de ce mot : dans le premier, il sert d'invitation à boire ; dans le second, il a le sens d'ivrognerie :

> Mès tien le hanap, si di, have,
> Conpaingnon, je te di *guersai*.

(*Renart*, 3168-69).

> A none, si comme il soleit,
> Menjout ; mès son mengier n'ert pas
> Farsi de chufles ne de gas,

> De bordes ne de lecheries,
> De *guerseiz* ne de gloutonnies.

(*La Vie de saint Alexi*, v. 42-46. — *Romania*, n° 30, avril 1879, p. 170).

P. 29, v. 182. — Le prêtre anglais jette la *chandeille* (cierge) à terre en excommuniant la cervoise; c'est ce que faisait toujours celui qui prononçait la formule d'excommunication.

> « De Jhesu Crist, fet il, soient il tut maldit! »
> Dunc ad geté aval, quant oüt cel mot dit,
> De sur le pavement la chandeille en defit;...

(*Saint Thomas*, édition Hippeau, v. 4876-78).

Dans *Renart le Novel*, l'archiprêtre Timer (l'âne), accompagné de deux de ses fils portant *cloke, candeille et benoitier*, excommunie Renart :

> Et quant fist le candeille esteindre,
> Si dist pour plus Renart destraindre,
> Pour çou qu'iert en mauvais estat,
> *Amen, amen, fiat, fiat.*   V. 6095-98.

(*Renart*, édition Méon, t. IV, p. 376).

P. 30, v. 187 et suiv.— Ainsi ce sont deux vins étrangers qui obtiennent la prééminence : Chypre et Aquilat. Ce dernier nom représente-t-il Aquilée, port des États autrichiens situé au fond de l'Adriatique sur l'emplacement de l'antique Aquilée, qui du temps des Romains fut très florissante, ou Aquila, ville des Abruzzes, dans la vallée de l'Aterino ? — Il est fâcheux que Henri d'Andeli ne nous ait pas donné les noms des vins dont Philippe fit « douze pers en France. »

P. 30, v. 201-202. — M. P. Meyer (*Troisième rapport sur une mission littéraire en Angleterre et en Ecosse, Archives des Missions scientifiques et littéraires,* 2ᵉ série, t. V, p. 175) cite ces vers du ms. Digby 53 (Bibl. Bodleïenne), f. 8 :

> Ki meuz ne pot a sa veille se dort.
> Pars sit anus thori cum posse caret meliori.
> Cum (*l.* cui) non posse datur melius vetule sociatur.
> Qui meliora nequid vetule fert basia que quit.

Leroux de Lincy, cité également par M. P. Meyer, donne (*Livre des proverbes français,* etc., 2ᵉ édit., in-12, 1859, t. II, p. 396) ce vers tiré du ms. de la Bibl. nat., Colbert, n° 7618³³ :

> Qui mieux ne peut faire o sa veille se dort.

Dans le dit du *Plait Renart de Dammartin contre Vairon son roncin* (Jubinal, *Nouveau Recueil,* etc., t. II, p. 26), on retrouve le même proverbe :

> Je ne puis. Tu m'as dit que doneor sont mort :
> Je sui cil qui par force a sa vielle se dort.

Ce proverbe est parvenu jusqu'à nous sous cette forme : Faute de mieux, on couche avec sa femme.

P. 30, v. 203-204. — Ces deux vers signifient : Que notre vin soit de qualité moyenne ou d'un goût plus relevé, buvons-le tel que Dieu nous le donne. Ces trois mots : *moien, per ou persone*, me semblent répondre pour les vins à la distinction établie dans la nation : tiers-état, noblesse, clergé. Les pairs étaient au premier rang dans la noblesse féodale ; le mot pair est d'ailleurs pris souvent dans le sens de baron, c'est-à-dire noble (voir les exemples dans Du Cange) ; le personat était un degré de la hiérarchie ecclésiastique. Du Cange : « Persona, qui dignitatem habet cum prærogativa in choro et capitulo.... »

LE DIT DU CHANCELIER PHILIPPE

P. 32, v. 36-37. — « Saint Etienne, dont la fête tombe le 26 décembre. » Le v. 37 rappelle l'épître farcie de saint Etienne qui a été répandue au xiie et au xiiie siècle :

> Conter vous veul la passion
> De saint Esteve le baron
> Comment et par quel mesprison
> Le lapiderent li felon.

(*Jahrbuch f. rom. Lit.* IV, 342). — Note de M. P. Meyer.

P. 38, v. 190. — V. sur cette bizarre étymologie un article de M. A. Darmesteter dans la *Romania*, t. I, p. 360-362. Après avoir cité les passages de divers auteurs qui, du viie au xie siècle, ont reproduit cette étymologie, M. A. Darmesteter établit que la responsabilité en revient à saint Jérôme (*De Nominibus Hebræorum*).

Examinons l'explication symbolique dont Henri d'Andeli se fait l'interprète à propos de cette étymologie. La glose étrange qu'il reproduit nous permettra de déterminer le sens exact d'un mot que La Curne de Sainte-Palaye paraît avoir mal expliqué. Dans une lampe, dit Henri d'Andeli, il y a cinq choses : le vaisseau de verre, l'huile, le *plonjon,* le *jon* et le feu. Le vaisseau de verre, c'est le monde fragile comme lui, et qui n'est qu'un passage (*trespas*) ; l'huile représente les délices et la douceur du monde ; le *plonjon,* c'est le corps qui est plongé dans ces délices ; le *jon* qui est *bouté* dans le *plonjon,* c'est le cœur qui est placé dans le corps ; *li jons art et si gite flanme ;* enfin le feu, c'est l'âme ou l'esprit.

On lit dans le *Dict.* de La Curne : Jonc : anneau pour retenir la mèche d'une lampe ; « mergulus, le ferret de la lampe, en quoy est la mèche ou le *jon*, ou petit pluvion. » (D. C., t. IV, 372 ᶜ.)

Du Cange, auquel La Curne renvoie, dit au mot *Mergulus :*

Mergulus. Johann. de Janua : *Mergulus, est diminutivum de mergus, et est œquivocum ad ferrum quod mergitur in lampade, et ad tenendum papyrum, et ad avem mergum.* Unde Gloss. Lat.-Gall. Sangerm. : Mergulus, le ferret de la lampe, en quoy est la mèche ou le jon, ou petit pluvion.

La Curne n'a pas bien compris l'explication du glossaire latin-français de Saint-Germain. *Jon* n'y est pas donné comme synonyme de ferret de la lampe, mais comme synonyme de mèche. Il faut lire ainsi : le ferret de la lampe, — en quoy est la mèche, ou le jon, — ou petit pluvion. Le *jon* n'est donc pas l'anneau ou le ferret, c'est la mèche, et, s'il y avait quelque doute, le vers de Henri d'Andeli suffirait à le lever :

Li jons art et si gite flanme.

L'anneau ou le ferret, c'est le *plonjon*, mergulus... quod mergitur in lampade. Le mot *pluvion* de la citation de Du Cange doit être ou une erreur du copiste ou une faute de lecture ; il est facile de confondre *u* et *n ;* on aura sans doute écrit ou lu *pluuion* au lieu de *plunion*. Remarquons que *petit plonjon* est la traduction exacte du diminutif *mergulus*.

Une dernière remarque. Il est singulier de trouver à la rime des vers 219 et 220 : *enfer, enfer ;* les trouvères se gardent de rimer avec les mêmes mots, au moins dans le même sens. Je crois que l'explication donnée plus haut du mot *plonjon* — *ferrum quod mergitur in lampade* — conduit à corriger ainsi le vers 220 :

Li cors c'est li plonjons de fer.

On peut rapprocher de l'interprétation symbolique que nous lisons dans Henri d'Andeli ce curieux passage dans lequel le monde est comparé à un œuf. Il est tiré d'une pièce intitulée : *Ici comence la petite philosophie.* M. P. Meyer l'a publiée dans son article sur les *Manuscrits français de Cambridge.* — *St John's College*

(*Romania*, n° 31, juillet 1879, p. 305-342). — Le passage que j'extrais se trouve p. 338-339 :

> Li mond est rond(e) cum une pelote,
> Nient estable mès tutdis mote.
> Unc ne fu ne ja n'ert estable
> Mès tutdis est moble et remuable ;
> Par elemenz est destinctez
> Cum par un oef veer porrez :
> L'escale l'aubun defors enclost,
> L'aubun le mouel dedenz reclost,
> Le mouel enclot une gote
> Ke de gresse est formée tote ;
> L'escale est ausi cum le ciel,
> L'eir cum l'aubun sor le mouel,
> Le mouel enclot la crasse gote
> Et l'eir purceint la terre tote.
> Savoir poet ki sens ad parfond
> Ke le ciel enclot tuit le mond.   v. 85-100.

P. 40, v. 240-242. — « On appelle *oo*, à cause de leur début (*O sapientia*... — *O Adonaï*... — *O radix Jesse*... — *O clavis David*... — *O oriens*... — *O rex gentium*... — *O Emmanuel*...), les grandes antiennes qui se chantent pendant les dimanches qui précèdent Noël, à partir du 17 décembre, avant et après le *Magnificat*. » (Note de M. P. Meyer.)

P. 40, v. 256. — « Un texte à ajouter, dit M. P. Meyer, à ceux que feu Du Méril a réunis dans son mémoire sur l'usage des tablettes en cire, *Etudes sur quelques points d'archéologie et d'histoire littéraire,* 1862, p. 109-111. »

Cette coutume a été conservée à Rouen. Dans un mémoire touchant l'usage d'écrire sur des tablettes de cire (*Mémoires de littérature tirés des registres de l'Académie des Inscriptions et Belles-Lettres*, 1753, p. 278), l'abbé Lebeuf dit : « La même chose est attestée pour la fin du même siècle (XVIIe) à l'égard de la cathédrale de Rouen, par le sieur le Brun des Marettes, auteur du Voyage liturgique, composé alors, mais imprimé seulement en 1718, à la réserve qu'on n'écrivoit le nom des officiers qu'avec un simple poinçon. Je ne suis pas certain que cet usage subsiste encore à Rouen ; mais il étoit en vigueur l'an 1722, auquel je vis les officiers de la semaine courante, *in tabulis*, sur de la cire, ainsi que je l'avois lu dans le Voyage liturgique. »

Aujourd'hui encore, aux halles de Rouen (Vieux-Marché), les adjudications du poisson vendu à la criée sont inscrites sur de longues tablettes dont les deux côtés sont enduits de cire noire. C'est peut-être le seul exemple en France de la conservation de cet antique usage.

BATAILLE DES VII ARTS

P. 43, v. 7-8. — Il est souvent bien difficile de retrouver le sens exact des sobriquets. Le mot *autoriaus*, diminutif de mépris du mot auteur, se comprend aisément (Cf. *logicieniaus*, v. 274, *avocatiaus*, 368), mais *glomeriaus* (ms. 19152, *gomereax*) est moins clair. Jubinal l'explique ainsi : « Gomer veut dire une chose de peu de valeur, peut-être une petite monnaie. Le terme de clercs glomeriaus voudrait donc dire : clercs dont on fait peu de cas. » Ce sens est bien évident ; mais il s'agit toujours de trouver quelle est réellement cette chose de peu de valeur. Si l'on adopte la leçon *glomeriaus*, on ne peut la tirer de *gomer*, mais elle a peut-être un rapport avec le mot *Glomerum*, pour lequel Du Cange donne cette glose d'Ugutio : *Pallium pastorale*. Le *gomereax* du ms. 19152 viendrait bien de *gomer*, qui lui-même me paraît tiré du latin *gomarus*. Je trouve encore dans Du Cange : « Gomarus, *Piscis*, in Glossar. Lat.-Gall. ex Cod. reg. 7679. » Du Cange ajoute que ce glossaire a oublié le mot français, « omittitur vox Gallica », et se demande si ce mot ne serait pas homard, « an pro *Homarus*, Astacus. Gall. *Homard* ? » Il renvoie à Gambarus, qu'il glose ainsi : « Cancer, ostacus, vox Italica *Gambaro*, nostris Ecrevisse. Ex lat. *Gammarus* ». Le mot *gomer* se trouve dans ce passage du *Roman de la Rose* :

> D'amer povre hom ne li chaille,
> Qu'il n'est riens que povres hons vaille ;
> Se c'iert Ovide ou Omers,
> Ne les prise pas deux gomers.

Ce qui voudrait dire : Je n'en fais pas le cas de deux écrevisses.

P. 43, v. 16. — *Quiquelique* est encore une de ces appellations dérisoires dont le sens échappe. On trouve dans le *Roman du Renart* (édit. Méon, t. III, v. 21205-21206) :

> Sez tu riens de dialectique ?
> Oïl, tote quique liquique.

Je ne cite que pour mémoire l'explication de ce mot donnée par Roquefort (*Glossaire de la langue romane*, t. II) : « *Quiquelikike*, le cri du coq, pour désigner quelque personnage impertinent. » Il est difficile de voir ce qu'une pareille interprétation peut avoir de commun avec la logique.

P. 44, v. 25. — Ce nom d'*Omers* ne désigne pas ici l'illustre auteur de l'Iliade et de l'Odyssée ; l'étude de la langue grecque était une exception très rare à cette époque. L'auteur veut parler de l'abrégé de l'Iliade, *Iliados epitome,* en 1075 vers hexamètres, composé avant le IVe siècle de notre ère ; il nous a été conservé par beaucoup de mss., dont quelques-uns donnent ce titre : *Homerus de bello Trojano* ou *De Destructione Trojæ*. D'autres mss. portent ce titre : *Homeri Iliadum opus per Pindarum Thebanum e Græco in Latinum traductum*. Ce Pindare ne serait pas le poète lyrique, mais un autre Pindare, grammairien d'Alexandrie.

Quelques mss. l'attribuent soit à Pandarus, soit à Pintatius ou Pintadius. Pandarus est le nom d'un chef qui figure parmi les défenseurs de Troie ; on eut au moyen âge la singulière idée de lui attribuer cet ouvrage, de même qu'on rapportait à Dictys de Crète et à Darès le Phrygien, ses contemporains, des relations du siège. Quant à Pintadius, il ne s'est occupé que de jeux d'esprit et de difficultés métriques, tandis que le style de l'Epitome est simple et aisé.

Le mieux qu'on puisse faire, c'est d'avouer qu'on ne connaît pas le véritable nom de l'auteur de cet opuscule, à moins qu'on ne veuille l'attribuer à Rufus Festus Avienus, comme l'a fait Wernsdorf dans son édition des *Poetæ latini minores*, reproduite par Lemaire dans sa *Bibliothèque latine*.

P. 44, v. 26. — Donat et Priscien furent les deux grandes autorités grammaticales du moyen âge, et leurs ouvrages furent étudiés et commentés dans les écoles jusqu'au XIIIe siècle, époque à laquelle parurent le *Grecismus* d'Evrard de Béthune et le *Doctrinale puerorum* d'Alexandre de Villedieu qui, après avoir partagé leur vogue, finirent par les remplacer au xive siècle. On ne se servait même plus, au xiie siècle, de tous les ouvrages de Donat et de Priscien. « On n'employait de Donat, dit M. Ch. Thurot (*Hist. des doctrines gramm. au moyen âge, Not. et Extr. des mss.*, t. XXII, 2e partie, p. 94), que l'abrégé rédigé par questions et par réponses, que l'on désignait sous le nom de *Donatus minor*, et le troisième livre de son *Ars major*, que l'on appelait déjà du temps de Hugues de Saint-Victor *Barbarismus*. Quand les grammairiens citent Donat, c'est toujours à l'*Ars minor* qu'ils font allusion. Les deux premiers livres de l'*Ars major* étaient tombés en désuétude. Quant à Priscien, on n'en connaissait plus que le traité *De Accentibus*, qui lui était attribué, et les *Institutiones grammaticæ*, dont les seize premiers livres formaient ce qu'on appelait *Prisci volumen majus, Priscianus major* ou *volumen majus*, et dont les deux derniers étaient désignés sous les noms de *Prisciani volumen minus, Priscianus minor* ou *volumen minus*. »

P. 44, v. 27-28. — Henri d'Andeli entend par *chevaliers autoristres* les auteurs Homère, Claudien, Perse, et par *ecuyers menistres* (serviteurs), les grammairiens Donat et Priscien qu'il met au service des poètes.

P. 44, v. 33-35. — Je n'ai pu trouver rien de concluant sur « ces chevaliers d'Orléans » qui viennent défendre la cause de Grammaire. Il faut sans doute voir en eux des docteurs ou des maîtres contemporains de Henri d'Andeli, ou bien des auteurs ayant vécu antérieurement et dont les œuvres figureraient ici sous le nom de leurs auteurs dans la lutte entre Grammaire et Logique. Si l'on adoptait cette dernière hypothèse, on pourrait voir dans « Oede » Odon qui, né à Orléans, quelques années avant la dernière moitié du xie siècle, enseigna les lettres d'abord à Toul, puis à Tournay, où il fut abbé de Saint-Martin, devint ensuite évêque de Cambray, et mourut le 19 juin 1113. « Avant qu'Odon, dit l'*Histoire littéraire de la France* (t. IX, p. 594), quittât la ville d'Orléans, lieu de sa naissance, et par conséquent lorsqu'il était encore jeune, il avait déjà composé un poème sur la fameuse guerre de Troie.... On ne trouve plus au reste nulle part ce poème d'Odon, qui paraît avoir été le premier de ses écrits. » Il est possible que cette œuvre, composée à Orléans, et dont un contemporain, Godefroy scholastique de Reims, vante la douceur et l'harmonie, ait continué d'être en vogue dans les écoles de cette ville au xiie et au xiiie siècle.

Il est d'ailleurs bien difficile, en l'absence de toute autre indication, de déterminer à qui peut se rapporter un nom propre que tant de personnages ont porté. Il en est de même du nom de Garnier. « C'est peut-être, dit Jubinal (*Œuvres de Rutebeuf,* Bibl. elzév., t. III, p. 328-329), le Garnier qui enseignait au xiiie siècle la grammaire à Paris avec tant de succès, et dont Pierre-le-Chantre vante le désintéressement (V. *Hist. litt. de la France*, t. IX, p. 144). »

Quant à Balsamon, je ne connais aucun auteur qui en France ait porté ce nom.

P. 44, v. 36-38. — Il faut convenir que ce Balsamon porte sur son écu de bien singuliers emblèmes : saumon, dards, poivre chaud, pain ars (rôti). Ce personnage qui, sans doute, comme les autres tenants des écoles orléanaises, était un auteur, c'est-à-dire un versificateur latin, avait peut-être mis en vers quelques préceptes de cuisine.

Le *poivre chaut* et le *pain ars* figurent en effet très souvent dans la préparation des mets au moyen âge. M. Drouet d'Arcq a publié (*Bibl. de l'Ecole des Chartes*, 5ᵉ série, t. I, p. 209-227) : « Un petit traité de cuisine écrit en français au commencement du xivᵉ siècle ». Le poivre chaut y est souvent mentionné, entre autres dans le passage suivant (p. 222) : « Saumon frès, au poivre chaut; le salé à la moustarde, en yver et en esté. » Je trouve également dans le *Menagier de Paris*, t. II, p. 156 : « Sanglier frais soit cuit en eaue et mengié au poivre chault.... »

Le *poivre chaut* paraît avoir été une sauce. Je trouve dans le petit traité de cuisine publié par M. Drouet d'Arcq, *op. cit.*, p. 219 : « Connins, en rost, au poivre chaut ou aigre.... » Or, le *Menagier de Paris*, t. II, p. 232-233, contient dans la nomenclature des « saulces boulies » deux sauces sous les noms de poivre jaunet ou aigret et de poivre noir. Je crois que cette dernière est le *poivre chault* dont il parle, p. 156, et dont il ne fait pas connaître ailleurs la composition; le pain ars est d'ailleurs un des ingrédients qui y entrent. — « *Poivre noir*. Prenez clou de giroffle et un peu de poivre, gingembre, et broyez très bien : puis broyez pain ars destrempé en meigre eaue de char ou en meigre eaue de choulx qui mieulx vaut, puis soit bouly en une paelle de fer et au boulir soit mis du vinaigre; puis mettez en un pot au feu pour tenir chault. *Item*, plusieurs y mettent de la canelle. »

Le pain « ars », puis broyé au mortier, entrait dans la préparation d'une foule de mets; il servait à lier et à donner de la couleur. *Menagier de Paris*, t. II : pain ars, p. 172, 233; pain harlé sur le gril, p. 151, 162, 165; pain brûlé, p. 154, 160 ; pain sori sur le gril, p. 166.

Une dernière question : Faut-il voir dans le mot *dars* une expression métaphorique voulant dire que le poivre chaud darde le palais, le pique comme un dard, ou bien s'agit-il du *dard* ou *vandoise*, poisson appartenant comme la carpe au genre *cyprinus*? Littré cite cet exemple du xive siècle : « Que nul ne prengne dars durant le dit temps. » *Ordonnances des rois de France*, t. VII, p. 779. Voilà bien des conjectures, mais on les excusera en raison de la difficulté du passage.

P. 44, v. 39. — Telle est la leçon des deux mss. Il y aurait là une bien singulière comparaison, surtout sous la plume d'un ecclésiastique ; et d'ailleurs, pourquoi cette comparaison ? Elle est incompréhensible. J'ai d'abord examiné deux hypothèses : ou bien une confusion possible entre les lettres *f* et *l*, qui se ressemblent beaucoup dans certains mss., aurait amené le copiste du ms. qui est la source des deux nôtres, à lire *coille* au lieu de *coiffe*, ou bien trouvant le mot *coule*, employé au sens de capuchon (du bas-latin *culla*), il aurait vu là l'autre signification et aurait donné au mot la forme sous laquelle il l'écrivait d'ordinaire. Il y a bien une difficulté à cette hypothèse ; le capuchon paraît n'avoir été porté que par le clergé régulier, ici il s'agit d'un prêtre (*provoire*). Mais voici qui remet tout en question. Je trouve dans le *Dictionnaire de Cotgrave* (édit. de 1660) : « *Couillon de prestre, Spindletree, Prickwood, Pricktymber.* » Or, le *Spindletree*, c'est le *Fusain* (Evonymus), appelé aussi *Bonnet de prêtre*, à cause de la forme de ses graines qui ressemblent assez bien à un bonnet carré, ce qui ramène à *coiffe de provoire* que j'avais songé à admettre. Mais le mot employé par Cotgrave n'en subsiste pas moins ; il faut tenir grand compte de cette coïncidence avec le terme des deux mss. ; aussi je n'ai pas cru devoir changer cette leçon dont le sens serait : *plus noir que fusain.*

P. 44, v. 40. — « On appelle en termes de marine

poissons royaux, les dauphins, esturgeons, saumons et truites, lesquels appartiennent au Roi seul, quand ils sont trouvés échoués sur le bord de la mer, à la différence des baleines, marsoins, veaux de mer, thons, souffleurs et autres *poissons* à lard, qui sont partagez comme simples épaves. *Pisces regii*. Cela est réglé par le titre 7 du livre 5 de l'Ordonnance de la Marine. La coutume de Normandie appelle aussi *poissons royaux* généralement tout le *poisson* qui est digne de la table du Roi, comme vives, surmulets, qui sont les rougets, les haubarts qui sont brigues, ou loubines, etc. » *Dict. de Trévoux*.

P. 45, v. 47-48. — Un Raoul de Builly (Rad'. de Builly) est mentionné comme témoin dans une charte (*Rotuli chartarum in Turri Londinensi asservati*, acc. Thoma Duffus Hardy, t. I, 209 A), par laquelle Galfr'. de Turre devient homme-lige de Jean sans Terre en 1215, mais je ne saurais dire si, dans ce passage du poète, il s'agit ou non de ce personnage.

P. 45, v. 49. — Je crois que Henri d'Andeli désigne ici par *Tornai* une maison que les évêques de Tournay possédaient près de l'enceinte de Philippe-Auguste, dans la rue Bordet ou Bordelle (maintenant rue Descartes), qui aboutissait à la porte de ce nom et passait derrière Sainte-Geneviève. Un évêque de Tournay y établit, en 1353, le collège de Tournay contigu au collège de Boncourt fondé la même année. Ils furent tous deux réunis plus tard au collège de

Navarre établi en 1304 par Jeanne de Navarre, fille de Philippe le Bel. L'École polytechnique occupe aujourd'hui leur place.

On comprend que notre poète fasse assembler l'armée de *Logique* près des remparts, — elle va sortir de Paris, — et sur la montagne Sainte-Geneviève, — c'est là que *Logique* avait ses écoles.

P. 45, v. 50. — Il s'agit sans doute ici de Pierre de Courtenai, chanoine de l'église de Paris, fils de Pierre de Courtenai, qui fut empereur de Constantinople et mourut en 1218, et d'Yolande de Hainaut ou de Flandre. Le titre de *dan* que lui donne le poète s'applique évidemment à un ecclésiastique. Le P. Anselme dit (*Hist. chr. et généal.*, t. I, p. 477) : « Pierre de Courtenay, destiné à l'église, est qualifié clerc dans une chartre de 1210, pour l'abbaye de Vezelay », et dans le *Cartulaire de l'église Notre-Dame de Paris,* édité par M. Guérard, on lit (t. I, p. 464), janvier $\frac{1239}{1240}$: « Pro hiis autem et pro omnibus supradictis, ego Petrus de Cortenaio, Parisiensis canonicus.... »

P. 45, v. 51. — Ce vers, « Uns logiciens moult tres sages », doit-il être rattaché au vers précédent, comme l'a cru Jubinal qui l'en a séparé par une simple virgule et a placé un point après le mot *sages,* ou au vers suivant, les mots *uns logiciens* ayant l'*s* caractéristique du cas-sujet. J'ai adopté ce dernier parti, bien que je n'ignore pas que les mots se rapportant par apposition à un cas oblique ont parfois l's qui distingue le sujet singulier. (Voir M. de Lebinski : *Die Declination der substantiva in der Oïl-Sprache,* 1878, in-8°).

P. 45, v. 52-54.— Je n'ai rien trouvé sur ce *Jehans li pages,* pas plus que sur *Nicole aus hautes naches* (fesses), *Robert le Nain* (v. 58) et *Cheron le Viel* (v. 60).

A l'égard de *Poin l'Asne,* Jubinal dit : « Ne serait-ce point le dominicain Jean de Paris, docteur et professeur de théologie, qui vivait vers 1200, et qui fut surnommé Poin-l'Ane (pungens Asinum) ? » Ces mots *cil de Gamaches* paraissent exclure l'hypothèse de Jubinal et montrer qu'il y avait alors plusieurs Poin-l'Ane faciles à confondre. Ce nom n'était pas d'ailleurs à cette époque si rare qu'on pourrait le croire. Plusieurs documents nous apprennent qu'il était porté par une famille de Paris; on le trouve aussi en Normandie. A la page 81, col. 2, des *Magni Rotuli scaccarii Normanniæ sub regibus Angliæ,* publiés par la Société des Antiquaires de Normandie, 1846, on lit en effet : Thomas *Pointlasne* 2 sol. pro clamore dimisso.

P. 45, v. 55-57.

> Cil trousserent trive, cadruve
> Sor. j. grant char en une cuve.
> Li bedel traioient le char.

Le ms. 19152 donne la leçon suivante que Jubinal a préférée en la ponctuant ainsi :

> Cil troi sevent trive, cadruve.
> Sor. j. grant char en une cuve,
> Li bedel traioient le char.

Le premier vers offre, il est vrai, un sens très applicable aux trois personnages qui viennent d'être nommés, mais les deux derniers ne peuvent s'expliquer d'une manière satisfaisante. Comment comprendre en effet que les bedeaux (appariteurs de l'Université) traînent le char sur un grand char en une cuve ? Le sens du ms. 837 est clair : « Ceux-ci chargèrent le Trivium et le Quadrivium (V. *Introduction*, p. LXXI) sur un char dans une cuve et les bedeaux tiraient le char. » Ce sens de *trousser* (charger sur, placer dans) est bien connu; on le trouve déjà plusieurs fois dans la *Chanson de Roland*. Aux exemples cités par M. Littré, à l'historique du mot *Trousser*, je puis ajouter les suivants, qui s'accordent parfaitement avec le passage de notre trouvère. Ils sont tirés du fabliau intitulé : *Du Prestre mis au lardier* (A. de Montaiglon et G. Raynaud : *Fabliaux*, t. II, p. 27).

> Sur une charete me faut trousser haut
> Ce viez lardier là, vendre le me faut.
> . . . .
> On fit ens en l'eure
> Le lardier trousser.

Ainsi, les sept Arts sont traînés sur un char jusqu'au lieu où doit se livrer la bataille, tandis que la *Loi* (le

NOTES ET ÉCLAIRCISSEMENTS   147

droit civil) et *Decret* (le droit canon) s'y rendent noblement à cheval :

> La Loi chevaucha richement
> Et Decret orguilleusement
> Sor trestoutes les autres ars.

Ceci nous montre quelle importance l'étude du droit civil et surtout celle du droit canon, la première renouvelée par le jurisconsulte Irnerius, la seconde instituée par le moine Gratien, à Bologne, dans la dernière moitié du XIIe siècle, avaient déjà prise dans l'Université de Paris. — Le moine Gratien avait publié un recueil de *Décrétales* qui servirent de base à l'enseignement du droit canon, d'où le nom de *Décret* donné à cette science.

P. 45, v. 63.— Montlhéry (Mons Letherici), Seine-et-Oise, arr. de Corbeil, c. d'Arpajon, est célèbre par le château-fort qui fut rasé par Louis le Gros, et dont il reste une tour dont Henri d'Andeli parle plus loin, et par la bataille qui eut lieu le 16 novembre 1465 entre Louis XI et les seigneurs qui avaient formé contre lui la Ligue du Bien public. Linas, qui n'est plus qu'un petit village, un peu au sud de Montlhéry, était un doyenné au XIIIe siècle.

P. 45, v. 68.— L'étude du droit était très florissante en Italie, principalement à Bologne et à Padoue, et beaucoup de Lombards venaient à Paris trafiquer de leur éloquence. Voilà pourquoi le poète en fait les suivants de Rhétorique, leur donne pour armes des dards empennés de langues, et les montre habiles à enlever les héritages

> Par les lances de lor langages.

P. 46, v. 75-76. — Aux Pères de l'Église latine, saint Augustin, saint Ambroise, saint Grégoire le Grand, pape, saint Jérôme, le poète joint le moine et historien anglais Bède le Vénérable et Isidore de Séville, tous deux en grande estime au moyen âge pour leurs traités de théologie. Le parti des grammairiens aurait pu revendiquer le dernier dont les Etymologies ou Origines étaient en renom dans les écoles de grammaire.

P. 46, v. 77-79. — Divinité et Haute-Science désignent ici la Théologie qui primait tous les autres arts. Dans les *Recherches de la France*, l. IX, ch. X, col. 906 de l'édition de 1723, Etienne Pasquier dit : « Or estoient nos Docteurs anciennement appellez tantost Docteurs en Theologie, tantost Maistres en divinité. Ainsi le trouverez-vous en Froissard Tome premier chapitre 211. & au testament fait l'an 1304. par Jeanne Royne de Navarre Comtesse de Champagne & Brie femme dudit Roy Philippes le Bel. » — Les Anglais emploient encore aujourd'hui *Divinity* dans le sens de théologie.

P. 46, v. 84. — Ce chancelier, que le trouvère appelle deux vers plus loin *li mieldres clers de France*, est très vraisemblablement Philippe de Grève, chancelier de l'église de Paris de 1218 au 26 décembre 1236, dont la mort a inspiré à notre poète son Dit du chancelier Philippe. Au vers 86, le mot *c'ert,* c'était, semble indiquer que le chancelier était déjà mort quand la *Bataille des VII Ars* fut composée.

P. 46, v. 91. — La qualification d'*arcien* dut être attribuée d'abord à tous ceux qui étudiaient les sept Arts, c'est-à-dire aussi bien aux grammairiens qu'aux logiciens. Ce vers et le 444e,

Quar arcien et discretistre,

montrent bien que, au temps de Henri d'Andeli, ce titre s'appliquait spécialement aux maîtres et aux étudiants en logique (V. La Curne, v. *Artien*). *Arcien* paraît avoir le même sens dans ce passage de Rutebeuf (*De Maistre Guillaume de Saint-Amour*, v. 40-43) :

Hé ! arcien,
Decretistre, fisicien
Et vous la gent Justinien...

(Jubinal, *Œuvres complètes de Rutebeuf,* Bibl. elzév., t. I, p. 95.)

P. 46, v. 99. — La « Fisique » n'était pas alors autre chose que la médecine et l'on donnait le nom de « fisiciens » ou de « mires » aux médecins, dont la profession ne se confondait pas avec celle des chirurgiens.

« Phisique est une science par le quele on connoist

toutes les manieres du cors de l'homme, et par lequele on garde le santé du cors et remue les maladies. » Alebrant, Bibl. nat., f. fr. 7929, f° 2. — Cf. l'anglais *Physician*, médecin.

P. 47, v. 101. — On trouve au xiii° siècle deux médecins portant ce nom : Robert de Douay, chanoine de Senlis, médecin de Louis IX, ou, selon G. Naudé, de la reine Marguerite, et Robert, chanoine de Champeaux en Brie, médecin d'Etienne, évêque de Paris, cité par le *Cartulaire de Notre-Dame de Paris* (édit. Guérard, t. I, p. 212) comme témoin d'un hommage fait par Jean de Gehenni (Jagny) à cet évêque, le 21 mars 1279, avant le dimanche des Rameaux.

P. 47, v. 102. — Il y avait, à Paris, dans la cité, une rue de Glatigny, qui paraît avoir été assez mal famée.

P. 47, v. 103. — Dans la liste qu'il donne des médecins du roi, v. *Archiater*, Du Cange cite : « Petrus Lombardus, Canonicus Carnotensis, Archiater Ludovici VII, anno 1138, obituar. Carnot. », et l'*Histoire littéraire de la France*, t. IX, p. 193-194, dit : « On nous donne aussi pour premier Médecin du Roi Louis-le-Jeune, un Pierre Lombard Chanoine de l'église de Chartres, où il est, dit-on, enterré, et ainsi fort différent de l'Evêque de Paris du même nom. »

D'un autre côté, M. de Lépinois (*Hist. de Chartres*, 1854, t. I, p. 158), cite un « M° *Pierre Lombard*, chanoine et médecin du Roi », et il ajoute en note : « Ce Pierre Lombard, clerc, puis chanoine sous-diacre, familier du chanoine Landulphe de Columpnia, en 1299, n'a rien de commun avec Pierre Lombard, le maître des sentences, qui fut évêque de Paris en 1159..... (Voir Nécrol. de Notre-Dame, $\frac{5}{c}$ 37, au 19 des kal. de février et les registres capitulaires anno 1299.) »

Il est assez singulier de trouver deux Pierre Lombard au XIIe et au XIIIe siècle, tous deux chanoines de Chartres, tous deux médecins du roi.

P. 47, v. 105. — L'absence de toute autre désignation rend bien difficile de déterminer quel est le médecin désigné par un nom si commun au moyen âge que celui de Giraut. La Bibl. publique de Rouen possède un ouvrage sur la médecine de Géraud de Bourges, intitulé : *Summa magistri Geraldi* (ms. $\frac{1}{30}$, du XIIIe siècle). Fabricius lui a consacré les lignes suivantes dans sa *Bibliotheca latina mediæ et infimæ ætatis,* t. III, lib. VII, p. 39 : « Geraldus Bituricensis, Medicus, cujus Commentarium ms. super Viaticum Constantini memorat Sanderus in Bibl. Belgica ms. p. 194. Constantinus Afer, auctor Viatici, scripsit circa annum 1090. » — Est-ce le Giraut dont parle Henri d'Andeli ?

P. 47, v. 106. — Le nom de Henri de Venables s'applique évidemment à un Normand. Venables est un village du département de l'Eure, situé à peu de distance de Gaillon et des Andelys. Je trouve dans le *Regestrum Visitationum* d'Eude Rigaud le nom d'un Henri, médecin de l'archevêque, assistant comme témoin à plusieurs actes : p. 156, magistro Henrico

Babille, phisico nostro ; p. 161, magistri Henricus li Begues et Johannes Gibosus, phisici ; p. 170, magistro Henrico, phisico ; p. 173, magister Henricus, dictus Blesus, phisicus. *Li Begues* est la traduction de Blesus ; *Babille* signifie probablement ici *qui balbutie* et désignerait le même personnage. — Si l'on considère que Venables est voisin de Gaillon et des Andelys, où les archevêques de Rouen avaient des domaines, on pourrait peut-être supposer sans trop de témérité que ce Henri, médecin attaché à la personne d'Eude Rigaud, est le *mestre Henri de Venables* dont parle notre trouvère ; la supposition devient encore plus probable si l'on admet (voyez l'introduction) que Henri d'Andeli était lui-même clerc d'Eude Rigaud.

P. 47, v. 108. — Quel est ce médecin ou ce chirurgien que Henri d'Andeli désigne ici sous le nom de Petit-Pont ? Le Petit-Pont unissait comme aujourd'hui la Cité à la rive gauche de la Seine ; il était bordé de maisons occupées par des écoles, et les maîtres qui y enseignaient tiraient de lui leur surnom ; en l'absence de toute autre désignation, il est difficile de savoir duquel il s'agit. Parmi ceux qui ont porté ce nom, je citerai : Adam du Petit-Pont, célèbre grammairien, qui fut chanoine de Paris, puis évêque d'Asaph en Angleterre (Jean de Salisbury l'eut pour maître) ; Jean du Petit-Pont, que Gilles de Paris, son contemporain, qualifie de puits de science :

> Vasis inexhausti parvo de ponte Johannem ;

Gilebertus de Parvo-Ponte, chanoine de Saint-Etienne de Gressibus (des Grès), mentionné, en juillet 1265, par le *Cartulaire de Notre-Dame de Paris* (édit. Guerard, t. II, p. 435-436); Guillelmus de Parvo-Ponte (même ouvr., t. I, p. 432), sous la date de 1237; Gautier du Petit-Pont, théologien, chanoine de Rouen, mentionné dans le *Cart. de Louviers,* édité par M. Bonnin, p. 180, 5 mars 1221. Y a-t-il un rapport entre ce dernier et le Gautier dont parle le poète aux vers 402-405 ?

> L'Englois qui lut sor Petit Pont
> Qui por pauvreté se repont.

Godefroy de Breteuil ou de Saint-Victor, chanoine et sous-prieur de l'abbaye de Saint-Victor près de Lisieux, a donné dans le *Fons Philosophiæ*, poème latin du XIIe siècle, édité par M. Charma en 1868, une curieuse description (str. 70-72) de ce pont, tel qu'il existait de son temps.

P. 47, v. 115. — Deux textes à rapprocher de ce passage. Dans le *Miracle de saint Guillaume du désert* (*Miracles de Nostre-Dame,* t. II, p. 45), Notre-Dame envoie ses anges au secours de Guillaume, que les démons ont meurtri de coups, et leur adresse ces mots :

> Mi ange, mettez vous a voie
> Et cestes boites isnelment,

> Qui sont de tres doulx oingnement,
> Prenez, Agnès, et vous Cristine,...

Le poème de la Table ronde, édité par M. C. Hippeau sous le titre de *Messire Gauvain ou la Vengeance de Raguidel,* contient une curieuse énumération des métiers exercés dans la ville que domine le château de Gautdestroit; on y trouve ce vers :

> Cius vent boites a ongement.

P. 48, v. 130-132. — Les sciences occultes, au nombre desquelles est la *Nigromance* (Nécromancie), étaient étudiées à Tolède et à Naples. L'*Histoire littéraire de la France,* t. XVIII, p. 95, cite ce passage d'un sermon dans lequel Hélinand, moine de Froidmont, mort après 1229, oppose la science des saints à la vanité des connaissances humaines : « Ecce quærunt clerici Parisiis artes liberales, Aurelianis auctores, Bononiæ codices, Salerni pyxides, *Toleti dæmones,* et nusquam mores...»

P. 49, v. 174-177. — Pour les instruments de musique dont parle ici le poète, V. Viollet-le-Duc : *Dictionnaire du mobilier,* Clochettes, t. II, p. 253-254. — Gigue, t. II, p. 273-274. — Vièle, t. II, p. 319 et suiv. — Psaltérion, t. II, p. 301-305. — Flûte, t. II, p. 267-272. V. aussi E. de Coussemaker : *Essai sur les instruments de musique au moyen âge* dans les *Annales archéologiques de Didron,* t. III, 1845, et A. Vidal : *Les instruments à archet,* Vielle à archet, t. I, ch. IV.

P. 49, v. 180-183. — Le diatesalon est la quarte, ἡ διὰ τεσσάρων συμφωνία; le diapante, la quinte, ἡ διὰ πέντε συμφωνία; le diapason, l'octave, ἡ διὰ πασῶν συμφονία.

Treble vient du mot latin *triplum* que M. de Coussemaker (*l'Art harmonique aux XIIe et XIIIe siècles*, 1845, in-4°, p. 47) explique ainsi : « Le mot *triplum* avait une double signification : on désignait ainsi la troisième partie d'une composition harmonique qui s'ajoutait aux deux parties préexistantes. On appelait aussi *triplum*, d'une manière générale, une composition à trois parties. Ce mot avait alors la même signification que le mot *trio* dans la musique moderne. »

Je n'ai trouvé nulle part le mot *quarreüre* employé au sens de *quadruple*; mais la suite des idées amène bien à lui donner la même signification. M. de Coussemaker dit encore (p. 49) : « Le mot *quadruplum* a une double signification. Il désignait à la fois une composition harmonique à quatre parties, et la quatrième partie. »

Le mot *gerbes* m'est inintelligible. Il est à remarquer qu'il ne rime avec *trebles* que par assonance. Le texte est sans doute altéré. Le ms. 19152 a la leçon suivante :

<pre>
    Sont hurtez de diverses janbes
    Par quarreüres et par trangles,
</pre>

qui est également incorrecte. *Trangles* équivaut-il à *trebles?* S'il en était ainsi, on pourrait corriger *janbes* en *jangles,* mot par lequel le poète qualifierait dédaigneusement les chansons des musiciens.

P. 50, v. 202. — Il s'agit dans ce vers du *Grecismus* d'Evrard de Béthune, composé, d'après M. Daunou, en 1212, et du *Doctrinale puerorum* d'Alexandre de Villedieu, qui, d'après trois vers du ms. d'Helmstadt, est de l'année 1209. Henri d'Andeli en fait les deux neveux de Priscien, parce que ces deux ouvrages, qui ne sont pas autre chose que des grammaires latines en vers, sont empruntés pour le fond aux traités de Priscien, qui, avec ceux de Donat, servirent presque exclusivement à l'enseignement de la grammaire, pendant le moyen âge, jusqu'au moment où Evrard et Alexandre composèrent leurs manuels. « Dès le XIIIe siècle, dit M. Ch. Thurot, le Grécisme et le Doctrinal étaient préférés à l'ouvrage de Priscien, et cela pour plusieurs raisons. D'abord les vers techniques, jusque-là rarement employés, étaient devenus d'un usage général dans l'enseignement. On ne croyait pas pouvoir s'en passer, et, depuis le XIIIe siècle, il n'est guère d'ouvrage didactique, même en prose, où les règles jugées les plus essentielles ne soient rédigées en vers. » Henri de Gand, mort en 1295, atteste en ces termes la vogue dont jouissait cet ouvrage : « Alexander Dolensis scripsit metricè librum quem Doctrinale vocant. Cujus libri in scholis grammaticorum magnus usus est in temporibus hodiernis. » (*De scrip. eccl.*, c. 59.) V. pour le Grécisme : *Hist. litt. de la France,* t. XVI, p. 188 et

t. XVII, p. 128, et M. Ch. Thurot : *Not. et Extr. des mss.*, t. XXII, 2ᵉ partie, p. 101; pour le Doctrinal : *Not. et Extr. des mss.*, t. V, p. 512, art. de Legrand d'Aussy; *Hist. litt. de la France,* t. XVIII, p. 202-209, art. d'Amaury-Duval ; M. Ch. Thurot, *op. cit.*, p. 28-36, et Du Boulay : *Hist. Univ. Paris.*, t. III, p. 65 et 674.

P. 50, v. 207. — Ce passage nous montre que, dans les écoles du moyen âge, on étudiait les poètes chrétiens du ɪᴠᵉ et du ᴠᵉ siècle, concurremment avec les poètes païens de l'antiquité classique (V. l'*Introduction*, p. xcɪɪ). Ces derniers sont trop connus pour qu'il soit nécessaire d'en parler. Il en est de même de Prudence, dont Villemain apprécie la valeur comme poète lyrique dans ses *Essais sur le génie de Pindare et sur la poésie lyrique,* ch. XIX, p. 434-440, in-8º, 1859.

Le principal ouvrage de Sedulius, poète chrétien du ᴠᵉ siècle, est le *Paschale carmen,* poème en vers hexamètres sur les miracles de l'Ancien et du Nouveau Testament, qu'il mit lui-même en prose, sous le titre de *Paschale opus*, à la prière du prêtre Macedonius.

Saint Prosper d'Aquitaine (ᴠᵉ siècle) a composé, entre autres ouvrages, le *Carmen de ingratis* ou *De libero arbitrio contra ingratos aut Pelagianos.* Les *ingrats* sont ici ceux qui ne pensent pas que la grâce divine soit nécessaire à l'homme. Le poème de saint Prosper a été traduit en vers français par Lemaistre de Sacy. (Paris, 1646, in-4º.)

Arator (vi[e] siècle) a mis en vers hexamètres les Actes des Apôtres : *Aratoris subdiaconi historiæ apostolicæ libri duo*. C'est à lui qu'Ennodius, évêque de Pavie, adressa ce calembour à l'occasion de son anniversaire :

> Jure colis proprium natalem, pulcher Arator,
> Qui si non coleres, numquid Arator eris ?

P. 51, v. 210. — Legrand d'Aussy et Jubinal voient dans Propre le poète latin Properce, contemporain d'Auguste ; mais les lois de la dérivation, aujourd'hui bien établies, ne permettent pas d'admettre cette assimilation. On sait que, dans tous les mots d'origine populaire, l'accent reste en français sur la syllabe accentuée en latin et que cette syllabe est toujours conservée. (V. M. A. Brachet, *Gramm. hist. de la langue française,* 16e édition, p. 72). Or, dans Propertius, la syllabe *per* est accentuée, et dans *Propre,* c'est la syllabe *pro* qui porte l'accent. Propertius ne pouvait devenir et n'est devenu en effet que Properce. Quant à Propre, c'est le nom bien régulièrement dérivé de saint Prosper, évêque d'Aquitaine et poète latin du ve siècle. Et cette assimilation est confirmée par plusieurs listes de poètes anciens auxquels les grammairiens du moyen âge empruntent leurs exemples, et dans lesquelles on trouve toujours saint Prosper et jamais Properce. — V. ces listes dans l'ouvrage de M. Ch. Thurot sur les *Doctrines grammaticales au moyen* âge (*Not. et Extr. des mss.*, t. XXII, 2ᵉ partie, p. 424, 425, 509, 518).

P. 51, v. 216. — L'auteur personnifie ici différents ouvrages d'Aristote. Elenche est le Περὶ σοφιστικῶν Ἐλέγχων; les deux Logiques sont les Ἀναλυτικὰ πρότερα en deux livres, et les Ἀναλυτικὰ ὕστερα aussi en deux livres; le Periarmaines est le Περὶ Ἑρμηνείας ou de l'Interprétation; les Topiques sont les Τοπικὰ en six livres. Ces cinq ouvrages, joints aux Prédicaments (Κατηγορίαι), que nous verrons figurer au v. 230, forment l'ensemble qu'on appelle l'Organon ou la Logique d'Aristote.

Le Livre de Nature est le Φυσικὴ Ἀκρόασις en huit livres; l'Éthique désigne les Ἠθικὰ Νικομαχεία en dix livres, peut-être aussi les Ἠθικὰ μεγάλα et Ἠθικὰ Εὐδημία.

P. 51, v. 220. — Boëce, le commentateur d'Aristote, vient ici tout naturellement au secours du philosophe grec. Si Macrobe figure dans l'armée de Logique, il le doit sans doute à son célèbre commentaire sur le *Songe de Scipion*. Son traité *De differentiis et societatibus græci latinique verbi* aurait pu le faire placer parmi les partisans de Grammaire.

P. 51, v. 222. — Ce philosophe, qui changea son nom phénicien de Malk ou Melech (Roi) pour le nom grec de Porphyre, naquit en 238 et mourut au commencement du ɪvᵉ siècle. Il devint le chef de l'école d'Alexandrie après la mort de son maître Plotin. Les nombreux ouvrages philosophiques et littéraires qu'il avait composés ne nous sont pas tous parvenus. Son *Isagoge* (Εἰσαγωγή), ou Introduction aux Catégories d'Aristote, était étudié dans les écoles du moyen âge, qui ne le connaissaient que par le double commentaire de Boëce sur la traduction de Victorinus (*In Porphyrium a Victorino translatum dialogi duo*), et sur celle qu'il avait faite lui-même (*Commentarium in Porphyrium a se translatum libri quinque*). C'est d'un passage de Porphyre que sortit la grande querelle des Universaux.

P. 51, v. 230. — Ce n'est pas sans raison que l'auteur joint *Sex Principes* à *Predicamenz* (Catégories d'Aristote). Dans l'ouvrage qu'il a intitulé *Sex Principiorum liber*, Gilbert de la Porrée, né à Poitiers vers 1070, et mort évêque de cette ville en 1154, s'est proposé de compléter l'œuvre d'Aristote, qui, après avoir traité à fond des quatre premières catégories, n'avait présenté sur les suivantes que des considérations sommaires. Ce sont ces six dernières catégories que Gilbert de la Porrée soumet à un examen approfondi et qu'il appelle *Sex Principia*. « Ce complément, dit M. B. Hauréau (*Hist. de la phil. scol.*, 1re partie, p. 453), fut adopté dans toutes les écoles jusqu'au XVIe siècle. De même que le traité de Porphyre, il fut joint aux *Catégories*. Pour entrer dans le monument péripatéticien, on passait par l'*Isagoge;* on en sortait par le *Livre des six principes.* » Le statut de 1254, par lequel les maîtres ès arts réglèrent l'ordre des études dans l'Université de Paris, met en effet le *Sex Principia* au nombre des ouvrages qui doivent être lus. (V. ce statut dans Du Boulay, *Hist. Univ. Paris.*, t. III, p. 280-281.)

P. 51, v. 232. — Voir sur *dant Barbarime* la note du v. 26.

P. 52, v. 239. — Cette imputation dirigée contre les Poitevins se trouve ailleurs que dans notre poète. Jubinal, dans une note de la *Bataille des VII Ars* (*Œuvres de Rutebeuf,* Bibl., elzév., t. III, additions p. 327), cite un curieux passage tiré du ch. VII de l'*Histoire occidentale* de Jacques de Vitry, qui fut, dit-il, légat du saint-siège sous Grégoire IX, en 1228, et cardinal, où il fait connaître les dénominations qu'on appliquait alors aux différents peuples. On y lit : *Pictavos proditores et fortunæ amicos.* Plus tard, à l'occasion de la coalition de Hugues de Lusignan, comte de la Marche, et des seigneurs poitevins avec Henri III, roi d'Angleterre, contre saint Louis, Mathieu Pâris appelle les seigneurs révoltés *faux et traîtres Poitevins.*

P. 52, v. 258.

> Gramaire lor fiert . j . desciple
> Parmi le corps d'un participle
> Qui le fist a la terre estendre,
> Puis li dist : « Or alez aprendre. »

Tel est le texte du ms. 837. Toutefois, dans le premier vers, le chiffre que j'interprète par le chiffre . j . est mal fait ; on pourrait y voir la lettre *a*, mais il semble plutôt que c'est le chiffre . j . dont le premier point est imparfaitement formé et dont le second paraît avoir été gratté. D'ailleurs, si on y voyait la préposition *a*, le verbe *fiert* serait sans complément direct, et l'expression *a desciple,* qu'on devrait traduire alors par *avec une discipline*, ne pourrait être admise ; le latin *disciplīna* ayant l'accent sur la pénultième n'a pu donner au roman la forme *desciple* que l'on ne trouve nulle part avec cette signification. Dans l'ancienne langue, *desciple, deciple* ou *disciple* vient régulièrement de *discipulus* et signifie toujours disciple. Du reste, ce texte s'explique aisément : « Grammaire frappe un de leurs disciples avec un participe qui l'étendit à terre ; elle lui dit alors : Retournez à l'école. » Le ms. 19152 donne la leçon suivante :

> Gramaire les fiert et deciple
> Parmi le cors d'un participe
> Qu'el les fist à la terre estandre,
> Puis lor dist : « N'i alez aprendre. »

Le mot *deciple* serait ici la 3ᵉ p. du sing. du pr. de l'ind. d'un verbe *decipler* qu'on ne peut, contre les lois de l'accentuation, dériver du verbe latin *disciplinari*. On n'en a d'ailleurs, que je sache, aucun exemple.

P. 52, v. 264-265. — Le nom de *Socrate*, qui revient à chaque instant dans les exemples formés par les logiciens et par les grammairiens, fut souvent abrégé en celui de *Sortes,* gén. *Sortis.* Le nom *Sortes* est même réduit au monosyllabe *Sor* dans un grand nombre de gloses citées par M. Thurot (*Doctrines grammat. au moyen âge, Not. et Ext. des mss.*, t. XXII, 2ᵉ partie *passim*) : « *Sor* est homo, *Sor* est albus, *Sor* currit bene, *Sor* et Plato disputant. »

Dans le poème *De Gestis Ludovici VIII,* v. 95-97 (*Les Historiens des Gaules et de la France,* t. XVII, p. 314), Nicolas de Bray dit, au sujet de l'entrée de ce roi à Paris :

> Tunc labor et studium Logicorum lisque quiescit.
> Cessat Aristoteles, nec Plato problemata ponit,
> Nec currit *Sortes* plausu damnante laborem.

Sortes n'a été compris ni par Du Boulay *(Hist. Univ. Paris.,* t. III, p. 110) qui cite ces vers, ni par les éditeurs du XVIIᵉ vol. des *Historiens des Gaules et de la France,* qui l'ont imprimé sans capitale, ni par le traducteur du poème de Nicolas de Bray, qui rend ainsi ce passage : « Alors aussi sont suspendus et les procès et les travaux et les études des logiciens ; Aristote ne parle plus, Platon ne présente plus de problèmes, ne cherche plus d'énigmes à résoudre... » (*Collection des Mémoires relatifs à l'histoire de France,* par Guizot, t. XI, p. 392-393.) Voici comment il faut l'entendre :

Alors aussi sont suspendus et les travaux et les études et les querelles des logiciens ; Aristote se tait, Platon ne présente plus de problèmes, le nom de Sortes (Socrate) ne court plus de bouche en bouche.

P. 53, v. 282. — Voici comment j'entends ce passage que Jubinal a autrement ponctué : *Parealmaine* (personnification du Περὶ Ἑρμηνείας d'Aristote), tue *Architraine* (le poème latin *Archithrenius*), . *j* . *des barons de Normendie* (Jean de Hautville, son auteur, est normand), et, après lui, *Tobie* (la *Tobiade* de Mathieu de Vendôme), puis il écrase d'un grand coup de mail le *Gesta ducis Macedum* (l'*Alexandréide* de Gautier de Châtillon), et la *Bible versefiée* (l'*Aurora* de Pierre Riga). Ce sont là les quatre adversaires que *Parealmaine* tue *en* . *j* . *randon*, c'est-à-dire d'un même élan. Henri d'Andeli appelle *Architraine* son seigneur, peut-être parce qu'il se considère plaisamment comme son vassal, étant normand ainsi que lui.

P. 53, v. 283-284. — *Architraine* est le poème latin *Archithrenius,* dont l'auteur est le normand Jean de Hautville. Celui-ci suppose que son héros parcourt le monde, où il rencontre à chaque pas les désordres causés par les passions et par les vices ; son âme est pénétrée de douleur et ses yeux sont noyés de larmes ; d'où son nom d'*Archithrenius,* qu'on peut traduire littéralement par *archi - pleureur*. (V. *Hist. litt. de la France*, t. XIV, p. 569-579, article de Ginguené.) Ce poème a été dédié à Gautier de Coutances, surnommé le Magnifique, qui, après avoir été évêque de Lincoln, occupa le siège archiépiscopal de Rouen, de 1184 à 1207.

P. 53, v. 285. — *Tobie*, ou la *Tobiade*, comme l'appellent les mss. et plusieurs éditions, est un poème latin comprenant plus de 2,200 vers élégiaques et contenant l'histoire des deux Tobie, père et fils, et de leurs femmes. Il a pour auteur Mathieu de Vendôme. (V. *Hist. litt. de la France*, t. XV, p. 420-421.)

P. 53, v. 287. — Et *Gesta ducis Macedum*......

Ce vers nous est donné par le ms. 837 sous cette forme :

    Et geta *ducis Macidum*

et par le ms. 19152 sous cette autre :

    Et geta envers Marcidon.

Les copistes ne me paraissent pas avoir reproduit le texte véritable de Henri d'Andeli. Celui du ms. 837 a remplacé le mot latin *gesta* par le passé défini du verbe français jeter ; celui du ms. 19152, comprenant moins encore, a fait du génitif latin *Macedum* un personnage appelé *Marcidon* que Parealmaine *jeta envers*, c'est-à-dire renversa.

Or, il s'agit évidemment ici de l'*Alexandréide*, que Gautier de Lille ou de Châtillon composa à la louange d'Alexandre le Grand et qui commence par ce vers :

    Gesta ducis Macedum totum digesta per orbem.....

Ce qui me porte à restituer, comme je l'ai fait, le vers de Henri d'Andeli, c'est qu'on paraît avoir eu pour habitude à cette époque de désigner l'*Alexandréide* par les trois mots du début. C'est ainsi que Guillaume le Breton dit, en dédiant sa *Philippide* (v. 9-10) à Louis, fils aîné de Philippe-Auguste (*Hist. des Gaules et de la France*, t. XVII, p. 118) :

> *Gesta ducis Macedum* celebri describere versu
> Si licuit, Gualtere, tibi.......

Alain de Lille, auteur de l'*Anti-Claudien*, qui attaque vivement Gautier et lui applique même le nom de Mævius par lequel Virgile désigne un mauvais poète envieux de sa gloire, s'exprime ainsi :

> Mævius in cœlos audens os ponere mutum,
> *Gesta ducis Macedum* tenebrosi carminis auctor
> Pingere dum tentat, in primo limine fessus
> Hæret, et ignaram queritur torpescere musam.
>
> (L. 1, ch. V.)

Il ne faudrait pas apprécier ce poème et le talent de son auteur sur la foi d'Alain de Lille. L'*Alexandréide* est en effet de beaucoup supérieure, au double point de vue de la composition et de la versification, aux nombreux poèmes latins de la même époque, dont quelques-uns cependant sont remarquables. Legrand d'Aussy (*Not. et Extr. des mss.*, t V, p. 104) et Daunou (*Hist. litt. de la France*, t. XVI, p. 183) l'ont très favorablement jugée. Elle a joui d'ailleurs d'une grande vogue pendant tout le moyen âge ; on ne tarda pas à l'étudier dans les écoles, où l'on négligeait même pour elle la lecture des poètes anciens. Henri de Gand, qui écrivait dans la dernière moitié du XIIIe siècle, dit en effet, en parlant de Gautier de Châtillon : « Scripsit gesta Alexandri Magni eleganti metro. Qui liber in scholis grammaticorum tantæ dignitatis est hodie, ut præ ipso veterum poetarum lectio negligatur. » Du Boulay (*Hist. Univ. Paris.*, t. II, p. 740-741) place en 1180 la composition de cet ouvrage.

P. 53, v. 288-289. — La *Bible versefiée* est le poème latin *Aurora*, composé sur des extraits de la Bible par le chanoine de Reims, Pierre Riga, dont Albéric des Trois-Fontaines place la mort en l'année 1209. Cette œuvre, qui comprend plus de 15,000 vers élégiaques, a été fort admirée des contemporains ; Guillaume le Breton et Evrard de Béthune lui ont prodigué leurs éloges. L'*Aurora*, comme d'autres poèmes latins de la même époque, l'*Alexandréide,* l'*Anti-Claudien,* l'*Architrenius,* etc., était étudiée dans les écoles, ainsi que l'attestent les citations que les grammairiens en font fréquemment et la multiplicité des copies qui nous en sont parvenues. Laissée imparfaite par son auteur, elle fut corrigée et complétée par un certain Gilles qu'on croit être Gilles de Paris, l'auteur du *Carolinus.* (V. *Hist. litt. de la France*, t. XVI, p. 187, et t. XVII, p. 26 et suiv.)

P. 53, v. 290-291. — La grammaire comprenait l'étude des noms patronymiques ; les logiciens étudiaient les huit livres des Topiques d'Aristote ou traité de dialectique que traduisit Boëce, les Topiques de Cicéron et les quatre livres du *De differentiis Topicis* de Boëce. C'est la réunion de ces différents ouvrages qui forme sans doute, dans la pensée du poète, la *mesnie Topiques*.

P. 55, v. 320. — Primat, qui, avec le poète latin Ovide, commande l'arrière-ban de l'armée de Grammaire, est un versificateur latin qui vécut au xiie siècle. Richard de Poitiers rapporte que son véritable nom était Hugues et qu'il fut appelé le Primat par ses condisciples. Sa facilité à composer des vers et ses plaisanteries l'ont rendu légendaire. Thomas de Capoue le cite (V. M. Thurot, *Not. et Extr. des mss.*, t. XXII, II, p. 418, n. 2) comme offrant les meilleurs modèles des vers latins rythmiques. Son nom était encore célèbre au xive siècle, puisque Boccace, qui en fait le héros d'une anecdote (*Décaméron*, 1re Journée, viie Nouvelle), le qualifie de très habile grammairien et d'un des plus grands poètes de son siècle (Primasso fu un gran valente uomo in grammatica, e fu oltre ad ogn'altro grande e presto versificatore). Les chroniqueurs Richard de Poitiers, Francesco Pippino, frère Salimbene de Parme et une compilation manuscrite de la Bibliothèque de Tours, ont donné sur ce singulier personnage de curieux détails, que M. L. Delisle a réunis et contrôlés dans les trois notices suivantes, d'où cette note est tirée : *Les Écoles d'Orléans au XII*[e] *et au XIII*[e] *siècle*, dans l'*Annuaire-Bulletin de la Société de l'Histoire de France*, 1869, p. 139 et suiv. — *Notes sur quelques mss. de la Bibl. de Tours* dans la *Bibl. de l'École des Chartes*, 6e série, t. IV, 1868, p. 596 et suiv. — *Le poète Primat*, dans le même recueil, t. XXXI, 1870, p. 302-311.

P. 55, v. 323. — Le mot de *gonfanon* ou *gonfalon* s'appliquait soit à une grande bannière dont le bas était découpé en plusieurs pièces pendantes nommées *fanons*, soit à une bande d'étoffe plus longue que large attachée à la hampe de la lance, au-dessous du fer, avec lequel elle pénétrait souvent dans les blessures.

> L'escut li freint e l'osberc li derumpt,
> El cors li met les pans de l'gunfanon.

(*La Chanson de Roland*, édit. L. Gautier, v. 1532-1533).

Ce *gonfanon* était de forme rectangulaire et terminé ordinairement par trois pointes ou pans. — V. Viollet-le-Duc, *Dict. du Mobilier*, t. V, p. 478, et L. Gautier, *La Chanson de Roland*, éclaircissement III, p. 376-378, de l'édit. in-8°, 1875. — Le gonfanon du v. 323, où sont *embrievez* 10,000 vers, est ici une grande bannière.

P. 55, v. 326. — *Marciacop* pourrait bien être une erreur de copiste pour *Marciacap*, et l'on y verrait l'abréviation du nom de *Martianus Capella*, l'auteur du *De nuptiis Philologiæ et Mercurii*, l'inventeur de la célèbre classification des sept Arts, tant estimé et cité au moyen âge et qu'on serait étonné de ne pas voir figurer parmi les combattants dans le poème de Henri d'Andeli. Il y aurait là une de ces abréviations dont les écoliers n'ont pas perdu la tradition.

P. 55, v. 327. — L'*Anti-Claudien* est un poème latin d'Alain de Lille, surnommé le Docteur universel, que D. Brial (*Hist. litt. de la France*, t. XVI, p. 396-425) fait naître à Lille peu d'années avant 1128 et dont il place la mort en l'an 1202. Daunou (*Hist. litt. de la France*, t. XVI, p. 183-184), qui a jugé cet ouvrage moins favorablement que D. Brial, explique ainsi le titre : « Claudien a montré tous les vices s'emparant de Rufin et concourant à le pervertir. Alain rassemble toutes les vertus autour d'un homme qu'elles veulent perfectionner et qui deviendra par là un anti-Rufin. »

P. 55, v. 328. — Legrand d'Aussy et, après lui, Jubinal, ont pensé que notre trouvère désignait sous le nom de Bernardins li Sauvages l'auteur du traité de morale en vers français intitulé *Doctrinal le Sauvage*, que le dernier a publié dans son *Nouveau recueil*, etc. (t. II, p. 151-161) ; ce serait, selon Legrand d'Aussy, le seul poète roman que l'on étudiât alors dans les écoles. Je crois, pour ma part, que ce Bernardins li Sauvages est un poète latin comme tous ceux que cite Henri d'Andeli, et que ce nom n'est pas autre chose que la traduction de celui de Bernardus Sylvestris qu'on identifie d'ordinaire avec Bernard de Chartres ; ce qu'ajoute le poète :

> Qui connoissoit toz les langages
> Des esciences et des ars,

convient d'ailleurs parfaitement à ce célèbre docteur. Voici ce que M. V. Le Clerc dit du *Doctrinal Sauvage* ou *le Sauvage* (*Hist. litt. de la France*, t. XXIII, p. 240) : « Cette dénomination peut avoir pour origine, soit, comme on l'a supposé, le nom même de l'auteur, Sauvage d'Arras, qui a fait des chansons et le dit sur dame Guile ou dame Tromperie, soit d'un texte latin dont ce Doctrinal ne serait le plus souvent que la traduction, et qu'il faudrait faire remonter jusqu'au XIIe siècle, jusqu'à Bernard Silvestris, qui, outre un Liber dictaminum, compté autrefois parmi les mss. de l'abbaye de Benedictbeuren, avait laissé divers recueils de conseils pour bien vivre, et que sa réputation de poète latin avait pu faire regarder comme ayant pris part à la composition, dans cette langue, de quelques poésies morales. Il est certain que le texte français du Doctrinal, dans un des plus anciens mss., porte en titre : « Ci commence Doctrinal de latin en roumanz. »

M. P. Meyer a donné, dans sa *Notice sur un ms. bourguignon* (Musée britannique, addit. 15606), la nomenclature de tous les mss. connus qui contiennent le Doctrinal français. (V. *Romania,* nº 21, janvier 1877, p. 20-24.)

P. 55, v. 334. — Il est singulier de retrouver Stace dans l'arrière-ban amené d'Orléans par Primat et Ovide, après l'avoir vu (v. 207) dans les troupes qui engagent d'abord le combat :

<blockquote>Virgile, Lucan et Estace.</blockquote>

Henri d'Andeli est très précis et il n'a pas dû oublier qu'il avait déjà parlé de ce poète. Je croirais plutôt qu'à cette époque on distinguait à tort deux Stace ; le soin que prend le poète en ce passage d'ajouter à son nom celui de l'Achilléide semble indiquer l'intention de le différencier de l'autre, qui serait pour lui l'auteur de la Thébaïde. Cette distinction, si toutefois on l'a faite, viendrait d'une confusion établie entre l'auteur de la Thébaïde et de l'Achilléide, Publius Papinius Statius, né à Naples, et un certain Statius Surculus ou Ursulus, né à Toulouse, qui enseigna la rhétorique en Gaule et dont l'existence est attestée par saint Jérôme dans son appendice à la *Chronique d'Eusèbe :* « Statius Surculus Tholosanus in Gallia celeberrime Rhetoricam docet, Olymp. 200, ann. 59. Imp. Nerone », et par une chronique manuscrite du couvent de St-Victor : « Romanorum vi regnavit Nero, etc. Statius Ursulus Tholosensis celeberrime in Gallia Rhetoricam docet. » Il est probable que le poète attribue à l'un la Thébaïde, à l'autre l'Achilléide. Frédéric Lindenbrog (Tiliobroga), qui vécut de 1573 à 1647, confond encore ces deux personnages ; il appelle le poète latin Papinius Surculus Statius et le fait naître à Toulouse. (V. l'édit. de Stace donnée par Emeri de La Croix (Cruceius), Paris, 1618, in-4°.)

P. 55, v. 336. — Que faut-il voir dans ces *hez* que Stace *menoit par devant soi?* — Je trouve le passage suivant dans la *Chronique normande* de Pierre Cochon, publiée par M. Ch. de Beaurepaire pour la Société de l'Histoire de Normandie (p. 70) : « Et fu toute la belle quesnée du bosc de Bihorel jouxte Rouen toute abatue pour faire des *hez* à faire les pallis entour la chité de Rouen. » Les *hez* sont évidemment des pieux à palissade, et le passage suivant de la même Chronique (p. 301) le prouve bien. « Et avoient les dits Anglois pieux de haie agus fiquiés entour eux ; et ne les povoient les dits Franchois grever ne courre sur eulx pour les dits pieux et n'eussent esté iceulx pieux, les dits Anglois eussent eu assés à souffrir. » Ainsi on se défendait en rase campagne des attaques de l'ennemi en se retranchant par une enceinte de pieux. Il se peut que notre poëte nous montre Stace *qui avoit fort pis* (poitrine) *et fort dos*, chargé du transport de pieux destinés à faire une palissade, et que ce soit *par mi* ces *piez* (v. 350) que les assaillants sont sur le point de prendre *Logique, Astrenomie* et *Rectorique*.

P. 55, v. 338. — Avienus (Rufus Festus) est un poète latin de la fin du IVe siècle après J.-C.

Pamphilus est l'auteur d'une élégie amoureuse qui commence par ce distique (Bibl. nationale, ms. 8430, f. 62, r°) :

> Vulneror et clausum porto sub pectore telum,
> Crescit et assidue pena dolorque mihi.

Cette pièce eut quelque vogue au moyen âge ; les trouvères se sont souvenus plusieurs fois de Pamphilus. (V. *Hist. litt. de la France*, t. XXIII, p. 236, et Jubinal, note sur ce vers de la *Bataille des VII Ars*, à la suite des *Œuvres de Rutebeuf*, Bibl. elzév., t. III, additions, p. 343.)

P. 55, v. 339. — Au Ve siècle, un prêtre de Cœlésyrie, Theodulus, que Gennadius son contemporain fait mourir vers 490 dans un âge très avancé, a composé sous le titre d'*Eglogue* une pièce curieuse en vers léonins qui repose sur cette donnée : Un berger athénien, *Pseustis* (le Mensonge), et une vierge du sang de David, *Alithia* (la Vérité), se rencontrent au bord d'un ruisseau. *Pseustis* provoque au combat *Alithia*, qui accepte et qui lui propose de prendre *Fronesis* (la Sagesse) pour juge. Celle-ci consent à remplir le rôle d'arbitre et la lutte s'engage. Dans des couplets de quatre vers chantés tour à tour par les deux adversaires, *Pseustis* célèbre les fables merveilleuses du paganisme et *Alithia* lui oppose les faits non moins merveilleux attestés par les livres saints. A la fin, *Pseustis* se déclare vaincu et *Fronesis* prie *Alithia* de se laisser toucher et de cesser le combat.

Les deux mss. qui nous ont conservé la *Bataille des VII Ars* appellent *Sextis* et *Malicia* les deux personnages que l'*Egloga Theoduli* nomme *Pseustis* et *Alithia*. On sait que le *p* initial placé devant les consonnes *s, t, n,* tombe dans les mots français dérivés du latin (V. M. A. Brachet, *Gramm. hist. de la langue française*, 16ᵉ édit., p. 129 et 136); notre vieille langue disait *saume, salterion* pour *psaume, psalterion;* le *p* a été rétabli plus tard par les savants sous l'influence du latin. Supprimé également dans *tisane* (*ptisane*), *neume* (*pneume*), il n'a point reparu. De plus, M. G. Paris (*la Vie de saint Alexis*, p. 278) a établi que la notation *x* équivaut à *us; Sextis* représente donc bien *Pseustis*. Quand à *Malicia* au lieu d'*Alicia* (*Alithia*), c'est une erreur évidente du copiste qui n'a point compris le nom d'*Alicia* et l'a remplacé par celui de *Malicia*, mieux connu de lui, sans remarquer que le triomphe de la méchanceté sur le mensonge ne pouvait avoir aucun sens. Je n'ai donc pas hésité à remplacer dans le texte *Malicia* par *Alicia*.

L'ouvrage de Theodulus était lu et commenté dans les écoles; les grammairiens lui empruntent parfois des exemples. Il a été traduit en vers français de dix syllabes par Jean Le Fèvre de Ressons, vers le commencement du xvᵉ siècle; cette traduction se trouve dans le ms. fr. 592 (anc. 7068), f. 112 r° à 123 v°, de la Bibl. nat.; elle y est précédée (f. 111 v°) d'une curieuse miniature qui représente les trois personnages de l'églogue. Le Fèvre traduit *Alithia* par *Alicyee* et *Alicye*.

P. 56, v. 359. — Ce vers me paraît signifier : Qu'elle a mis sa robe en lambeaux. Il est vrai que, d'après les lois de la dérivation, *pannus* ne peut donner que *pan*, et non *pain*; mais les trouvères modifient parfois les mots en faveur de la rime. Voir les exemples cités dans la note sur le vers 175 de la *Bataille des Vins*.

P. 56, v. 366. — Les *Authentiques*, le *Code* et le *Digeste* sont trois recueils de lois et de décisions réunies par le jurisconsulte Tribonien sous l'empereur Justinien, et qui, à partir du XIIe siècle, servirent de base à l'enseignement du droit, d'abord en Italie, puis en France.

P. 57, v. 388.

> Cases, figures, formoisons...

Jubinal a imprimé :

> C' à ses figures, formoisons...

ce qui rend la phrase inintelligible. — Le mot latin *casus* (cas, désinence) était traduit au moyen âge par le substantif féminin *case*. On en trouve plusieurs exemples dans des passages extraits par M. Thurot du ms. 578 de la Bibl. Mazarine, qui renferme des traités élémentaires de grammaire par questions et par réponses, dont quelques-uns en français, et du ms. S. G. 1460² de la Bibl. nat. contenant, f. 8 v°, un traité élémentaire des parties du discours en français (V. M. Thurot, *Not. et Extr. des mss.*, t. XXII, 2ᵉ partie, p. 51, 168, 170, 182 et 197). Le dictionnaire de M. Littré ne renferme pas d'exemples de *case* à l'historique du mot *cas*.

Henri d'Andeli entend par le mot *formoisons* (formationes) les formations des prétérits et des supins, qui sont une des difficultés de la langue latine. On trouve dans deux mss. de la première moitié du xiiiᵉ siècle un poème latin sur la formation des prétérits et des supins, que M. Thurot attribue à Pierre Riga et qu'Alexandre de Villedieu a reproduit presqu'en entier avec quelques modifications dans son Doctrinal. Ce poème se termine ainsi dans l'un des mss. (S. V. 798, f. 153 v°) : « Expliciunt versus de *formationibus* preteritorum et supinorum. » (V. M. Thurot, *ibid.*, p. 26.)

P. 57, v. 402. — V. sur ce Gautier la note du v. 108.

P. 58, v. 406-407. — Henri d'Andeli s'est ici souvenu de Martianus Capella qui dit en parlant de la grammaire (*De nuptiis Philologiæ et Mercurii*, lib. III, *de Arte grammatica*) : « Admoverat igitur Latoides de priori loco Mercurialium ministrarum ætate quidem longævam, sed comitate blandissimam, quæ se in Memphide ortam, rege adhuc Osire, memorabat, denique obtectam latibulis ab ipso repertam, educatamque Cyllenio. »

P. 59, v. 440-441. — En nous montrant *Versefieres* (versificator), personnification de la poésie latine, réfugié entre Orléans et Blois, l'auteur paraît avoir songé aux luttes poétiques que soutenaient entre eux les écoliers de ces deux villes et qui nous prouvent que le culte de la muse romaine était en honneur chez eux. Voir, à cet égard, une curieuse anecdote que M. L. Delisle a traduite d'un ms. de la Bibliothèque de Tours et dans laquelle Primat, dont il est question plus haut, joue le principal rôle. — *Annuaire-Bulletin de la Société de l'Histoire de France,* 1869, *les Ecoles d'Orléans au XII*e *et au XIII*e *siècle,* p. 147. — *Bibliothèque de l'Ecole des Chartes,* 6e série, t. IV, *Notes sur quelques mss. de la Bibliothèque de Tours.*

P. 59, v. 445. — Le ms. 19152 écrit *giste*, le ms. 837 *gistre*, avec la lettre épenthétique *r*, modification dont on a de nombreux exemples ; ainsi les trouvères font très souvent rimer *celestre* pour *celeste* avec *estre*. Toutefois, au lieu de *lor gistre*, on pourrait peut-être lire *l'orgistre*, et voir dans ce mot l'*organistrum*, instrument qui, modifié, devint plus tard la *chifonie* et dont s'accompagnaient les ménestrels. Il est vrai que *Versefieres* est la personnification de la poésie latine ; mais on faisait à cette époque des vers latins rythmiques (V. la note du v. 320 sur Primat) qui se chantaient peut-être accompagnés d'un instrument.

GLOSSAIRE

I. Le Lai d'Aristote. — II. La Bataille des Vins. — III. Le Dit du chancelier Philippe. — IV. La Bataille des .VII. Arts.

A

A III, 208, IV, 390, *il y a;* n'a que III, 8, *il n'y a que;* il n'a I, 196, *il n'y a;* ait I 435, *il y ait.*

A II, 96, IV, 393, *avec.*

A I, 386, *de.*

A III, 172, *pour.*

Abé [en] I, 264, *au guet, en embuscade.*

Abeli I, 216, *plut, fut agréable.*

ACHILEIDOS IV, 334, *l'Achilléide de Stace.*

Achoison I, 227, *motif, cause.*

Acroche II, 131, *saisit.*

Acointe [aura] I, 260, *aura connue.*

Acola I, 269, *embrassa.*

Acorde IV, 3, *s'accorde.*

Acost [a son] IV, 167, *à son côté.*

Acuel III, 56, *accueille.*

Adès II, 202, tout adès I, 15, *toujours.*

Adrecie IV, 266, *dirigée.*

Aert I, 94, 392, *saisit.*

Afere I, 14, *nature, caractère;* I, 84, 517, *sujet;* I, 429, *chose.*

Afetié I, 37, *disposé.*

Afoler [s'], *devenir fou;* s'afole, I, 117, m'afol I, 206.

AGRECIME IV, 202, *le Grécismus d'Evrard de Béthune. V. notes,* p. 156.

Aïde IV, 321, *aide, secours.*

Aier, *aider;* Diex aïe I, 399, *que Dieu m'aide;* l'aït Deus III, 264, *que Dieu l'aide.*

Aim I, 272, 362, *aime.*

Ainçois que I, 427, etc., *avant que.*

Ainz I, 3, 57, 74, etc., *au contraire, plutôt, mais.*

Aïr IV, 191, *impétuosité, fougue.*

Alaschierent IV, 269, *lâchèrent.*

ALEMANZ II, 109, IV, 446.

Alemele IV, 360, *lame.*

ALICIA IV, 343. *V. notes,* p. 174.

ALIXANDRE I, 61, etc., III, 77.

Als III, 200, *elles.*

AMBROISE IV, 75, *saint Ambroise.*

Amender I, 120, *se corriger;* amende I, 294, *embellit.*

Amenuise I, 527, *amoindrit.*

Ameor II, 7, amere I, 550, *favori, amant.*

Amont III, 226, *en haut.*

Amonter I, 64, *élever.*

Amort [s'] III, 6, *s'attache, s'applique.*

Amusez I, 511, *joué, trompé.*

An III, 96, *au.*

Ançois III, 66, *plutôt.*

Anjou II, 32. *V. notes,* p. 100.

Anmis, III, 224, *ami.*

Anoie I, 366, *v. impers., il ennuie, il contrarie.*

Anqui I, 314, *aujourd'hui.*

Anticlaudien IV, 327, *poème d'Alain de Lille. V. notes,* p. 170·

Anui I, 22, 319, *offense;* I, 525, *ennui, peine.*

Anuit [oui qu'il] III, 34, *quelque peine qu'on en éprouve.*

Aperte I, 500, *ouverte.*

Apertement I, 499, *ouvertement.*

Apostoile II, 187, *pape.*

Apresure I, 541, *habitude, coutume. V. Dict. de La Curne.*

Aquilat II, 190. *V. notes,* p. 127.

Aramie I, 251, *engagée.*

Arator IV, 211. *V. notes,* p. 158.

Arcien IV, 91, 444, *originairement, maître ès arts, étudiant ès arts; plus tard, le sens a été réduit comme ici à maître de logique, étudiant en logique.*

Architraine IV, 283, *l'Archithrenius de Jean de Hautville. V. notes,* p. 164.

Ardre, *brûler; ind. pr.* art III, 227, 233, 235, *ardez* I, 489; *p. passé,* ars IV, 38.

Arengier [s'] II, 198, *se mettre en rang, en ordre (autour de la table).*

Arestut [s'] III, 63, *s'arrêta;* arreste I, 161, *s'arrête, reste.*

Argenches II, 73. *V. notes,* p. 112.

Argentueil II, 28, etc. *V. notes,* p. 99.

Arismetique IV, 146, 164, *un des sept Arts.*

Aristote I, 139, etc., IV, 196, etc.

Armes III, 127, *âmes.*

Arrestance I, 30, *arrêt, pause.*

Aserir, *être soir;* aseri IV, 306.

Assavoré IV, 381, *connu, goûté.*

Assentir [s'] III, 43, *donner son assentiment;* m'asent, I, 210, *je me soumets.*

Astrenomie IV, 142, etc., *un des sept Arts.*

Ataines I, 315, *Athènes.*

Atant *ou* a tant I, 276, *alors.*

Ator I, 266, 471, *dispositions, manœuvres.* Estre de mal ator, IV, 412, *être en mauvaise situation.*

Atorner, *tourner;* atornoit I, 158; s'atornerent II, 70.

Atrere I, 369, *attirer;* atret I, 373.

Auquerre II, 36, etc. *V. notes,* p. 102-105.

Augustin IV, 75, *saint Augustin.*

Aumaire IV, 30, 235, *armoire, bibliothèque.*

Auni, II, 18. *V. notes,* p. 95.

GLOSSAIRE

Aunoi I, 306, *aune*.

Aus IV, 245, *aux;* I, 63, II, 79, *eux*.

Aussai II, 17, 114, Ausois II, 102, *Alsace*. *V. notes*, p. 94-95.

Autentique IV, 366. *V. notes*, p. 176.

Auctors IV, 243, etc., autoriaus IV, 7, auctoriaus IV, 275, autorel IV, 438, autoristre, IV, 27, *auteurs. Le poète entend exclusivement par là les poètes latins*. Autorez IV, 416, *semble signifier citations d'auteurs*.

Autrier [l'] II, 2, *l'autre jour*.

Auviler II, 29, 95. *V. notes*, p. 99 et 115.

Aval, III, 225, *en bas;* aval le vergier I, 462, *le long du verger*.

Avaler III, 232, *descendre;* avalle III, 233, *descend*.

Avers I, 66, 68, *avare*.

Aviler II, 96, *rabaisser*.

Avint II, 2, *arriva*.

Aviver II, 152, *rendre vif*.

Avionès IV, 338. *V. notes*, p. 174.

Avocatiaus IV, 368, *diminutif de mépris, méchants avocats*. Cf. autoriaus, logicieniaux.

Avoi! I, 337, 400, 404, *hélas! holà!*

Ax, I, 210, *eux*.

B

Baconnez IV, 119, *lardés, percés, sens métaphorique tiré de* bacon, *comme larder de lard, larder de coups d'épée*.

Baïen II, 68, *brun, noirâtre;* un pois baïen, *au sens de peu de chose*.

Balsamon IV, 35.

Barbarime IV, 232, *le Barbarismus de Donat. V. notes*, p. 137-138.

Basme II, 162, *baume*.

Batiaus IV, 369, *bâtons d'escamoteur*.

Bede IV, 76. *V. notes*, p. 148.

Bedel IV, 57, *bedeaux, appariteurs de l'Université*.

Bediers II, 24, *Béziers. V. notes*, p. 98.

Bée II, 87. *V. notes*, p. 114.

Beffes IV, 253, *tromperies, mensonges*.

Bel et gent I, 503, *bien et gentiment*.

Belement I, 141, 374, *doucement*.

Bernardins li sauvages IV, 328. *V. notes*, p. 170.

Berser, *lancer un trait,* bersé IV, 189.

Besançoi II, 138, *Buzançais. V. notes*, p. 119.

Bi II, 175, *mot anglais signifiant par*.

Biaune II, 39. *V. notes*, p. 106-107.

Biauvais II, 52. *V. notes*, p. 108-109.

Biauvoisins II, 63. *V. notes*, p. 110-112.

Bible versefiée IV, 288, *l'Aurora de Pierre Riga. V. notes*, p. 167.

Bliaut I, 283, 301, 392, *vêtement*.

182 GLOSSAIRE

Blois IV, 441.
Bobançois II, 141, *jactance*.
Boens III, 166, 167, boins III, 150, etc., *bon*.
Boices IV, 220, *Boëce. V. notes*, p. 159.
Boivre IV, 83, *boire*.
Bouche de lampe, III, 192. *V. notes*, p. 130-133.
Bordiaus II, 127. *V. notes*, p. 117.
Bors III, 259, *bourgs*.
Bout II, 173. *V. notes*, p. 123-124.
Boutez III, 221, *mis, placé*.
Bouton IV, 18, *au sens de peu de chose*.
Braies I, 95, *pièges*.
Bretons II, 117, IV, 446.
Buef II, 41, *bœuf*.

C

C' *pour* qu'; c'on, *qu'on;* c'une, *qu'une, passim.*
Cadruve IV, 55, *quadrivium.*
Cacha II, 60, *chassa.*
Caniveçons IV, 252, *diminutif de* canivet, *petit couteau, canif.*
Cases IV, 388, *cas, désinences. V. notes*, p. 176.
Ce I, 152, etc., *cela*. — Cel III, 4, *ce*. — Cele I, 217, *celle-ci;* cele IV, 120, *celte;* celes IV, 186, *celles-ci*. — Celi I, 215, *celle.*
Cerne IV, 137, *cercle, d'où cerner.*
Cervoise II, 16, 179, *bière. V. notes*, p. 91-94.
Cest I, 522 etc., *ce*. — Cestui I, 72, *celui-ci.*

Chaalons II, 53, 99. *V. notes*, p. 109 et 116.
Chablies II, 39. *V. notes*, p. 106.
Chainja III, 162, *changea.*
Chambeli II, 73. *V. notes*, p. 112.
Champaigne I, 113.
Chancelier III, 15, 17, 23, etc.; IV, 84, *le chancelier Philippe.*
Chandeille II, 182, chandoile III, 235, *cierge.*
Chanu I, 244, chenuz I, 388, *blanc.*
Chaples IV, 131, *combats, mêlées.*
Chaplerent IV, 212, *frappèrent.*
Chardonal II, 189, *cardinal.*
Chastel Raoul II, 33, 138; *Châteauroux. V. notes*, p. 101.
Chastoier, *réprimander;* chastoie I, 175.
Chaton I, 518, 522, Chatonez IV, 337, *Caton. V. notes*, p. 85-86.
Chatonant [a] I, 452, *à quatre pattes. En Normandie, on dit encore à* catons, *au même sens. V. Duméril, Dict. du patois normand.*
Chaudiaus IV, 367, *breuvages chauds.*
Chauveni II, 137. *V. notes*, p. 119.
Cheoir IV, 421, etc., *tomber; ind. prés.* chieent IV, 432, *tombent; subj. prés.* chiece III, 60; *fut.* charront IV, 431; *p. déf.* cheï I, 395; *p. passé* cheü III, 102.
Cheron le viel IV, 60.
Chief I, 199, *tête*. — Venir a chief I, 505, IV, 392, *venir à bout.*
Chosent I, 138, *blâment.*

Ci I, 327, 453, III, 71, *ici*.— Ci a II, 176, *il y a*.

Cil I, 327, III, 182, etc., *ce, ces*. — Cil I, 79, 120, etc., *celui, celui-ci*. — Cil I, 148, II, 94, III, 103, etc., *ceux, ceux-ci*. — Cis I, 579, cist III, 206, *ces*.

Cirurgie IV, 111, *chirurgie*. — Cirurgien IV, 100, *chirurgien*.

Clamer I, 149, *appeler* ; claime IV, 7, claiment IV, 15, clamoit II, 7 ; claim part I, 275, *réclame, demande part*.

CLAUDIENS IV, 25, 94.

Clerc III, 21, 25, etc., clers III, 30, etc., *clerc, membre du clergé*.— Clers I, 520, *savant*.

Clerçon II, 178, *petit clerc*.

Clergie I, 156 etc., *instruction, science*.

Clergiez III, 88, *clergé*.

CLERMONS II, 64. *V. notes*, p. 110-112.

Clers III, 196, 203, cler, I, 195, clere I, 385, *clair, e*.

Çoile I, 382, *cèle, cache*.

Coille IV, 39. *V. notes*, p. 142.

Cointe I, 259, IV, 458, *adroit, habile. Cf. l'anglais* quaint.

Cointement I, 371, *habilement*.

COLOINGNOIS II, 111.

Com, con, comme, conme, come, *passim, comme*.

Commanz I, 135, etc., *commandement, ordre*.

Compas II, 66, de bon compas, *de bonne qualité*.

Compas IV, 171, *contour, étendue. Cf. l'anglais* compass.

Comperer, *payer; du sens de payer cher, on est passé à celui de ressentir de la peine :* Sa mort trop durement comper III, 106, *j'éprouve une très vive douleur de sa mort*.

Conduit III, 141, *direction, conduite*.

Conduit III, 142, condut III, 176, *sorte de motet*.

Confors IV, 47, *appui, soutien*.

Conforta IV, 394, *réconforta*.

Conroi II, 43, *troupe en ordre*. — Prendre conroi I, 105, *prendre soin*.

Conseil [mettre a] I, 141, *faire des représentations à quelqu'un*.

Consire [se] I, 222, *se prive, s'abstient*.

Contençon III, 60, *débat, dispute*.

Conterresse IV, 162, *sobriquet d'Arithmétique : celle qui compte*.

Contrait II, 166, *contrefait, perclus*.

Contralier, *contredire;* contralie IV, 415.

Contralietez IV, 97, *contradiction*.

Cops IV, 419, *coups*.

Corgies IV, 353, *courroies, fouet*.

Cors, *course;* le cors IV, 222, *à la course*.

Cort I, 45, IV, 409, *court* (verbe).

Cort I, 46, II, 105, *cour*.

Costoier II, 134, *cultiver*.

Cotele IV, 359, 361, *robe*.

Coulombiaus IV, 139, *dim. de* coulomb, *pigeon*.
Coupe I, 540, *faute*.
Coutel IV, 360, *couteau*.
Cremor IV, 310, *crainte*.
Cresse IV, 42, *graisse*.
Crient I, 422, *craint*.
Croe [dant] II, 91. *V. notes*, p. 115.
Crueus I, 28, 33, *cruel*.
Cuer I, 128, etc., *cœur*.
Cui III, 34, *cas oblique du pr. qui*.
Cuider, *croire;* cuit I, 148, 164, cuide I, 341, cuidoit I, 393, cuidiez I, 292, cuiderent III, 38.
Cunchient IV, 126, *se moquent de*.
Cure I, 100, II, 72, etc., *soin, souci*.
Cypre II, 15, 187. *V. notes*, p. 94 et 127.

D

Dan IV, 50, dans IV, 191, etc., dant IV, 208, etc., *dom* (dominus).
Danemarche II, 119.
Dars IV, 37. *V. notes*, p. 141.
De, *supprimé entre deux substantifs* I, 219, etc., *entre un adv. et un subst.* I, 62, IV, 248.
De, *que dans les comparaisons* I, 198, II, 79, 145.
Debonairetez III, 83, *bonnes actions*.
Decret IV, 66, *droit canon. V. notes*, p. 147.
Deduit [se] I, 463, *s'amuse*.
Deferme III, 245, *ouvre*.
Defface I, 52, *défigure, gâte. Cf. l'anglais* to defface.

Deffaire, *ôter, détruire;* deffet I, 496, 527, defferoit I, 135, defis I, 235.
Deffensables IV, 254, *défendable*.
Defoiz I, 479, 533, *défense*.
Defouler IV, 199, *fouler, écraser*.
Deguerpir, *abandonner;* deguerpirent IV, 439, deguerpis I, 142.
Deité IV, 140, *divinité*.
Del III, 157, 158, 262, IV, 120, *du*.
Delite [se] III, 218, *se délecte*.
Demaine [se] I, 159, *se comporte*.—
Demaine IV, 414, *exerce*.
Demente [se] I, 355, *se tourmenter,* demente I, 214. *On dit encore en Basse-Normandie* se démenter, *dans le sens de s'occuper de, se donner la peine de*.
Demorée I, 130, 219, *séjour, retard*.
Demorer I, 31, *s'arrêter,* demorez I, 88.
Demoutre III, 202, *montre, désigne*.
Deporter I, 173, *se départir*.
Deporter [se] *s'amuser:* se deporte I, 298, 457, se deportant I, 417.
Desaprendre, *employé activement, ôter la science ou la sagesse,* desaprent I, 344.
Deschainte I, 300, *sans ceinture*.
Desconfite, *défaite;* tu jues à la desconfite II, 82, *tu joues à te faire battre*.
Desconseillie I, 218, *découragée, abattue*.
Desdut [se] III, 218, *se réjouit*.
Deserte III, 67, *mérite*.
Deservi I, 296, III, 54, 263, *mérité*.

Desi au jor que IV, 431, *jusqu'au jour où.*

Deseur I, 566, etc., desor I, 444, desus I, 433, *sur.*

Deslot I, 140, *blâme, déconseille.*

Despire, *mépriser;* despis II, 89, despisent I, 12, despisoient IV, 278.

Despit I, 237, IV, 16, *mépris.*

Desploïee I, 42, *exposée, racontée.*

Despointer I, 256, *priver, dépouiller.*

Despuis I, 411, 569, *depuis; l's se prononce encore en Basse-Normandie.*

Desroi I, 109, 220, *trouble, désordre;* mener son desroi II, 153, *faire tapage.*

Dessavorer I, 553, *déraisonner.*

Destempré I, 168, *déréglé, égaré.*

Destraindre I, 548, *serrer, presser,* destraint I, 204.

Detenue I, 400, *retenue.*

Deuls IV, 2, *deuil, malheur.*

Deüst I, 291, *dût.*

Devers IV, 49, *vers.*

Devices III, 215, *richesses.*

Devis [par] I, 212, *suivant une règle.*

Devise [a] IV, 34, *à souhait.*

Deviser III, 71, *raconter.*

Dez III, 162, *dé à jouer;* Cel jor nos chainja molt li dez, *ce jour-là la chance tourna contre nous.*

DIALECTIQUE IV, 305, DIALETIQUE IV, 225, DYALETIQUE IV, 15, *la Dialectique, un des sept Arts.*

Diapante IV, 181, *quinte. V. notes,* p. 155.

Diapason IV, 181, *octave. V. notes,* p. 155.

Diatesalon IV, 180, *quarte. V. notes,* p. 155.

DIEUS III, 51, 58 ; DIEX I, 273, 326, 399, II, 45, 204 ; DEUS III, 109, 262, 264 ; DEU III, 213, 235, 253 ; DIEU I, 424, 474, II, 98, III, 62, 89.

DIGESTE IV, 366. *V. notes,* p. 176.

Dis III, 152, *jour, dans l'expression* toz dis, *toujours.*

Discretistre IV, 444, *maître et étudiant en décret (droit canon).*

Distrent IV, 77, 305, *dirent.*

Dit I, 51, 517, 562, 111, 261 ; dis III, 144, *poésie morale.*

Divers I, 429, *étrange.*

DIVINITÉ IV, 77, *théologie. Cf. l'anglais* Divinity.

DOCTRINAL IV, 202, *ouvrage d'Alexandre de Villedieu. V. notes,* p. 156.

Doie III, 8, *doigts.*

Doie III, 7, *doive.*

Doinst I, 273, *donne (subjonctif).*

Dois II, 94, *table.*

Dolent II, 88, *affligé.*

DONAET IV, 26, 187, *Donat. V. notes,* p. 137-138.

Dormir [se] II, 202, *dormir. A l'origine, ce verbe est ordinairement réfléchi;* ex. : Quant le roy Ricart eut oy les novellez, si dist qu'il avoit

esveillié le chat qui se dormoit. (*Chron. normande de P. Cochon,* édit. Ch. de Beaurepaire, p. 17).
Dou III, 69, etc., *du*.
Douter, *craindre;* doute I, 422, doutoit I, 286, doutai I, 237.
Drecie IV, 22, *dressée*.
Droit, e I, 57, 111, 156, etc., *juste, vrai*.
Droiz I, 107 etc., *droit, justice;* droiz queure I, 350, que le droit ait son cours (jus currat) ; par droit I, 151, 291, *justement*.
Duel III, 11, duez III, 14, 107, *deuil, chagrin*.
Dui II, 93, IV, 231, *deux*.
Duis III, 19, *fontaine, cours d'eau*.
DUOEIL II, 86. *V. notes,* p. 113-114.
Durement I, 170, etc., *beaucoup, fort. — On dit encore:* travailler dur.
Dusque IV, 179, 452, *jusque*.

E

Efforça I, 536, *contraignit, fit violence*.
Effroi I, 440, *trouble, égarement*.
EGITE I, 85 ; EGYPTE IV, 407.
EGO MEI VEL MIS IV, 296, *personnage fictif*.
El I, 353, *autre chose*.
El, ele, *passim, elle*.
El III, 116, 223, etc., *dans le*.
ELENCHE IV, 216. *V. notes,* p. 159.

Emblez III, 165, *dérobé*.
Embrievez IV, 323, *écrits*.
Empaintes II, 128, *attaques*.
Empanez IV, 70, empenée I, 371, *empenné, e*.
Emprès IV, 451, *après;* emprès ce IV, 285, *après cela*.
Emprendre, *entreprendre ; fut.* emprendrai I, 49 ; *p. déf.* empris I, 49 ; *part. p.* empris, e I, 39, 506.
Enamorée I, 129, *éprise*.
Encerchier IV, 141, *chercher*.
Encressent IV, 355, *engraissent*.
En ele pas III, 205, *à l'instant*.
Enferté III, 102, *affaiblissement*.
Enfloré I, 288, *fleuri*.
Enfretes II, 83, *rompues*.
Enfrume [faire l'] I, 8, *faire la moue*.
Engins I, 240, *esprit, ruse*.
ENGLETERRE II, 116, 181.
ENGLOIS IV, 404.
ENGOLESME II, 127. *V. notes,* p.117.
Enheritez III, 84 : Dont ses cuers ert enheritez, *dont son cœur recevra la récompense à laquelle il a droit comme à un héritage*.
En mi IV, 23, etc., *au milieu de*.
Enquerre I, 89, *demander*.
Enseler I, 450, *seller*.
Entamer II, 531, *faire impression sur;* se lessa entamer en amor, *il laissa l'amour faire impression sur lui. L'anglais* to tame, *autrefois* to entame,

apprivoiser, dompter, a peut-être la même origine.

Entant III, 29, attaché.

Entor III, 33, environ.

Entre II, 107. Ce mot, suivi de deux substantifs ou de deux pronoms unis par la conjonction et, signifie tant l'un que l'autre, conjointement. Ex. : Atant se mettent el sentier Entre Renart et Ysengrin. — Renart, v. 24568-69.

Entremetre I, 25, s'occuper de, se mêler de ; entremise I, 445.

Envers, e IV, 206, 422, renversé, e.

Enz el I, 203, 283, dans le.

Erent II, 68, IV, 308, étaient.

Ert I, 96, 180, etc., était.

Ert I, 59, 321, III, 84, sera.

Es III, 67, 243, dans les.

Esbahir IV, 190, ouvrir la bouche.

Esbanoie [s'] I, 365, se récrée.

Eschar IV, 58, dérision, offense.

Escharsement I, 230, rarement.

Eschivast IV, 78, évitât.

Esciences IV, 330, sciences; par m'escience III, 20.

Escloperent IV, 203, estropièrent.

Escorçant I, 301, relevant.

Escorgie I, 257, courroie, fouet.

Escos II, 118, Ecossais.

Escremie I, 252, escrime, habileté dans la défense ; savoir moult d'escremie, être habile à se défendre. Ex. : Car il sot trop de l'escremie, Renart, v. 7466 ; S'or ne set Renart d'escremie,

Ibid., v. 14517 ; Car asez set de l'escremie, Ibid., v. 24152.

Escusement I, 23, excuse.

Esjoïr I, 312, s'esjoïr I, 6, se réjouir ; s'esjoï I, 267.

Esmais I, 190, émoi, trouble.

Esmiée IV, 289, réduite en miettes, écrasée.

Esmurent [s'] IV, 29, 31, se mirent en mouvement.

ESPAINGNE II, 22.

Espancier IV, 243, crever la panse.

Espandre I, 80, répandre.

Espece I, 59, épice.

Esperis III, 229, esprit.

ESPERNAI II, 30, 104. V. notes, p.99.

Esraument I, 9, aussitôt.

Essaiant I, 557, essuyant, éprouvant.

Essaucie IV, 267, acclamée.

ESTACE IV, 209, ESTACEZ IV, 334, Stace. V. notes, p. 172.

Estal [rendre] I, 492, tenir ferme.

ESTAMPES II, 55. V. notes, p. 108-110.

Estanche [s'] I, 29, s'arrête, cesse.

ESTEINES [sains] III, 155, saint Etienne, premier martyr.

Esterlins II, 122, sterlings, monnaie.

Estrange I, 144, 169, étrangère.

Estre I, 191, contre.

Estris I, 421, lutte, querelle.

Estriver II, 151, lutter ; estrive I, 202, estrivoient II, 159.

Estuet I, 499, III, 197, 232, il faut ; estut III, 64, il fallut.

Estui, *tout objet ou lieu où l'on peut renfermer quelque chose;* mis en estui I, 71. *Ce mot est employé au sens de prison dans ce passage :* Privéement le mette en chartre et en estui. — *St Thomas (édit. Hippeau),* v. 1784.

Estuide I, 342, *étude.*

ETIQUE IV, 218. *V. notes,* p. 159.

Eüst I, 292, *eût.* — Eüssent II, 156, IV, 125, *eussent, avaient eu.*

Examplere I, 57, *exemple, modèle.*

Ex II, 125, *yeux.*

F

Faille [sanz nule] IV, 145, *sans manque.*

Faindre [se] I, 549, *se dérober à, se dispenser.*

Fallée IV, 426 (*ms. 19152,* fallaces), *faux raisonnement, sophisme.*

Fanc IV, 194, *fange.*

Faillir, *manquer;* faut I, 240, III, 176, failloit III, 96, faudra I, 247.

Felonie I, 27, *perfidie, traîtrise.*

Felons I, 33, felonesse I, 20, *perfide, traître.*

Fere I, 13, etc., *faire;* au fere I, 358, *en faisant; ind. pr.* fez II, 91 ; *pas. déf.* feïstes I, 478 ; *subj.* feït *(fecisset)* III, 85 ; *pass. déf. et part.* fet, *passim.*

Ferir IV, 188, *frapper; ind. pr.* fiert IV, 258, 358 ; fierent IV, 353 ; *part. pr.,* ferant II, 59 ; *part. passé,* feruz I, 259.

Ferremenz IV, 116, *outils de fer, instruments chirurgicaux.*

Fers IV, 213, *ferme.*

Fez I, 568, *faits, actions.*

Fez I, 569, *poids.*

Fiance II, 194, IV, 85, *confiance, foi.*

Fiens IV, 42, *fumier.*

Fil III, 89, *fils.*

Fin, e I, 96, 136, etc., *parfait, accompli, excellent. Cf. l'anglais* fine.

Finer, *finir;* fine I, 543, finai I, 343, finée IV, 173.

FISIQUE IV, 99, 219. *V. notes,* p.159.

Flablel III, 255, *fabliau.*

FLAMENS II, 117.

FLANDRES II, 181.

FLAVINGNI II, 37. *V. notes,* p. 102.

Flebes III, 196, *faible.*

Fleüteles IV, 177, *flûtes.*

Folir, *faire chose folle ;* foli I, 427.

Fontenele I, 384, *diminutif de fontaine.*

Forment I, 507, *fortement.*

Formoisons IV, 388, *formations (des supins et des prétérits).* V. *notes,* p. 177.

Fors IV, 92, *hormis;* fors que I, 101.

Forsenez I, 476, *hors de sens.*

Forviez IV, 139, *hors de la voie, égarés.*

FRANCE I, 113, II, 193, IV, 86.

GLOSSAIRE 189

Frans I, 83, *noble, généreux;* franche I, 114, *entière.*
Fuer I, 16, III, 85, *valeur, prix.*
Fuerre II, 150, *paille.*
Fust IV, 254, 255, *serait.*

G

Gaaing IV, 109, *gain.*
Gaaingnierent IV, 229, *gagnèrent.*
Gabé I, 263, *joué, trompé.*
Galien IV, 99, *médecin grec.*
Galois II, 117, *habitants du pays de Galles.*
Gamaches IV, 53. *V. notes,* p. 145.
Garniers IV, 35. *V. notes,* p. 139.
Gars IV, 331, *simple soldat ou valet d'armée;* IV, 392, *jeune garçon;* IV, 460, *apprenti.*
Gastinois II, 32. *V. notes,* p. 100-101.
Gautiers IV, 402. *V. notes,* p. 153.
Ge I, 32, etc., *je.*
Generaus III, 98; En .vij. ars estoit generaus; *il était versé généralement dans la connaissance des sept arts.*
Gent I, 11, etc., *gens, peuple.*
Gent I, 426, *gentil, gracieux.*
Gent I, 503, *gentiment.*
Gerbes IV, 182 (?).
Gesir II, 150, *être couché.*
Gesta ducis Macedum IV, 287. *V. notes,* p. 165.
Gigues IV, 176. *La gigue était un instrument de musique à cordes et à archet.*

Giometrie IV, 168, *un des sept Arts.*
Giraut IV, 105. *V. notes,* p. 151.
Giroime IV, 76, *saint Jérôme.*
Gite III, 227, *jette.*
Gistre IV, 445, *gîte.*
Glaiolai I, 306, *glayeul.*
Glatini IV, 102. *V. notes,* p. 150.
Glomeriaus IV, 8. *V. notes,* p. 135-136.
Glose I, 522, *commentaire.*
Glouz II, 80, *épithète injurieuse fréquemment usitée, et signifiant suivant le cas, scélérat, débauché, misérable.*
Goditouet II, 176. *V. notes,* p. 123.
Gomer IV, 10, *gosier. V. Duméril, Dict. du patois normand.*
Gonfanon IV, 323, *bannière.*
Gote III, 209, *goutte;* goute I, 164, *au sens de peu de chose.*
Goute crampe II, 56, *goutte (maladie).*
Gouté I, 283. — *Du Cange :* « Guttatus, Guttis diversi coloris inspersus. » *Ailleurs, au mot* Gutta, *cet exemple :* Une chasuble, tunique et dalmatique de camocaz noir, goutté de *goutes* blanches, pour l'office des morts.
Gramaire IV, 20, etc., Gramatique IV, 373, *un des sept Arts.*
Graindres III, 82, *plus grand.*
Gravele I, 385, *gravier, pierre.*
Grece I, 60, 85.
Greffe IV, 252, *poinçon pour écrire*

sur des tablettes, du l. graphium.

Grieve I, 280, *gêne, incommode.*
GRIGOIRE IV, 75, *saint Grégoire.*
GUENELONS I, 34, *traîtres, dérivé du traître Ganelon de la chanson de Roland.*
Guerredon III, 51, *récompense.*
Guersoi drinçoi II, 178. *V. notes*, p. 125.
GUIS [quens] I, 388, *comte Gui.*

H

HAUTE SCIENCE IV, 79, *nom donné à la Divinité ou Théologie.*
Hennor I, 78, *honneur.*
HENRIS [D'ANDELI] I, 543, HENRI D'ANDELI II, 124, HANRIS D'ANDELI III, 261, HENRIS D'ANDELI IV, 456.
HENRI DE VENABLES IV, 106. *V. notes*, p. 151.
Herbergier I, 352, *loger;* herbergiez III, 87, herbergies IV, 352.
Herre II, 115 ; gent herre, *peuple allemand,* herr *signifie en cette langue seigneur, maître.*
Het I, 69, *hait.*
Hez IV, 336. *V. notes*, p. 173.
Hochier IV, 244, *secouer.*
Hontage I, 335, *honte.*
Hores III, 146, *heures.*
HUBERT IV, 102.
Hui IV, 162, *aujourd'hui.*
Hurter, *heurter;* hurtaissent II, 167, hurtées IV, 182.

I Y

I I, 37, etc., *y.*
Icel III, 23, *ce.—* Icele IV, 240, *cette.* — Ices II, 83, *ces.* — Icil III, 251, *ce.* — Icil II, 93, *ces.*
Ici endroit I, 31, *ici même. On dit encore en Basse-Normandie, par là en drait, par là, dans cette direction.*
Iert I, 88, III, 77, *était.*
Iex II, 136, IV, 125, 215, *yeux.*
Il, *passim, il, ils.*
Iluec I, 130, IV, 430 ; ilueques IV, 428, *là.*
YNDE I, 87.
Ynde I, 283, *bleu, violet.*
YPOCRAS IV, 99, *Hippocrate.*
YPRE II, 16. *V. notes*, p. 95.
Ire I, 62, 561, IV, 46, *colère.*
IROIS II, 118, *Irlandais.*
Ise gout II, 174. *V. notes*, p. 123.
YSIDOIRE IV, 76. *V. notes*, p. 148.
Isnel IV, 347, *rapide;* isnel le pas IV, 187, isnel lou pas III, 168, *d'un pas rapide.*
Issi I, 167, IV, 332, issis III, 248, *ainsi, si.*
Issi IV, 30, *sortit.*
Issolubles IV, 425, *arguments insolubles.*
YSOUDUN II, 33, 139. *V. notes*, p. 101 et 120.

J

Ja, *part. explét.* I, 50, etc., *déjà, désormais.*
Ja soit ce que IV, 226, *bien que.*
Jangles IV, 391, jenglois II, 72, *bavardage.*
JARGUEIL II, 27. *V. notes,* p. 98.
JEHANS DE S^T MORISSE IV, 33.
JEHANS LI PAGES IV, 52.
Jel III, 201, *je le.*
JHESU CRIZ III, 13 ; JHESU CRIT III, 130.
Joious III, 12, *joyeux.*
Jon III, 198, 221, 227, *mèche. V. notes,* p. 130-133.
Jovent I, 489, *jeune homme.*
Jugleres III, 45, *chanteur.*
JUIF III, 37.
JUSTÈ [dant] IV, 294, *personnage fictif.*
JUVENAL IV, 208.

K

KATERINE [sainte] III, 169.

L

LACOY II, 137. *V. notes,* p. 119.
Laidengier, *insulter;* laidengié I, 509.
Laidi I, 263, *insulté.*
LAON II, 92.
Lasse IV, 47, *malheureuse.*
Leaus I, 316, *loyale.*
Leauté I, 559, *loyauté.*
Lechierre II, 164, *gourmand.*
Ledengier I, 242. *V.* Laidengier.

Leesce IV, 301, *joie.*
Legerez IV, 417 (*ms. 19152,* lierez), *légers, fins, gentils,* probablement du moyen latin leviarius ; *l'ancien français avait le subst.* legerie. *Cf. le provençal* leugier, *l'ital.* leggiere, leggiadro. *V.* Gachet.
L'en IV, 156, etc., *l'on.*
Lerme II, 78, *larme.*
Lès III, 28, *laisse.*
Leu IV, 137, *loup.*
Leu I, 59, *lieu.*
Leü I, 495, *lu.*
Lez I, 384, IV, 63, *près.*
Liberau III, 86, 97, *libéral.*
Li, *passim, le, les.* — Li, *lui, passim, lui, à lui, elle, à elle.*
Lie I, 461, *joyeuse.*
Liement I, 437, *joyeusement.*
Liepart IV, 345, *léopard.*
Lige IV, 234, *vassal.*
LIVRE DE NATURE IV, 218. *V. notes,* p. 159.
Loer, *louer;* lo III, 239, *loue;* loent I, 10, *louent.*
Logicieniaus IV, 274, *diminutif de* logiciens.
LOGIQUE IV, 6, etc., *un des sept Arts.*
LOGIQUES [LES DEUX] IV, 216. *V. notes,* p. 159.
Loi [LA] IV, 65, *le droit civil.*
Loi [a] de I, 482, *à la manière de.*
Loiaument I, 576, *loyalement.*
Loiaus I, 550, *loyal.*
LOIRE IV, 40.

LOMBART IV, 68, 224, 448. *V. notes*, p. 147.
Lor, *passim*, *leur*.
Lou III, 17, 36, etc., *le*.
Lou III, 231, *lieu*.
LUCAN IV, 209, *Lucain*.
Luite I, 126, *lutte*.
Lut III, 120, tant com li lut, *tant qu'il lui fut permis* (licuit).

M

MACROBE IV, 220. *V. notes*, p. 159.
Maçues IV, 249, *masses, massues*.
Mail IV, 289, *maillet*.
Main I, 254, *matin*.
Mains, *moins* — Est mise au mains IV, 20, *est rabaissée*. — Del mains IV, 120, *du moins*. — Mener (ou B Metre) du plus au mains IV, 433, *faire déchoir, rabaisser*.
Maintenoit IV, 236, *soutenoit*.
Manoir I, 101, *rester*; maint I, 15, 115, III, 253.
Mairer, *dominer, maîtriser*; maire I, 250, 403.
Maisnie I, 423, *maison, famille*.
Maissele I, 386, *mâchoire, joue*.
Major I, 87, *plus grand*.
Malement III, 233, *mal, douloureusement*.
Males IV, 383, *difficiles*.
Mandres III, 78, mendres III, 82, mendre I, 186, *plus petit, moindre*.
MANS [LE] II, 69.

Mas III, 230, *mais*.
Mar I, 142, 263, *à la male heure*.
MARCIACOP IV, 326. *V. notes*, p. 170.
MARIE III, 89, 137, 149, *la vierge Marie*.
MARLI II, 85. *V. notes*, p. 113-114.
MARTIEN IV, 326.
Martin II, 175, *(à la rime) martyr*.
Matere I, 40, *matière, sujet*.
Maus I, 232, *mal*.
Mautalenz I, 420, *mécontentement*.
MAUVAIS [dant] II, 51. *V. notes*, p. 108.
Meax III, 127, *mieux*.
Mehaing IV, 110, *blessure*.
Mehaignierent IV, 228, *blessèrent*.
Meïs III, 112, *mis*.
MELANS II, 20. *V. notes*, p. 95.
Melite III, 217, *douceur*.
Meniere III, 70, 73, *manière*.
Menistre IV, 28, *ministre*.
Merci III, 262, 264, *miséricorde*.
Merir I, 575, *récompenser*.
Merveil [me] I, 19, [je] *m'étonne*.
Mès I, 138, etc., *mais*.
Mes I, 202, 208, 232, 337, *mon*.
Mesaesma I, 529, *blâma*.
Meschief I, 200, 504, IV, 393, *mésaventure*.
Meschine I, 169, *jeune fille*, meschinete I, 361.
Mesdit I, 22, 27, *médisance*.
Mesel II, 166, *lépreux*.
Mesestance IV, 133, *mauvaise situation*.
Meslée I, 415, *brouillée*.
Mesnie IV, 291. *V.* Maisnie.

Mesprendre I, 190, *errer, se tromper;* mesprent III, 6, mespris I, 234.
Mespresure I, 540, *erreur, faute.*
Messages II, 12, *messagers.*
Mestrie IV, 169, *art;* IV, 341, *maîtrise.*
Meulent II, 28, 87. *V. Notes,* p. 99.
Mex III, 183, *mieux.*
Mie I, 2, 97, etc., *pas, point.*
Mieldres IV, 86, *meilleur.*
Mielz I, 83, *mieux.*
Mis I, 37, *adonnés.*
Mistrent IV, 61, *mirent.*
Molt I, 131, etc., moult I, 40, etc., *beaucoup.*
Monmorency II, 86. *V. notes,* p.113.
Mont I, 449, *monde.*
Monter, *valoir;* monte I, 238.
Mont Leheri lez Linoies IV, 63, etc. *V. notes,* p. 147.
Montmorillon II, 139. *V. notes,* p. 119.
Montpellier II, 23. *V. notes,* p.97.
Montrichart II, 137. *V. notes,* p. 119.
Morir III, 132, *mourir;* morist III, 65, *mourut.*
Mors III, 73, *mœurs.*
Mossac II, 25. *V. notes,* p. 98.
Mosele II, 108, Moussele II, 17, 114. *V. notes,* p. 94-95.
Mote IV, 213, *motte, le tumulus qui porte un château-fort.*
Moustrer, *montrer;* moustre I, 544, moustra I, 62.
Muce I, 77, *cache.* Mucher est encore en usage dans toute la Normandie.
Muedres III, 136, *meilleur.*
Muel II, 166, *muet.*
Muet [se] I, 119, *s'écarte.*
Musage I, 174, *sottise.*
Musars I, 467, *sot.*
Musique IV, 174, *un des sept Arts.*

N

Naches IV, 54, *fesses.* Encore usité au sens restreint de fesse de bœuf.
Naples IV, 130.
Nativité III, 9, 250, *la fête de Noël.*
Ne I, 31, etc., *ni;* ne... ne I, 162, *ni... ni.*
Ne I, 263, II, 156, *et;* ne... ne I, 261, II, 196, *ou... ou, soit... soit,*
Nel I, 120, etc., *ne le.*
Nenil I, 213, etc., *nullement.*
Ne por quant I, 234, *néanmoins.*
Nerbone II, 23. *V. notes,* p. 97-98.
Nes IV, 279, 292, *ne les.*
Nevers II, 35. *V. notes,* p. 102.
Niant III, 115, *néant.*
Nices IV, 71, *simples, sots.*
Nicholais [sains] III, 166.
Nicole aus hautes naches IV, 54.
Nigremance IV, 132, Nigromance IV, 219. *V. notes,* p. 154.
Noient IV, 434, *néant.*
Noncie I, 46, *annoncée, racontée.*
Normans II, 117.
Normendie IV, 284.

Norois II, 119, *Norwégiens.*
Nubles IV, 424, *obscurci.*
Nus III, 1, etc., nuz III, 183, *nul.*

O

O IV, 214, *avec.*
Oceïst II, 76, *eût tué.*
Oede IV, 35. *V. notes,* p. 139.
Oef II, 42, *œuf.*
Oeil II, 148, *œil.*
Oevre III, 245, *ouvre.*
Oevre I, 45, 51, *œuvre.*
Oïr I, 311, II, 1, *entendre;* en l'oïr I, 5, *en entendant;* ot III, 41, *entend;* oez III, 71, *entendez;* oent I, 9, 17, *entendent;* impér. oiez III, 22, *entendez;* oï I, 146, III, 208, *entendis;* oï I, 185, 268, IV, 45, *entendit;* oïe I, 41, *entendue.*
Oingnements IV, 115, *onguents.*
Oise II, 180.
Omers IV, 9, 25, 211. *V. notes,* p. 136.
Onques I, 72, etc., *jamais.*
Or I, 38, etc., ore I, 188, etc., *maintenant.*
Orace IV, 208.
Orchise II, 26. *V. notes,* p. 98.
Ore III, 27, *heure.*
Oré I, 287, *temps.*
Orliens II, 27, etc., IV, 1, etc. *V. notes,* p. 98-99.
Ortografie IV, 270.
Os IV, 24, 170, ost IV, 166, 184, 303, *armée.*

Os lampadis III, 190. *V. notes,* p. 130.
Osai III, 134, *osa.*
Ot I, 72, 81, etc., *eut, avait.*
Otroi [m'] I, 308, *m'abandonne;* otroie III, 58, *accorde.*
Ou III, 22, *au.*
Oure III, 5, *heure.*
Out II, 194, *eut.*
Outrage I, 336, *excès.*
Ovide IV, 320, 324.
Ovrer I, 47, *travailler;* ovroit III, 80.

P

Paier, *satisfaire, sens primitif dérivé du l.* pacare; paiez I, 174, paia II, 169.
Pain IV, 359. *V. notes,* p. 176.
Palefroi I, 441, *cheval.*
Palme II, 21. *V. notes,* p. 96-97.
Pance IV, 117, *panse, estomac.*
Panfilès IV, 338. *V. notes,* p. 174.
Paor I, 190, II, 71, *peur.*
Par III, 86, *particule qui renforce l'expression.*
Par; de par li IV, 457, *de sa part (de parte).*
Parant I, 519, *manifeste.*
Pardurable III, 57, perdurables III, 124, *éternel.*
Parealmaines IV, 282. Perealmaines IV, 217. *V. notes,* p.164.
Parfondece IV, 268, *profondeur.*
Parfurnir I, 514, *accomplir.*
Paris III, 10, IV, 1, 17, etc.

Parolent I, 116, *parlent.*

Pars d'oroisons IV, 384, *parties du discours;* pars IV, 461.

Partir I, 410, *se séparer;* se part I, 276; partie I, 126, *partagée.*

PATRENOMIQUES IV, 290, 293, *les noms patronymiques.*

Penée I, 372, *tourmentée.*

Peors IV, 247, *pires.*

Pers II, 193, 195, per II, 203. *V. notes,* p. 129.

Per III, 105, *égal.*

Perceverez I, 253, *verrez.*

PERSE IV, 26, 94, 207.

Persone II, 203. *V. notes,* p. 129.

Pès III, 125, IV, 373, *paix.*

Pesme IV, 240, *très mauvaise.*

PETART [dant] de CHAALONS II, 53. *V. notes,* p. 108.

Petit I, 32, 154, 432, de petit IV, 227, 403, *peu;* d'un petit IV, 87, *peu s'en faut que.*

PETIT PONT IV, 108, 404. *V. notes,* p. 152-153.

PHELIPPE II, 3, *le roi Philippe.*

PHELIPPE III, 17, 239, *chancelier de l'église de Paris.*

PHILIPPUS III, 190, 237.

PIERES [S.] III, 123.

PIERRE FRITE II, 81. *V. notes,* p.113.

PIERRE LI LOMBARS IV, 103. *V. notes,* p. 150-151.

PIERRON DE CORTENAI IV, 50. *V. notes,* p. 144.

Piez III, 350, *pieux, palissades.* *V. notes,* p. 173.

Pipe II, 4. *Ce mot désigne toute espèce de tuyau; je crois qu'il signifie ici gosier et œsophage, tuyau qui mène à l'estomac. Les Anglais appellent encore aujourd'hui* wind-pipe, *tuyau au vent, la trachée-artère.*

Pipe III, 18, *narcisse.* « *Dans la Bourgogne et le Gâtinais, on donne le nom de pipes aux narcisses, et, en général, aux fleurs printanières, provenant d'oignons.* » *Dict. de Littré,* v. pipe, 9.

Pis IV, 335, *poitrine.*

Plaidier I,100, *badiner, plaisanter, s'amuser (Du Cange).*

PLATON IV, 17, 188, 191.

Plentez IV, 116, *abondance. Cf. l'anglais* plenty.

PLESENCE II, 21. *V. notes,* p. 95-96.

Plere I, 58, *plaire;* plest I, 223, *plaît;* plot I, 216, *plut.*

Plonjon IV, 197, 214, 220, 222. *V. notes,* p. 130-133.

Poi IV, 380, *peu.*

Poindre, *piquer, frapper;* point I, 122, 123, III, 24, IV, 60, poingnoit IV, 59. *Du sens de piquer l'éperon, on est passé à celui de s'élancer :* i a point IV, 207, *s'est élancé;* poinstrent après IV, 235, 232, *s'élancèrent à la suite;* poinstrent sor IV, 241, *fondirent sur.*

Point [en tel] I, 159, 477, 480, III, 70, *en tel état.* — En icel point III, 23, *en ce moment.* — Cele

qui si l'a mis a point I, 124, cele qui l'a mis en cet état.
POINTL'ASNE IV, 53. V. notes, p.145.
POLS [S.] III, 123.
Pooir I, 83, etc., subst. pouvoir.
Pooir, pouvoir; puis I, 331, [je] puis; puet I, 34, etc., peut; poez I, 487, etc., pouvez; pueent I, 13, peuvent; pooit III, 95, pouvait; pot III, 120, IV, 265, put; porent IV, 292, purent; puist I, 58, IV, 123, puisse; peüst IV, 397, pût; porroient I, 35, pourraient.
Poise I, 19, pèse, chagrine.
Poisons IV, 128, potions, breuvages.
Poisons IV, 40, poissons.
Poissant I, 103, puissant.
POITIERS II, 129. V. notes, p. 117.
POITOU IV, 239. V. notes, p. 161.
Poivre chaut IV, 38. V. notes, p. 140-141.
Por I, 19, 21, etc., pour.— Por tant que I, 71, d'autant que. — Por quant I, 125, cependant.— Por ce que IV, 239, parce que.
PORFIRE IV, 222. V. notes, p. 159.
Porverrai I, 266, pourvoirai.
Pou IV, 281, peu. — Par un pou que IV, 348, 349, peu s'en fallait que.
PRECIENS IV, 26, etc., Priscien. V. notes, p. 137-138.
PREDICAMENZ IV, 230, les Catégories d'Aristote. V. notes, p.160.
Premerains III, 155, premier.

Premiers II, 15, d'abord.
PRETEREA IV, 294, personnage fictif.
Preudomme I, 345, etc., prodon III, 34, prodom III, 132, homme sage, prudent.
Preus IV, 124, 201, prez II, 126, bon, brave, fort.
Preus IV, 403, profit.
PRIMAT D'ORLIENS IV, 320. V. notes, p. 168-169.
Primes II, 77, d'abord.
Privé III, 25, particulier, intime.
Proier I, 172, prier; proie III, 168.
PROPRE IV, 210, saint Prosper. V. notes, p. 158.
PROPTER EA IV, 295, personnage fictif.
PROVENCE II, 22. V. notes, p. 97.
Provoire IV, 39, prêtre.
Provos I, 402, prevôt.
PRUDENCE IV, 210. V. notes, p. 157.
Pure I, 281, simple; en pure sa chemise, en simple chemise; locution fréquente, on la trouve dans Joinville, Froissart, etc.

Q

Quanque I, 128, etc., tout ce que.
Quantes I, 147, combien.
Quar I, 4, 45, etc., car; I, 326, donc; quar venist ore, puisse donc maintenant venir.
QUARQUASSONNE IV, 24. V. notes, p. 97.

Quarreüres IV, 183. *V. notes,* p.155.
Quarriaus IV, 117, 246, *traits, flèches.*
Quartaine II, 168, *fièvre quarte.*
Quasser, *frapper, briser;* la mort quassa III, 16, *frappa;* quasses IV, 356, *faibles;* quassez II, 136, *affaiblis.*
Que I, 110, etc., *car;* I, 287, etc., *attendu que;* I, 183, etc., *de sorte que, si bien que;* I, 466, *comme;* III, 22, *ce que.*
Quens I, 388, *comte.*
Querre II, 13, *chercher;* quier I, 48, [*je*] *cherche.*
Qui IV, 4, *quoi.*
Quintaine II, 167, *joûte.*
Quiquelique IV, 16. *V. notes,* p.136.
Qode IV, 366. *V. notes,* p. 176.
Qoi I, 91, *coi, tranquille.*
Qoi I, 19, 90, 92, *quoi (quid).*

R

Rabée IV, 427, *rage, du l.* rabies.
Rados I, 447. *V. notes,* p. 85.
Rains II, 99. *V. notes,* p. 116.
Rainssel I, 356, *petit rameau, diminut. de rains* (ramus).
Ramembre I, 194, *remet en mémoire.*
Rancuner, *en vouloir à quelqu'un;* rancune I, 152. *Palsgrave :* « J ranker by wrathe or anger. *Je rancune,* prim. conj. Never ranker in thy herte agaynst him : *ne rancune jamais en ton cuer contre luy.* »

Randon IV, 322, *impetuosité;* en .j. randon IV, 286, *d'un même élan.* Sept pez a fet en un randon. *Renart,* v. 28014.
Raoul de Builli IV, 48. *V. notes,* p. 143.
Raoul de la Charité IV, 107.
Rapaiez I, 425, *satisfaites (verbe).*
Rapesiez I, 419, *apaisé.*
Rasseürer I, 558, *rendre le calme.*
Ravoie I, 194, *remet dans la voie, rappelle.*
Re, *préfixe indiquant une action contraire;* redut III, 14, *dut au contraire,* referi IV, 192, *refrappa, c'est-à-dire donna coup pour coup, ou simplement explétif :* redient IV, 14; r'ont IV, 94, etc.
Recet IV, 399, *retraite.*
Rechine I, 76, *fait la grimace, refuse.*
Recoppe I, 76, *recoupe, retranche.*
Rectorique IV, 69, etc., *un des sept Arts.*
Recuilli I, 80, *recueilli.*
Reemz III, 117, *rachète.*
Remanoir, *rester;* remaint III, 105, remaigne I, 351, *reste en arrière :* Ne ja por moi droiz ne remaigne, *que le droit ne manque pas pour moi de se produire.*
Renes II, 73. *V. notes,* p. 112-113.
Renovele III, 107, *se renouvelle.*
Repairer I, 84, *revenir.*

198 GLOSSAIRE

Repols III, 124, *repos. L a été amenée par la rime St Pols.*
Repondre, *cacher;* se repont IV, 405, repont I, 77.
Reprendre III, 133, *accuser.*
Resqueurre I, 349, *délivrer;* rescous I, 503, *tiré.*
Retaconnez IV, 118, *rapiécés, réparés.*
Retraçon I, 196, *trait.*
Retrere I, 1, *raconter;* retraite I, 43, *racontée.*
Retrere (se) I, 2, *s'abstenir, se refuser.*
Revendrai I, 38, *reviendrai.*
Revient I, 561, *se change.*
Rez el IV, 189, *au ras du.*
Riens I, 73, etc., *chose.*
Robert IV, 101, *chirurgien. V. notes,* p. 150.
Robert le Nain IV, 58.
Rocele (la) II, 18, 113. *V. notes,* p. 95 et 116-117.
Rogel d'Etampes II, 55. *V. notes,* p. 108.
Roiame I, 143, *royaume.*
Roingne II, 57, *gale.*
Roncin II, 450, *cheval.*
Rotes III, 47, *rompues.*
Route IV, 332, *troupe.*
Rouver I, 172, *prier, demander;* rueve I, 153, *demande.*

S

Sachier IV, 117, *tirer.*
Sade II, 146, *savoureux.*
Samois II, 31. *V. notes,* p. 99-100.
Saillie en piez I, 217, *levée tout debout;* saut en piez II, 102, *se lève.*
S. Brice II, 149. *V. notes,* p. 121-122.
S. Melyon II, 25. *V. notes,* p. 98.
S. Porchain II, 38. *V. notes,* p. 105.
S. Yon II, 26. *V. notes,* p. 98-99.
Saintes II, 19, 127. *V. notes,* p. 95.
Salterions IV, 177, *psaltérions.*
Salver III, 154, *sauver;* saut I, 239, *sauve.*
Sancerre II, 35. *V. notes,* p. 102.
Sapience I, 571, *sagesse.*
Sauz IV, 247, *saule.*
Savingni II, 38. *V. notes,* p. 105-106.
Savoir; sai I, 331, *sait;* set I, 368, *sait;* sevent III, 188, IV, 11, *savent;* sot IV, 131, 392, *sut;* saura I, 252; sorent III, 38, IV, 298, *surent;* seüst III, 174, *saurait.*
Savorous II, 146, *savoureux.*
Se I, 89, *si.*
Sebelins II, 121, *martre zibeline, au sens de supérieur à tous, cette fourrure étant la plus recherchée et la plus chère. V. notes,* p. 117.
Sedule IV, 210. *V. notes,* p. 157.
Sel I, 253, 454, *si le.*
Semont I, 448, *invite, excite.*
Seneque IV, 327.
Sente III, 2, *chemin.*
Seoir II, 94, *être assis;* siet I, 322,

GLOSSAIRE 199

386, *est assis;* se seoit IV, 112, *était assise;* sist IV, 146, *s'assit.*

Serie I, 304, *pure.*

Sermona III, 182, *fit des sermons sur. Le Chancelier fut célèbre par ses prédications.*

Ses I, 139, 153, etc., *son.*

Seut I, 187, *a coutume.*

SEX PRINCIPES IV, 230. *V. notes,* p. 160.

SEXTIS IV, 342. *V. notes,* p. 174.

SEZANE II, 31. *V. notes,* p. 99.

Si I, 91, 95, etc., *si, tellement, plus souvent explétif.*

Siecle I, 579, III, 28, etc., *monde.*

Sire I, 61, 102, etc., *seigneur.*

Sivoient IV, 346, *suivaient.*

Soef III, 243, *doucement.*

Sofisme IV, 192, 421, *argument.*

Sofistre IV, 278, *logiciens.*

Sogist I, 204, *subjugue.*

Soi II, 10, sois II, 101, *soif.*

SOISSONS II, 29, 91. *V. notes,* p. 99 et 115.

Solaz I, 162, *divertissement.*

Soloir, *avoir coutume;* seut I, 187, soloit IV, 455, soloient III, 91, *a, avait, avaient coutume.*

Soluces IV, 426, *solutions.*

Somme I, 111, ce est la somme, *en somme.*

Sor I, 21, 72, etc., seur II, 44, *sur.*

Sormonté III, 39, *surpassé.*

SORTES IV, 264, *Socrate. V. notes,* p. 163.

Souhaidier [a] I, 99, *à souhait. Ex.* [Manteau] Bien seant a lor gré si come a souhaidier. *Berte,* CXXIX.

Sougite I, 86, *soumise.*

Souspris I, 430, *surpris.*

Soustenir I, 69, *entretenir, conserver.*

Souvenir I, 325, *sentiment, idée, sens étymologique du l.* subvenire ; *souvenir est le verbe employé substantivement.*

Sovint *(impers.)* I, 358, li sovint, [*il*] *lui vint à l'esprit.*

Sueffre I, 560, etc., *souffre.*

Suen III, 25, *sien.*

Sus [la] III, 67, *là haut.*

T

Tablel III, 256, *tablette.*

TAILLEBORC II, 19. *V. notes,* p. 95.

Talenz I, 431, *désir.*

Tans [par] I, 241, *bientôt.*

Tant I, 68, *autant.*

Tantost I, 146, *autrefois.*

TAUSONS II, 92. *V. notes,* p. 115.

Tencer, *disputer;* tence IV, 6, tençant IV, 81.

Tence *(subst.)* IV, 80, *dispute.*

Tenir I, 191 ; tient a IV, 87, *tient pour, regarde comme ;* tieg I, 205, tieng I, 364 [*je*] *tiens;* tiengne *(subj.)* I, 334, *tienne;* tendront IV, 452, *tiendront;* tindrent IV, 44, *tinrent;* tenisse IV, 124,

tiendrais; tenist I, 473, *tiendrait.*
TERENCE IV, 211.
Tes III, 45, *ton.*
Tessi IV, 324, *tissa.*
Tere IV, 375, *taire;* se test I, 224, *se tait.*
THEAUDELÈS IV, 339. *V. notes,* p. 174.
TOBIE IV, 285, *la Tobiade de Mathieu de Vendôme. V. notes,* p. 165.
Toile [chanson de] I, 381, *chanson d'aventure.*
Tollir, *enlever;* tolt I, 53, tot I, 389, taut I, 497, *enlève;* tolent IV, 73, *enlèvent.*
Toissu IV, 341, *tissé.*
TOPIQUES IV, 217, 291. *V. notes,* p. 159.
Torna [s'en] I, 215, *s'en alla.*
TORNAI IV, 49. *V. notes,* p. 143.
Tornaissent IV, 109, *tournassent.*
TORNIERRE II, 37. *V. notes,* p. 102-103.
TORS II, 69. *V. notes,* p. 112.
Toz, tos, totes, *passim, tout, tous, toutes.* — Del tot en tot III, 139, del tot III, 141, del tot en outre III, 201, dou tout III, 49, *entièrement.*
TOULETE IV, 130. *V. notes,* p. 154.
Trai I, 518, *tire;* traï III, 225; traiant I, 556; traiez I, 424; traioient IV, 57.
Tramble IV, 247, *tremble, peuplier.*

Transir III, 64, *passer, au sens de mourir, du l.* transire.
Travaux I, 575, *peines.*
Traveillie [s'est] I, 372, *s'est donné de la peine.*
Trebles IV, 183, *triples, terme de musique.*
TRENEBORC II, 20. *V. notes,* p. 95.
Trepié IV, 204 ; De son cheval firent trepié, *ils ecloppèrent son cheval et en firent un trépied, en le réduisant à trois jambes.*
Trere I, 370, *tirer;* tret I, 568.
Trespas III, 206, *passage.*
Trestout I, 471, etc., trestoz II, 110, *tout, tous.* — Trestuit II, 43, etc., *tous.*
Trestout IV, 190, 195, *entièrement.*
Trestrent [se] IV, 303, *se retirèrent.*
Tret [tout a] I, 374, *tout doucement.*
Triche IV, 104, *trompe.*
TRIE LA BARDOUL II, 34. *V. notes,* p. 101-102.
Trive IV, 55, *le Trivium.*
Trives II, 83, *trèves.*
Trop I, 168, etc., *beaucoup, très.*
Trousserent IV, 55, *chargèrent.*
Trover I, 171, *trouver;* truis I, 332, [*je*] *trouve;* trueve I, 154, [*il*] *trouve.*
Trovor I, 54, *trouvère.*
Tuit III, 2, 4, *tous.*
Tupinel IV, 346, *diminutif de* turpin, *espèce inférieure de soldats.*

U

Ueil II, 78, *œil*.
Uevre I, 243, *œuvre*.
Uile III, 197 ; ule III, 208, 211, 212, *huile*.
Userier IV, 161, *usurier*.
Uz III, 184, *usage*.

V

Vail II, 84, *vaux*.
Vairrins III, 195, *de verre*.
Vait IV, 364, 450, *va*.
Valoir; que vaut ce ? I, 474, *que signifie cela ?*
Veoir I, 215, etc., *voir;* veez I, 164, *voyez;* veist II, 75, etc., *eût vu* (vidisset); veïssent IV, 110, *eussent vu;* verroiz I, 255, *verrez;* veü I, 471, 494, *vu*.
Veoirs I, 333, *verbe employé substantivement: uns seuls veoirs, un seul coup d'œil.*
Venir; vendra III, 153, *viendra;* vendront IV, 451, 453, *viendront;* venist I, 73, *vint;* vindrent II, 43, IV, 222, *vinrent;* viegne I, 352, *vienne*.
VERDELAI II, 36. *V. notes*, p. 102.
Verge III, 149, virge III, 140, 170, *vierge*.

Vergoingne II, 58, *honte*.
VERMENDOIS II, 93. *V. notes*, p. 122.
VERMENTUN II, 149. *V. notes*, p. 121-122.
Vers I, 381, *strophe, tirade*.
Vers (por) IV, 14, *pour vrai*.
Vers I, 203, 248, *contre*.
VERSEFIERES IV, 440, *personnification de la poésie latine.*
Vessiaz III, 195, vessas III, 203, *vaisseau, vase*.
Vet III, 151, *aille*.
Viande III, 126, 129, *nourriture*.
Viele III, 121, IV, 176, *vielle (violon)*.
Vielt I, 212, *veut*.
Vif I, 245, *vis*.
Vilenastre IV, 111, *dérivé de vilain, avec la terminaison péjorative astre*.
Vilonie I, 28, etc., vilenie I, 197, *bassesse*.
Vis I, 195, 289, *visage*.
VIRGILE IV, 209.
Voie, *route;* se mistrent a la voie IV, 61, *se mirent en route*.
Voir I, 486, de voir II, 90, III, 94, *vraiment*.
Voire III, 203, *verre*.
Voirs I, 528, III, 11, *vrai*.
Vois III, 36, *vais*.
Voist I, 56, etc., *aille*.
Voloir, *vouloir;* vueil I, 172, etc., vuel III, 35, *veux;* velt I, 121, etc., *veut;* vueillent I, 18, vuelent I, 201, *veulent;* velle

III, 154, *veuille;* volt IV, 199, *voulut;* vousist II, 164, *voudrait;* vorrai I, 30, *voudrai;* vorra III, 260, *voudra;* vorroient I, 149, *voudraient;* voudrent IV, 312, *voulurent.*

Voz I, 170 *(suj. masc. sing.);* vo I, 27, 143 *(rég. fém. sing.),* *votre.*

Vuile III, 210, *huile.*

Y

Y *Voyez* I.

TABLE DES RIMES

I. Le Lai d'Aristote. — II. La Bataille des Vins. — III. Le Dit du chancelier Philippe. — IV. La Bataille des .VII. Arts.

RIMES MASCULINES

A I 81, 247, 506, 528, 536, 578 ; II 185 ; III 15, 25, 49, 121, 173, 181, 207, 251, 265 ; IV 164, 178, 294, 394.
Ai I 39, 49 ; IV, 49.
Ain I 253, 362 (aim) ; IV 358.
Aing IV 109.
Ains II 99, 155 ; III 155 ; IV 19, 120, 244, 324, 370, 432.
Aint I 115.
Ais I 189 ; II 51.
Ait III 125.
Al I 197, 492 ; IV 202, 268.
Anc II 5 ; IV 194.
Ans III 225.
Ant I 11, 55, 103, 135, 347, 379, 416, 518 ; IV 184, 364, 446.
Anz I 564 ; II 109 ; IV 410.
Ar IV 57.
Ars IV 37, 67, 103, 330, 460.
Art I 275 ; IV 344.
As II 65 ; III 113 (az), 167, 205 ; IV 186.
At I 396 ; II 189.
Aus I 231, 574 ; III 97.

Aut I 239, 301.

É I 167, 213, 263, 283, 287, 546 ; III 9, 39, 45, 101, 249, 253 (ei) ; IV 77, 107, 140, 316, 380, 428.
Eax III 127.
Ef III 243.
El III 21, 255 ; IV 346.
Ent I 23, 67, 177, 209, 229, 269, 309, 436, 484, 498, 502 ; II 87, 111 ; III 29 (ant), 55 ; IV 65, 122, 126, 158, 354.
Enz IV 115.
Er I 47, 63, 149, 171, 255, 313, 450, 454, 458, 530, 552, 558 ; II 29, 95, 151 ; III 71, 105, 219, 231 ; IV 198, 396.
Ers IV 9, 13, 422.
Ert I 392 ; IV 101.
Ès IV 338.
Est I 223 ; III 27 (ès).
Et I 373, 526.
Eu IV 136.
Eü I 494.

Eus IV 1 (euls), 124 (iex), 200, 214 (iex), 402.
Eut I 187.
Ez I 412, 476, 510, 568 ; II 135 ; III 13, 83, 161, 221, 259 ; IV 23, 69, 97, 118, 238, 256, 336, 416.
Ex II 125.

I I 145, 215, 235, 267, 327, 426, 576 ; II 37, 85, 123 ; III 31, 53, 261, 263 ; IV 306, 456.
Ia II 169.
Iant I 556.
Iaus II 103 ; IV 7, 274, 368.
Iaz III 195.
Id III 241.
Ié I 37, 508 ; III 137, 157, 177 ; IV 204.
Ief I 199, 504 ; IV 392.
Ien I 77 ; II 67 ; III 175, 237 ; IV 99, 196, 326.
Iens III 95 ; IV 25, 41, 95.
Ient I 367, 467.
Ier I 99, 241, 317, 432 ; II 183, 197 ; IV 11 (uier), 83, 242.
Iers I 179, 438 ; II 129 ; IV 156.
Ieus III 109.
Iez I 418, 424 ; III 87 ; IV 138.
Il IV 154.
In I 544 ; II 175 ; III 145, 257 (ins).
Ins II 63, 121.
Ion III 111.
Yon II 25.
Ions IV 276.
Ir I 5, 69, 191, 311, 323, 514 ; III 35, 43, 131 ; IV 190.

Is I 95, 107, 141, 211, 233, 345, 388 (uis), 420, 430, 534 ; III 115, 151, 159 (iz), 189, 223, 229, 247 ; IV 43, 296, 386.
Ist I 203 ; II 75 ; III 65.
It III 129 ; IV 280.
Iz IV 378.

O III 239.
Oi I 91, 109, 219, 303, 306-308, 404, 440 ; II 9, 43, 137 (oy), 153.
Oint I 123, 480 ; III 23.
Oir I 486 ; II 195 ; IV 312.
Oirs III 11.
Ois I 478 (oiz), II 31, 71, 93, 101, 117, 141 ; IV 440.
Oit I 31, 155 ; II 171, 199 ; III 81, 135, 143, 185 ; IV 298.
Oiz I 532.
Ol I 205, 442.
Ols III 123.
Om I 520 (um).
On I 195, 227 ; II 177 ; III 51, 59, 197 ; IV 17, 35, 59, 180, 188, 286 (um), 322, 376.
Ons I 33, 572 ; II 53, 89, 91 ; IV 128, 384, 388.
Ont I 448 ; IV 404, 430, 452.
Or I 53, 73, 87, 175, 265, 470 ; II 7 ; IV 310, 412, 418.
Orc II 19.
Ors I 357 ; III 165, 213 ; IV 47, 222, 272, 292, 408.
Ort I 45 ; II 59, 105, 201 ; III 5.
Os I 446 ; IV 334.
Ost IV 166.

TABLE DES RIMES 205

Ot I 139 ; III 41.
Oul II 33.
Ous I 271, 488 (ouz); II 145.
Out II 173 (1).
Outre III 201.
Oz II 79 (ouz).

U I 494 ; IV 342.
Ua III 147.

(1) Ms. 837, aut.

Uef II 41 (oef).
Ueil I 273 ; II 27, 77, 133 (eil).
Uer I 15 ; III 85.
Uet I 119.
Ui I 21, 71, 105, 319, 524.
Uis I 331, 410 ; III 93.
Uit I 462 ; III 33, 141.
Un II 139.
Ust I 291.
Ut III 63, 119, 163.
Uz I 337 ; III 183.

RIMES FÉMININES

Able II 1, 97.
Ables IV 105, 254.
Ace I 51, 93 ; IV 170, 208.
Aches IV 53.
Age I 175, 335 ; III 3, 99.
Ages II 11 ; IV 51, 73, 328.
Aies IV 63 (oies).
Aigne I 351 (iegne).
Aigres I 339.
Aille IV 144.
Aindre I 548.
Aine I 159, 464 ; II 167 ; IV 282.
Aines I 315 ; IV 314, 450.
Ainte I 299.
Aintes II 127 ; III 179.
Aire I 83, 249, 402 ; IV 29, 234, 454.
    V. ère.
Aissent II 61, 157 (uaissent).
Aite I 43.
Ale I 243 ; III 233 (alle).
Ales IV 382.
Amble I 538 ; IV 81, 246.
Ambre II 161.

Ame I 143, 406 ; III 227 (anme).
Ampes II 55.
Anble I 207.
Ance (anche) I 29 113 ; II 47, 193
    (iance); IV 85, 132, 362, 442.
Ances IV 117.
Ande III 211 (ampe).
Andre I 79, 127.
Andres III 77.
Ange I 169.
Angles IV 390.
Ante IV 152.
Aples IV 130.
Arche II 119.
Asse I 390.
Asses IV 356 (uasses).
Astre IV 111.
Auche I 474 (aut ce).
Aune II 39 (iaune).

Ece I 59, 490.
Ée I 129, 371, 414 ; III 139 ; IV 134,
    400, 406, 426.

Effes IV 252.
Eille I 131, 394 (ele).
Eize IV 148.
Ele I 121, 383-87, 434 ; II 17, 107, 113 ; III 107 ; IV 360.
Eles IV 176 (ieles).
Elle III 153.
Ence I 570 ; II 21 ; III 19 ; IV 5,79, 210.
Ende I 293.
Endre I 3,185,343,562 ; III 133 ; IV 260.
Enes II 73 (esnes).
Ente I 355 ; III 1.
Entes IV 434.
Erbe I 452 ; IV 262.
Erbes IV 182 (ebles).
Ère I 1, 13, 57, 369, 428, 516 ; IV 374. *V.* aire.
Ère I 65, 550 ; IV 240.
Erent II 69 ; III 37 ; IV 308.
Erme III 245.
Erre (uerre) I 89; II 13, 35, 115, 181 ; IV 172, 236.
Erse IV 93, 206.
Erte I 500 ; III 67.
Esce IV 300.
Esse IV 162.
Este I 161, 482 ; II 147 ; IV 366.
Estre I 101, 165, 261; II 163.
Etes I 359, 361 (ete); II 83 ; IV 174.
Etre I 25.
Eure I 181, 277, 496.

Ices III 215 ; IV 71.
Ide IV, 320.
Ie I 27, 41 (*ms. 19152,* iée), 97, 217, 225, 251, 257, 304, 398, 460 ; III 75, 89, 171, 187, 199 ; IV 21, 89, 142, 168, 266, 270, 284, 340, 414.
Iecle III 69 (iere).
Iée IV 288.
Iere III 73 ; IV 150, 302.
Ierent IV 228.
Ies IV 352.
Ieve I 279.
Igne II 45.
Ile III 79.
Ime IV 232.
Imes IV 420.
Ince I 75 (ine).
Ine I 542 ; III 169.
Ipes IV 230.
Iple IV 258.
Ippe II 3 (ipe) ; III 17 (ipe).
Ypre II 15.
Ique IV 15, 218, 224, 304, 350, 372.
Iques IV 216, 290.
Ire I 17, 61, 221, 353, 472, 560 ; III 191 ; IV 45.
Irent IV 438 (uirent).
Ise I 281, 444 ; IV 33 (isse).
Isme IV 192 (ime).
Istre IV 27, 444.
Ite I 85, II 81 ; III 217.
Ive I 201.
Ivres I 321 (yvres).

Obe IV 220.
Oche I 183; II 131.
Oent I 9.
Oie I 193, 365 ; III 7, 57, 61 ; IV 61.
Oient I 35; II 143, 159; III 91, 103 ; IV 226, 250, 278, 318, 348, 448.

Oile I 381 ; II 187 ; III 235.
Oine II 165.
Oingne II 57.
Ointe I 259.
Oire III 117 (ore), 203 ; IV 39, 75.
Oise I 19 ; II 179.
Oive I 377.
Oivent I 554.
Ole I 117, II 49 ; IV 87, 398.
Oles IV 248.
Ombre IV 146.
Omme I 111.
Onde I 295.
Ondre IV 264.
One I 512 ; II 23 (onne), 203.
Onne I 245.
Onques I 147, 329.
Onte I 157, 237 ; IV 160.
Ontes II 191.
Ore I 325.
Orde IV 3.
Ordes IV 113.
Orte I 297, 456.
Ose I 289, 375, 522 ; III 193.

Osent I 137.
Oste I 333.
Ote III 209 ; IV 212.
Otes III 47.
Oudre IV 436.
Oute I 133 (ote), 163, 422 (ote) ; IV 332.
Outes I 566.
Outre III 201.

Ubles IV 424.
Ue I 400.
Uerre II, 149.
Ueurre I 349 (ueure).
Ueve I 153.
Uide I 341.
Uire IV 458.
Uite I 125.
Ume I 7.
Une I 151.
Ure I 285, 408, 540 ; IV 91.
Urent IV 31.
Uve IV 55.

Le ms. 19152 présente encore les rimes suivantes : uevre I 47 ; anbes, angles IV 182 ; aces IV 426. V. *Variantes*.

Le ms. 1104 (nouv. acq. fr.) : ours, ouz I 271 ; ie, in, oine (oigne) fin du Lai d'Aristote. V. *Variantes*.

ADDITIONS

Introduction, p. xxxix.— Dans son *Dictionnaire iconographique de l'antiquité chrétienne et du moyen âge*, 1843, in-8º, L.-J. Guenebault a mentionné, t. I, p. 91, col. 2, à l'article *Aristote*, la sculpture en bois des stalles de Rouen, la sculpture en ivoire figurée par Montfaucon, les bas-reliefs de Saint-Jean de Lyon et du château de Gaillon; il n'a rien dit du chapiteau de Saint-Pierre de Caen, ni du bas-relief du portail de la Calende de la cathédrale de Rouen.

P. xli-xliii.— J'ai connu les détails suivants trop tard pour en faire usage dans l'introduction. Dans son intéressante étude sur *Virgile l'enchanteur* (*Mélanges archéologiques et littéraires*, 1850, in-8º), M. Ed. Du Méril parle, p. 474, de la légende d'Aristote et cite ce passage où Jean de Meung (*Codicile*, st. 441) dit en parlant de la luxure :

> Virgile et Aristote en furent ja si ivre,
> Que petit leur valurent leur engin et leur livre.

M. Ed. Du Méril ajoute en note : « Il (le Lai d'Aristote) ne tarda pas à jouir en Europe d'une grande popularité : on le racontait même en chaire comme une autorité, ainsi que le prouve le *Promptuarium exemplorum*, lettr. M, tit. Des femmes, ex. 67. Nous citerons parmi les poètes qui y ont fait allusion, Gower, *Confessio Amantis*, l. VIII, fol. 189; Hawes, *The pastime of pleasure*, ch. XXIX, p. 137, éd. de 1845; Hans Sachs, *Comedi*, t. III, P. II, fol. 64, éd. de 1561; Durante da Gualdo, *Leandra*, l. VI, fol. 39, éd. de 1508. Lange n'a pas manqué de recueillir cette histoire dans son *Democritus ridens*, p. 605, éd. de 1689, etc... »

Le *Recueil des poésies françaises des XVe et XVIe siècles*, publié par MM. A. de Montaiglon et J. de Rothschild (Bibl. elzév.) renferme plusieurs allusions à la légende d'Aristote. Dans la pièce intitulée *La grant malice des femmes*, t. V, p. 301-318, l'auteur accuse les femmes d'avoir déçu *tous les grans du monde* et parmi eux Aristote, p. 313. Le même recueil contient, t. X, p. 225-268, *La vraye disant Advocate des Dames*, pièce attribuée à Jean Marot; on y lit les trois vers suivants, p. 243 :

> Là çà, gentilles mignonnes,
> Il vous fault planter vos bournes
> Encontre Aristotellès.

ADDITIONS

Enfin, dans le *Monologue fort joyeulx*, etc., t. XI, p. 176-191, l'auteur énumère les maux que les femmes firent aux personnages les plus célèbres, à commencer par Adam, et ne manque pas d'ajouter, p. 184 :

> Virgilius en fut infame
> Et Aristote chevauché.

A cet endroit, les éditeurs du recueil ajoutent en note : « Gringore y fait également allusion (à la légende d'Aristote) dans les *Menus propos de Mère Sotte*, mais c'est par dame Raison qu'il fait chevaucher Aristote. »

P. XLIV. — A propos de la légende d'Aristote, l'*Histoire littéraire de la France*, t. XXIII, p. 76, renvoie aux *Latin stories*, p. 74, et Legrand d'Aussy, *Fabliaux*, t. I, p. 280, à la *Bibliothèque instructive et amusante*, t. II, p. 15 ; je n'ai pu consulter ces deux ouvrages.

P. L. — J'ai dit à tort qu'une seule imitation a été faite en notre temps du *Lai d'Aristote*. A l'Exposition universelle de 1855 figurait un tableau de M. Henri Lehmann, représentant le grave philosophe chevauché par la jeune Indienne. Ce tableau faisait alors partie de la galerie de lord Seymour.

P. XCIV. — Un tirage à part à cent exemplaires de cette seconde édition a été fait dans le format in-8º, sous ce titre : *La querelle des anciens et des modernes au XIIIᵉ siècle ou la Bataille des VII Arts, par Henri d'Andeli, trouvère du temps de saint Louis*, Paris, chez Frédéric Henry, M.DCCC.LXXV. Jubinal lui a donné pour préface la note à peine modifiée qui appartient au v. 51 de la pièce de Rutebeuf, intitulée : *De Maistre Guillaume de Saint-Amour* (*Œuvres de Rutebeuf*, édit. elzév., t. I, p. 87-89).

P. 37, v. 173-175. — A propos du v. 258, M. P. Meyer dit : « Il y a *per* en toutes lettres ; partout ailleurs, *par*, ou le plus souvent, *p* barré. » Si, dans le v. 174, il y a *p* barré, ne pourrait-on pas l'interpréter *per* et non *par* : *Nus n'en seüst dire per* (égal), c'est-à-dire parler également bien.

P. 54, v. 296. — Le nom du personnage allégorique que le poète appelle *le bon Ego mei vel mis*, reproduit les premiers mots de la formule que les grammaires du moyen âge donnaient pour la déclinaison du pronom de la 1ʳᵉ personne : *Ego mei vel mis mihi me a me*.

TABLE

Introduction VII
Li Lais d'Aristote 1
La Bataille des Vins 23
Le Dit du chancelier Philippe 31
La Bataille des .VII. Ars 43

Variantes 61
Notes et éclaircissements 81
Glossaire 178
Table des rimes 203

Achevé d'imprimer

A ROUEN

LE QUINZE FÉVRIER MIL HUIT CENT QUATRE-VINGT-UN

Par Espérance Cagniard.

Tirage autorisé à quarante exemplaires seulement
pour la librairie A. Claudin.

www.ingramcontent.com/pod-product-compliance
Lightning Source LLC
Chambersburg PA
CBHW050751170426
43202CB00013B/2379